P9-DFB-852

ROBERT MAILLART

ROBERT MAILLART
AND THE ART OF REINFORCED CONCRETE

DAVID P. BILLINGTON

THE ARCHITECTURAL HISTORY FOUNDATION

New York, New York

THE MIT PRESS

Cambridge, Massachusetts, and London, England

© 1990 by the Architectural History Foundation and the Massachusetts Institute of Technology.
Printed and bound in the United States of America. No parts of this book may be reproduced
in any form or by any means, electronic or mechanical, including photocopying, recording,
or by any information storage and retrieval system, without permission in writing
from the publishers and the editor.

Library of Congress Cataloging-in-Publication Data

Billington, David P.
    Robert Maillart and the art of reinforced concrete / David
Billington.
        p.   cm.
    Includes bibliographical references.
    ISBN 0-262-02310-5
        1. Bridges, Concrete — Switzerland — Design and construction.
    2. Reinforced concrete construction.   3. Maillart, Robert,
    1872 – 1940.   I. Title.
    TG340.B56   1990
    721′.04454 — dc20   90-30806
                                                                                              CIP

The Architectural History Foundation is a publicly supported, not-for-profit foundation.
Directors: William Butler, Colin Eisler, Agnes Gund, Elizabeth G. Miller, Victoria Newhouse,
Annalee Newman, Adolf K. Placzek. Editorial Board: George R. Collins, Emeritus; Christoph L. Frommel,
Bibliotheca Hertziana, Rome; William H. Jordy, Brown University, Emeritus; Spiro Kostof, University of
California, Berkeley; Barbara Miller Lane, Bryn Mawr College; Henry A. Millon, CASVA, National Gallery of Art,
Washington, D.C.; John Summerson, Sir John Soane's Museum, London

David P. Billington is Professor of Civil Engineering at Princeton University
Designed by Bruce Campbell

Photographs copyright © FBM studio Ltd. 1989. All rights reserved. Photography by Franziska Bodmer and Bruno Mancia
German translation by Viktor Sigrist and Leslie Schnyder
We gratefully acknowledge the contribution of Nestlé S.A. Vevey

Frontispiece: The Salginatobel Bridge, 1930.

TO
EDGAR KAUFMANN, JR.

CONTENTS *INHALT*

FOREWORD

The modern bridge tradition in Switzerland began in 1855 with the founding of the Federal Institute of Technology in Zurich and its first professor of civil engineering, Carl Culmann. The topography of Switzerland requires many bridges in mountains and valleys, and since the introduction of the railroad these conditions have stimulated engineers to seek new solutions. Thanks to Culmann's successor, Wilhelm Ritter, the search has been for elegance as well as utility. No one achieved that result more successfully than Ritter's student, Robert Maillart, from whom all of us practicing today have learned that bridges can be works of art as well as means of circulation.

In the present book, David Billington, the leading student of Maillart's work, analyzes in detail Maillart's major works in order to show how he developed his forms. Stunning new color photographs reveal these extraordinary forms from a perspective that will help students, engineers, and the general public to see the aesthetic possibilities of the new material of the twentieth century, reinforced concrete.

Robert Maillart and the Art of Reinforced Concrete presents a much-needed view of the potential for beautiful design that originates in the imagination of the engineer. Architects too will benefit from this book because it shows how a seemingly intractable material can be shaped into forms that express structural ideas.

I first came to know Maillart's works in the late 1940s when, as a student in Zurich, I attended the lectures of Professor Pierre Lardy. Lardy, who had studied both mathematics and structural engineering, had a great influence on me and my generation of engineers. It was an influence due in part to his enthusiasm for Maillart and to his emphasis on the potential beauty of structural form.

Like Maillart's teacher, Wilhelm Ritter, Pierre Lardy encouraged his students to think about bridge design in a broader way, one that includes appearance as well as safety. Professor Billington's book stands in that same tradition, teaching engineers and the public how to look at structures.

Perhaps it took someone from outside Switzerland to pursue Maillart in such depth. Professor Billington has done so for a considerable time. I first met him in 1972, when he invited me to a symposium at Princeton in honor of the centennial of Maillart's birth. After that he began to come regularly to Switzerland to study our bridges.

VORWORT

Die Tradition des modernen Brückenbaus in der Schweiz begann 1855 mit der Gründung der Eidgenössischen Polytechnischen Schule und ihrem ersten Professor für Bauingenieurwesen Carl Culmann.

Die Verkehrswege in der Schweiz erforderten wegen der komplizierten Topographie zahlreiche Brücken, und bereits seit dem Bau der ersten Eisenbahnen bemühten sich die Ingenieure immer wieder, neue Lösungen für Brücken zu entwickeln. Dank Carl Culmanns Nachfolger, Wilhelm Ritter, wurde dabei nicht nur die Funktion und Wirtschaftlichkeit, sondern auch die Ästhetik beachtet. Besonders erfolgreich war Ritters Schüler Robert Maillart, der eindrücklich zeigte, dass Brücken nicht nur Zweckbauten, sondern auch Kunstwerke sein können.

Im vorliegenden Buch analysiert David P. Billington, der beste Kenner von Maillarts Arbeiten, dessen Hauptwerke, um zu erläutern, wie Maillart die Form seiner Brücken entwickelte. Grossartige neue Farbfotografien vermitteln Studenten, Ingenieuren und auch Laien einen Einblick in die gestalterischen Möglichkeiten des Stahlbetons, des wichtigsten Baustoffs des 20. Jahrhunderts. Das Buch enthält eine wertvolle Übersicht über originelle und schöne Entwürfe, die ihren Ursprung in der Phantasie des Ingenieurs haben, und die ausgezeichnete Darstellung, wie konstruktive Ideen in der Stahlbetonbauweise gestalterisch zum Ausdruck gebracht wurden, ist auch für Architekten von grossem Interesse.

Meinen ersten Kontakt mit Maillarts Werk hatte ich im Bauingenieurstudium Ende der vierziger Jahre in den Vorlesungen von Prof. Pierre Lardy. Lardy, Mathematiker und Bauingenieur, lehrte damals an der ETH Stahlbetonbau und verstand es, die Studenten für Maillart zu begeistern, indem er immer wieder auf die potentielle Schönheit von Stahlbeton-Tragwerken hinwies. Wie schon Maillarts Lehrer, W. Ritter, forderte auch P. Lardy seine Studenten auf, in einem weiteren Rahmen über Brückenbauten nachzudenken, das heisst nicht nur Funktion, Tragsicherheit und Wirtschaftlichkeit, sondern auch Form zu beachten. Prof. Billington will im gleichen Sinne Ingenieure und Laien lehren, wie ein Bauwerk zu betrachten sei.

Prof. Billington befasst sich nun schon seit langer Zeit mit Maillart, und vielleicht braucht es gerade einen ausländischen Ingenieur, um Maillarts Werk eingehend und unvoreingenommen zu untersuchen.

His knowledge of engineering and now of Switzerland have made his writing of great value.

Today, as designers, we see Maillart as an example of someone who shaped structures in unique yet logical ways. Over the last fifty years engineers have paid a great deal of attention to detailed and precise mathematical computations, especially of stresses. We realize now that reinforcement concepts, construction methods, and details such as waterproofing, drainage, joints, and bearings are even more important than "accurate" calculations. But as attention shifts back and forth between calculations and construction, the one constant imperative is the need to give form to structure. As Professor Billington demonstrates, Maillart, though he fully understood calculation and construction, held fast to the goal of form-giving.

The forms of today are different from those of Maillart's time when arches were of major significance to bridge design. Now, for example, we have cable-stayed bridges and prestressed girders that must be given shape. The resulting structures will not copy Maillart's forms, but his spirit of integration, slenderness, and artistic formations remains a firm guide.

Even someone familiar with Switzerland will find that many Maillart structures are hard to find. Most Swiss do not even know of Maillart and have never seen his major works. For example, three extant works in my own home canton, the Graubünden, are outside small towns: Zuoz, Valtschielbach, and Salginatobel. They were built in relatively poor places which needed new bridges at low prices. Maillart familiarized himself with these places and had a feeling for the people there. I know from my own work that one wants to make a special design when one has a feeling for a place and its people.

Ich traf Prof. Billington zum ersten Mal 1972, als er mich zu einem Symposium nach Princeton einlud, das zu Ehren von Maillarts hundertstem Geburtstag stattfand. Danach kam Prof. Billington regelmässig in die Schweiz, um die Maillart-Brücken in ihrer Umgebung und in all ihren Details zu studieren. Seine grossen Kenntnisse und Erfahrungen in bezug auf Brückenästhetik sind ausserordentlich wertvoll.

Die heutigen Brückenbauer verstehen Maillart als Ingenieur, dem es wie keinem andern gelang, Tragwerke in einzigartiger und logischer Weise zu formen.

In den fünfziger und sechziger Jahren haben die Ingenieure der genauen Spannungsberechnung viel Beachtung geschenkt, dann vor allem der Ermittlung der Querschnitts-Tragfähigkeit, und heute realisieren wir, dass das Tragwerkskonzept, die konstruktiven Details wie Abdichtung, Entwässerung, Fugen, Lager usw. und die Baumethoden viel wichtiger sind als genaue Berechnungen. Auch wenn im Laufe der Zeit die Ansichten über die Bedeutung der technischen Probleme änderten, blieb das Ziel, Brücken eine gute Form zu verleihen, immer dasselbe. Prof. Billington zeigt in seinem Buch, dass die Formgebung für Maillart, der sich in Statik und Konstruktion bestens auskannte, immer ein grosses Anliegen war.

Die Brückenformen sind heute anders als zur Zeit Maillarts. Heute sind vor allem Balken- und Schrägseilbrücken zu gestalten, aber die ästhetischen Kriterien Transparenz, Visualisierung des Kraftflusses und künstlerische Gestaltung der Tragwerkselemente sind nach wie vor dieselben.

Maillarts Bauwerke sind auch für jene, die sich in der Schweiz auskennen, nicht leicht zu finden. Viele Schweizer kennen Maillart nicht und haben seine Hauptwerke noch nie gesehen. Vier wichtige Maillart-Brücken befinden sich in meinem Heimatkanton Graubünden: die Innbrücke bei Zuoz, die Eisenbahnbrücke bei Klosters, die Tschielbachbrücke und die Salginatobelbrücke. Sie wurden in wirt-

Maillart liked the Graubünden and many of his best friends were from this least densely populated of Switzerland's cantons.

When the reader looks at Maillart's designs from years ago, it is not out of place to think about those people long dead for whom he shaped structures that will outlast us all. We are indebted to David Billington for allowing us to look with new insight at one of the great builders of the modern world.

CHRISTIAN MENN

Zurich
December, 1989

schaftlich relativ schwachen Gegenden gebaut; die Erstellungskosten spielten hier eine besonders wichtige Rolle.

Maillart war mit Land und Leuten vertraut; er hatte hier viele Freunde und liebte diese Gegend, die er mit aussergewöhnlichen Bauwerken bereichern wollte. Wir danken David P. Billington für den überaus wertvollen und interessanten Einblick in das Schaffen eines grossen Brückenbauers.

CHRISTIAN MENN

Zürich,
im Dezember 1989

PREFACE

When the Museum of Modern Art devoted an entire exhibition in 1947 to the works of the Swiss engineer Robert Maillart (1872–1940), it only confirmed what most close observers had already discovered: that Maillart was an artist and that his major works are exemplars of a new art form prototypical of the twentieth century. This book, published fifty years after Maillart's death, seeks to show by new color photographs the beauty in fourteen of his best designs and to explain by detailed analysis how his ideas unfolded from the first major work, the Zuoz bridge of 1901, to his last one, the Lachen bridge of 1940. Behind that analysis lies my belief that Maillart's structures hold the key to new and untried forms for the future of both structural engineering and architecture; this book concludes, therefore, with a brief essay on the meaning of Maillart's legacy and especially on how it has already been realized partially in the works of four designers of the post–World War II era. Part of that legacy, coming down from the 1947 exhibition, explains even the origins of this book itself.

In the spring of 1984 at the suggestion of George Collins, the Architectural History Foundation asked if I would give them a proposal for a book to include new color photographs of structures appearing in my 1983 book, *The Tower and the Bridge,* where I made the case for structure as a new art form. This request led to a series of meetings with Edgar Kaufmann and Victoria Newhouse, but we could not find a way to proceed. Then, in the spring of 1988, Mr. Kaufmann called me to suggest that we proceed on a different basis, focused on Maillart. This present book is the result, and it owes more to Edgar Kaufmann than just the original idea. Through his contacts in Switzerland, we found the right photographers, Bruno Mancia and Franziska Bodmer Mancia, who have made the superb new color photographs. But then Edgar Kaufmann brought me around to his vision of this book: a visual demonstration of the purest engineering structure as art. When I gave him a first draft of the text he patiently but firmly led me to see how it could be much improved by a chronological "unfolding of Maillart's ideas" (Kaufmann's words) as Maillart came to them between 1901 and 1940.

In my recently completed biography of Maillart, my chronological approach was aimed at the interplay of private life, professional activity, and the political and social context in which Maillart created

EINLEITUNG

Als das Museum of Modern Art den Werken des Schweizer Ingenieurs Robert Maillart (1872–1940) im Jahre 1947 eine Ausstellung widmete, bestätigte dies bloss, was die meisten seiner aufmerksamen Beobachter bereits entdeckt hatten, nämlich dass Maillart ein Künstler war und dass seine wichtigsten Werke Musterbeispiele einer neuen Kunstform darstellten, die für das 20. Jahrhundert modellhaft waren. Dieses Buch, das fünfzig Jahre nach seinem Tod erscheint, will anhand von aktuellen Farbfotografien die Schönheit von vierzehn seiner besten Entwürfe aufzeigen und mit Hilfe von detaillierten Analysen untersuchen, wie sich seine Ideen weiterentwickelten, begonnen bei seiner ersten grösseren Arbeit, der 1901 erbauten Brücke bei Zuoz, bis zu seiner letzten, der 1940 bei Lachen entstandenen Brücke. Diesen Analysen zugrunde liegt mein Glaube, dass Maillarts Bauwerke richtungweisend waren für die Zukunft der Ingenieurbauten und der Architektur, für neue und unerprobte Formen. Dieses Buch schliesst darum mit einem kurzen Essay über die Bedeutung von Maillarts Vermächtnis und im besonderen über die Art, wie dieses bereits zu einem schönen Teil realisiert wurde in den Werken von vier Meistern der Baukunst der Nachkriegszeit. Ein Teil dieses Vermächtnisses, das auch in der Ausstellung von 1947 zum Ausdruck kam, erklärt schliesslich sogar das Entstehen dieses Buches.

Im Frühjahr 1984 fragte mich die Architectural History Foundation auf Anregung von George Collins an, ob ich ihr ein Exposé für ein Buch erstellen würde, das neue Farbbilder von Bauwerken enthalten würde, die schon in meinem 1983 erschienenen Buch "The Tower and the Bridge" auftauchten und wo ich versucht hatte, das Bauen als neue Kunstform darzustellen. Diese Anfrage führte zu einer Reihe von Begegnungen mit Edgar Kaufmann und Victoria Newhouse, aber wir fanden keine geeignete Vorgehensweise. Im Frühling 1988 rief mich Edgar Kaufmann an, um vorzuschlagen, dass wir von einer anderen Basis ausgehen sollten, nämlich konzentriert auf Maillart. Das vorliegende Buch ist das Resultat dieser Überlegungen, und es verdankt Edgar Kaufmann mehr als nur die Idee dazu. Mit Hilfe seiner Kontakte in der Schweiz fanden wir die richtigen Fotografen, Bruno Mancia und Franziska Bodmer Mancia, die diese phantastischen neuen Farbbilder erstellten. Edgar Kaufmann konnte mich für seine Sicht dieses Buches begeistern: eine anschauliche Darstellung von reinen Ingenieurbauwerken als Kunst. Als ich ihm den ersten

his works. Mr. Kaufmann made it clear to me that there was another story to tell through the use of photography, focusing on a few of the major works. Sadly, he has not lived to see the book in its published form. Without presuming his agreement with it all, I nevertheless dedicate this book to him; he made it possible and supported it graciously.

There were two other people without whom the book could not have been written. One is Christian Menn, whose own devotion to Maillart's works led him to support my twenty-year research in Switzerland by giving me large blocks of his own time, putting me in contact with local archives (indispensable in decentralized Switzerland), and securing support for many of my expenses. Even more important has been the example of his own bridges, whose details he has carefully explained to me and which I have visited and studied. Here was the closest living example of Maillart's legacy, and I sometimes felt myself in the presence of both men as we climbed over completed or half-built works of concrete surrounded by towering Swiss mountains.

But of all sources, it has been Maillart's daughter, Marie-Claire Blumer-Maillart, who has put me most in his presence. Her collaboration, at times critical but always compassionate, has made it possible literally to pursue Robert Maillart throughout my own career as a scholar of modern engineering. Not only has she shared with me her life with her father, but also through working with her I have felt Maillart's personality. We have read together more than one thousand letters chronicling his life from youth in the 1890s to his last illness of 1940. All during this adventure into the past, I have been sustained by the constant surprise of new ideas stimulated by such focused study. (It must be true that the study of a single artist and that artist's masterworks has a certain universality which prevents continual study from lapsing into eccentric antiquarianism.) Mme. Blumer-Maillart also appreciated Edgar Kaufmann's remarkable understanding of Maillart, which she sensed during an afternoon when we worked together in his New York apartment planning for this book.

Out of my dialogue with Mme. Blumer-Maillart came insights about Maillart's ideas for which I am in her debt. They have helped me in fulfilling the purpose of this book, which is to explain in terms which the nonengineer can follow the physical implications of certain visual forms. Her late husband, Ed. Blumer, began the Zurich Maillart Archive and gave me great help.

If our collaboration has been a ceaseless succession of preceptorials alternating between Swiss life and engineering ideas, then this book seeks to make clear the latter while recognizing the context as

Entwurf meines Textes gab, liess er mich sanft, aber nachdrücklich einsehen, dass der Text wesentlich verbessert würde, falls er die «Entfaltung von Maillarts Ideen» (Kaufmanns Worte) chronologisch aufzeigte, so wie sie zwischen 1901 und 1940 abgelaufen ist.

In meiner kürzlich abgeschlossenen Biographie über Maillart hatte meine chronologische Annäherung ein ganz anderes Ziel, nämlich das Zusammenspiel von Privatleben und beruflicher Tätigkeit und den politischen und sozialen Kontext, in dem Maillart seine Werke schuf, aufzuzeigen. Edgar Kaufmann machte mir klar, dass ich anhand der Fotografien und mit der Beschränkung auf einige wenige Hauptwerke einen ganz anderen Blickwinkel einnehmen konnte. Leider erlebt er das Erscheinen dieses Buches nicht mehr. Obwohl ich sein Einverständnis mit dem jetzt vorliegenden Resultat nicht voraussetzen kann, möchte ich dieses Buch gerade ihm widmen; er machte es überhaupt möglich und unterstützte es in grosszügiger Weise.

Es gibt noch zwei weitere Leute, ohne die dieses Buch nie hätte geschrieben werden können. Einer davon ist Christian Menn, dessen eigene Hingabe für Maillarts Werk ihn meine zwanzig Jahre dauernden Nachforschungen in der Schweiz unterstützen liessen. Er widmete mir viel Zeit, machte mich auf lokale Archive aufmerksam (unentbehrlich in der dezentralisierten Schweiz) und unterstützte mich bei vielen meiner Anstrengungen. Wichtiger noch war das Beispiel seiner eigenen Brücken, deren Details er mir sorgfältig erklärte und die ich aufsuchte und studierte. Sie sind das lebendigste Beispiel für Maillarts Vermächtnis, und manchmal fühlte ich mich wie in Begleitung von beiden Männern, wenn wir über fertiggestellte oder halbfertige Betonbauwerke stiegen, umgeben von den alles überragenden Schweizer Bergen.

Von allen Menschen, die ich aufsuchte, war Marie-Claire Blumer-Maillart, Maillarts Tochter, diejenige, die mich am nächsten zu seiner Person brachte. Ihre teils kritische, immer aber engagierte Zusammenarbeit machte es mir erst möglich, Robert Maillarts Weg durch meine eigene Laufbahn zum Professor für modernes Bauingenieurwesen hindurch zu verfolgen. Sie liess mich teilhaben an ihrem Leben mit ihrem Vater, und indem ich mit ihr arbeitete, spürte ich Maillarts Persönlichkeit. Wir lasen zusammen über tausend Briefe, die sein Leben von seiner Jugend um 1890 an bis zu seiner letzten Krankheit, 1940, aufzeichneten. Während der ganzen Zeit dieser Abenteuerreise in die Vergangenheit wurde ich ständig von neuen Ideen überrascht, die in einer derart konzentrierten Studie unweigerlich auftauchen. (Offenbar erreicht eine Studie über einen einzelnen Künstler und dessen Meisterwerke eine gewisse Universa-

the former. By looking carefully at all that is seen, I have tried to explain those ideas and to show how they clarify Maillart's continual search for better forms on the road to building works of art.

Max Bill's pioneering book, *Robert Maillart,* has been a stimulus and guide. In it Bill showed photographs and drawings of the major works with a critical commentary on each. His artistic eye correctly saw them as art and his building experience correctly interpreted the physical implications with remarkable accuracy for a nonengineer. His goal was an overview, not a detailed analysis, and his book, as George Collins used to say, was the one most frequently stolen from the Avery Library at Columbia University. Along with Bill, Sigfried Giedion was a forerunner in recognizing Maillart as an artist, and all who write about Maillart today are in his debt for that early awareness.

There have been several principal sponsors for the writing of this book. The National Endowment for the Humanities, through Daniel Jones of its research division, gave a grant to Robert Mark and me that allowed me to take a full year's leave from teaching duties. Funds for that grant included some matching support from the Alfred P. Sloan Foundation and the Andrew W. Mellon Foundation.

The Alfred P. Sloan Foundation, through a grant to Michael Mahoney, Robert Mark, John Mulvey, and me, also was essential to this work. A Sloan Foundation program called the New Liberal Arts sought to produce writings on engineering that could be used widely in the college teaching of technology to liberal arts students. This also was Edgar Kaufmann's objective when he approached me in 1988. At his urging I decided to take up this work during my leave, rather than completing a book on Fazlur Khan and tall buildings. Samuel Goldberg, program officer at the Sloan Foundation, kindly agreed with this change and I am grateful to him and to the Foundation for the additional support that allowed me to work with research assistance during the summer of 1989.

My writing on Maillart began in 1974 thanks to the support of Marshall Claggett who arranged for me to be a visitor at the School of Historical Studies at the Institute for Advanced Study. A first result was my 1979 book, *Robert Maillart's Bridges,* which sought to explain historically the origins and meaning of Maillart's structures. Also, my brother, James H. Billington, has continually infused new ideas into my historical studies.

Several chairmen of my department at Princeton have supported work of this type, beginning with Norman J. Sollenberger, who has served as a mentor since he invited me to teach at Princeton in 1958. Ahmet Cahmak found a place in our engineering quadrangle for the Princeton Maillart Archive, which has been an indispensable source;

lität und wird so davor bewahrt, in exzentrische Altertümelei umzukippen.) Madame Blumer-Maillart schätzte auch Edgar Kaufmanns bemerkenswertes Verständnis für Maillart, das sie spürte, als wir einen Nachmittag lang zusammen in seiner New Yorker Wohnung an der Planung für dieses Buch arbeiteten.

Aus dem Dialog mit Madame Blumer-Maillart ergaben sich auch noch Einsichten zu Maillarts Ideen, für die ich in ihrer Schuld stehe. Diese Einsichten haben mir geholfen, das Anliegen dieses Buches zu erreichen, nämlich in einer Art erklärend zu wirken, die es dem Nichtingenieur erlaubt, gewisse physikalische Auswirkungen von sichtbaren Formen zu verstehen. Ihr Gatte, Ed. Blumer, gründete das Zürcher Maillart-Archiv und stellte für mich eine grosse Hilfe dar.

So wie unsere Zusammenarbeit unaufhörlich grundsätzliche Fragen hervorbrachte, die abwechslungsweise den schweizerischen Lebensstil und die Ingenieurideen betrafen, so versucht dieses Buch, die letzteren klar darzulegen im Bewusstsein, dass diese mit dem ersteren zusammenhängen. Ich zog all dies sorgfältig in Betracht, als ich versuchte, diese Ideen zu erklären und zu zeigen, wie diese Maillarts stete Suche nach besseren Formen für das Bauen als Kunst erhellten.

Max Bills Pionierwerk, das Buch «Robert Maillart», war mir Anreiz und Führer zugleich. Bill zeigte darin Fotografien und Zeichnungen der wichtigsten Werke und kommentierte ein jedes davon kritisch. Sein künstlerisches Auge erkannte sie als Kunst, und seine Erfahrung als Baumeister deutete deren physikalische Wirkung mit einer für einen Nichtingenieur bemerkenswerten Genauigkeit. Sein Ziel war es, einen Überblick zu geben und nicht eine detaillierte Analyse. Sein Buch war, wie George Collins zu bemerken pflegte, eines derjenigen, die in der Avery Library der Columbia University am häufigsten entwendet wurden. Zusammen mit Max Bill war auch Sigfried Giedion einer der ersten, die in Maillart den Künstler erkannten, und all diejenigen, die heute über Maillart schreiben, stehen in seiner Schuld für diese frühe Einsicht.

Zu erwähnen sind auch einige hauptsächliche Geldgeber für dieses Buch. Die National Endowment for the Humanities, die durch Daniel Jones von der Forschungsabteilung Robert Mark und mir einen Betrag zur Verfügung stellte, der es mir erlaubte, mich ein ganzes Jahr von meiner Lehrtätigkeit beurlauben zu lassen. Einen Teil dieses Geldes steuerte auch die Alfred P. Sloan Foundation und die Andrew W. Mellon Foundation bei.

Die Alfred P. Sloan Foundation trug mit einem Subventionsbeitrag an Michael Mahoney, Robert Mark, John Mulvey und mich ebenfalls wesentliches zu diesem Werk bei. Ein spezielles Programm der Sloan Foundation, das "The New Liberal Arts" heisst, wollte

George Pinder also saw the virtue of this unusual work and encouraged me to continue it. Jean Prevost, our present chairman, has already shown his continuing support. The late William Shellman, professor of architecture, guided me in my struggle to define a new art form. My closest Princeton colleague, Robert Mark, has been invaluable as a critic and friend as well as a close collaborator on efforts to explain our work to the historical community, especially through joint papers in *Technology and Culture*.

In addition to help from Princeton, it was essential to have the support of many Swiss along with Mme. Blumer-Maillart and Professor Menn. I am indebted to Dr. Beat Glaus and Mr. Clemente Rigassi, who have created the impressive Zurich Maillart Archive at the Federal Institute of Technology; by 1989 it was put in full order, complete with a large and well-designed catalogue. They have helped me well beyond the call of duty. During our planning of the new photographs, Claudia Jolles provided great help as did Walter Meierhans of the Zurich Warehouse Company, Ulrich Bähler of the St. Gallen city public works department, and Engineer Andreas von Waldkirch of the Bern Meliorationsamt.

For access to the primary documents on the structures — plans, calculations, and business correspondence — I am grateful to many of Maillart's associates: Engineer Bernet, Ernst Stettler, and Pierre Tremblet, the inheritors of his offices in Bern and Geneva, and his

Schriften über Technik herausbringen, die auch für den Unterricht in geisteswissenschaftlichen Fächern geeignet wären. Dies war auch Edgar Kaufmanns Ziel, als er 1988 mit mir Kontakt aufnahm. Auf sein Drängen hin entschied ich mich, diese Arbeit noch während meines Urlaubsjahres aufzunehmen, anstatt die Arbeiten zu einem Buch über Fazlur Khan und Hochhäuser abzuschliessen. Samuel Goldberg, der Programmverantwortliche der Sloan Foundation, war glücklicherweise mit dieser Änderung einverstanden, und ich bin ihm und der Foundation für die zusätzliche Hilfe dankbar, die es mir erlaubte, während des ganzen Sommers 1989, unterstützt durch einen wissenschaftlichen Assistenten, zu arbeiten.

Mein Schreiben über Maillart begann im Jahre 1974, dank der Unterstützung von Marshall Claggett, der es für mich arrangiert hatte, dass ich als Gast an der School of Historical Studies am Institute for Advanced Study sein konnte. Ein erstes Resultat war mein 1979 erschienenes Buch *Robert Maillarts Brücken,* in dem ich eine historische Sicht von Ursprung und Bedeutung der Maillartschen Bauten darlegte. Auch mein Bruder, James H. Billington, bereicherte meine geschichtlichen Studien immer wieder mit neuen Ideen.

Verschiedene Vorsitzende meiner Abteilung an der Princeton University haben immer wieder Arbeiten in der Art dieses Buches unterstützt. Dies begann mit Norman J. Sollberger, der mir Mentor war, seit er mich 1958 dazu eingeladen hatte, in Princeton zu lehren. Ahmet Cahmak hatte in unserer Ingenieurabteilung einen Platz für das Princeton Maillart Archive gefunden, welches für mich eine unverzichtbare Quelle war. Auch George Pinder sah die Vorzüge dieser ungewöhnlichen Arbeit und ermutigte mich, damit weiterzufahren. Jean Prevost, unser jetziger Vorsitzender, hat seine weiterführende

Unterstützung bereits bewiesen. Der verstorbene Architekturprofessor William Shellman war mir ein sicherer Führer in meinem Kampf um die Definition einer neuen Kunstform. Mein bester Kollege in Princeton, Robert Mark, war mir eine unschätzbare Hilfe, sowohl als Kritiker und Freund wie auch als enger Mitarbeiter beim Versuch, der Historical Community unser Vorhaben mittels gemeinsamer Publikationen in der Zeitschrift "Technology and Culture" zu erklären.

Zusätzlich zu dieser Hilfe von Princeton war es für mich wichtig, von verschiedenen Schweizern, ausser Madame Blumer-Maillart und Professor Menn, unterstützt zu werden. Ich bin zum Beispiel den Herren Dr. Beat Glaus und Clemente Rigassi vom eindrücklichen Maillart-Archiv an der ETH Zürich sehr zu Dank verpflichtet; im Jahre 1989 wurde dieses Archiv vollständig in Betrieb genommen und mit einem umfassenden Katalog versehen. Die beiden halfen mir weit über das Mass des Üblichen hinaus. Während der Planung für die neuen Fotografien waren es im speziellen Claudia Jolles, Walter Meierhans von der Zürcher Lagerhaus AG, Ulrich Bähler vom Bauamt der Stadt St. Gallen und der Ingenieur Andreas von Waldkirch vom Berner Meliorationsamt, die mir sehr behilflich waren.

Für den Zugang zu den frühesten Baudokumenten – Plänen, Berechnungen und Geschäftskorrespondenz – bin ich vielen von Maillarts Partnern dankbar: dem Ingenieur Bernet, Ernst Stettler und Pierre Tremblet, den Erben seiner Büros in Bern und Genf, und seinen früheren Angestellten in Zürich, Marcel Fornerod, Hans Kruck und Karl Lehr. Auch die Bündner Ingenieure Stampf, Tschudin und Schlumpf liessen mich in wichtige Dokumente Einsicht nehmen. Der Verein Schweizerischer Zement-, Kalk- und Gips-Fabrikanten unterstützte mich mit einem finanziellen Zuschuss, um einen Teil

former employees in Zurich, Marcel Fornerod, Hans Kruck, and Karl Lehr. Engineers Stampf, Tschudin, and Schlumpf of the Graubünden gave me important documents and guidance. The Swiss Society of Cement, Chalk, and Gypsum Manufacturers provided a grant to cover some expenses in Switzerland, and its president, Dr. Hans Eichenberger, spent time giving me insight into Swiss culture and technology. His assistant, Kurt Müller, was an enthusiastic and knowledgeable guide to Swiss concrete structures.

J. Wayman Williams helped me organize the material, carefully read the manuscript, and suggested many useful modifications. Lynn Billington, my sister-in-law, read the manuscript carefully as someone skilled in the language but not trained in engineering. She has an eye for rooting out jargon and opaque prose; the final text benefited greatly from her editorial suggestions. While the book was in preparation, Christopher Peck served as my research assistant with exceptional efficiency. I especially thank Mark Reed for making nearly all of the fine drawings that accompany the text, and also Clark Fernon who did two of them. Patti Williams typed the manuscript with skill and good humor. My former secretary, Susan Cleary-Diaz, helped me in the early stages of this project.

In working with the Architectural History Foundation I have benefited from the skillful and enthusiastic leadership of its president, Victoria Newhouse, and the help given by her highly competent staff including Jo Ellen Ackerman, Karen Banks, and Lillian Schwartz. Ms. Ackerman, Ms. Banks, and Bruce Campbell, the book's designer, have brought unusual talents to the realization of this work.

Finally, and above all, my wife Phyllis has kept everything together and, as an artist herself, has provided the needed criticism and encouragement to all my efforts, which also have been aided by my six special research assistants, David, Jr., Elizabeth, Jane, Philip, Stephen, and Sarah, each of whom has traveled with me in the unending search to uncover the ever deeper meanings in the art of Robert Maillart.

Princeton
October 10, 1989

DAVID P. BILLINGTON

meiner Kosten in der Schweiz zu decken, und ihr Präsident, Dr. Hans Eichenberger, verbrachte viel Zeit damit, mir einen Einblick zu gewähren in die schweizerische Kultur und Technik. Sein Assistent, Kurt Müller, war mir ein begeisterter und kenntnisreicher Führer zu den wichtigen Schweizer Betonbauwerken.

J. Wayman Williams half mir, alles Material zu beschaffen, las mein Manuskript und regte manche sinnvolle Änderung an. Lynn Billington, meine Schwägerin, las mein Manuskript sehr sorgfältig als jemand, der zwar in englischer Sprache, nicht aber im Ingenieurfach sehr bewandert ist. Sie hat ein sicheres Gespür und stöberte Fachchinesisch und unklare Sprache auf; der endgültige Text verdankt ihren Vorschlägen sehr viel. Während der Vorbereitungszeit für dieses Buch war es Christopher Peck, der mit aussergewöhnlicher Tüchtigkeit als mein Forschungsassistent arbeitete. Ganz speziell danke ich Mark Reed, der die meisten der Zeichnungen erstellte, die den Text begleiten, aber auch Clark Fernon, der ebenfalls deren zwei anfertigte. Patti Williams tippte geschickt und ihren Humor immer bewahrend das Manuskript. Meine vormalige Sekretärin, Susan Cleary-Diaz, half mir bei den vorbereitenden Arbeiten zu diesem Projekt.

In der Zusammenarbeit mit der Architectural History Foundation habe ich viel von deren kundigen und begeisterten Präsidentin, Victoria Newhouse, profitiert und auch von der Hilfe ihrer äusserst kompetenten Mitarbeiterinnen Jo Ellen Ackerman, Karen Banks und Lillian Schwartz; Frau Ackerman, Frau Banks und Bruce Campbell, der Buchgestalter, bewiesen ungewöhnliches Talent für die Realisierung dieses Buchs.

Letztlich, jedoch allen voran, war es meine Frau Phyllis (selbst eine Künstlerin), die alles zusammenhielt und meine Anstrengungen mit der notwendigen Kritik und Ermutigung unterstützte, die Anstrengungen, bei denen mir auch meine sechs «Speziellen Assistenten» David jun., Elizabeth, Jane, Philip, Stephen und Sarah stark zur Seite standen. Jeder von ihnen begleitete mich auf der endlosen Suche nach der immer tieferen Bedeutung der Kunst von Robert Maillart.

Princeton,
10. Oktober 1989

DAVID P. BILLINGTON

I

STONEWORK *VERSUS* CONCRETE: 1894–1901

NATURSTEIN VERSUS BETON: 1894–1901

Reinforced Concrete in the 1890s

When Robert Maillart (1872–1940) founded his own firm in 1902, reinforced concrete was a well-developed building material thanks largely to a few pioneers such as François Hennebique (1842–1921) in France and G. A. Wayss (1851–1917) in Germany. By the turn of the century both men, through extensive international affiliates, had produced thousands of structures in a wide variety of forms.[1]

Their works stimulated scientific study of this composite material, and their construction procedures established its competitive economy. Hennebique, Wayss, and a few others had shown by 1900 that concrete with steel-bar reinforcement embedded in it was a universal construction material; it could be used in place of wood or stone, or even of steel, except in long spans.

Although they created some unprecedented visual forms, these pioneers did not emphasize the appearance of concrete structures but rather their predictable performance in service and their low cost both to build and to maintain.

Their most impressive forms in the 1890s were arches for bridges and frameworks for buildings. Wayss had taken the thin-arch designs of the French gardener Joseph Monier (1823–1906) and made them much heavier to satisfy interpretations of load tests and calculation results; consequently, by 1900 concrete arches mostly had forms that appeared to be derived from the ancient tradition of stonework: they were massive and solid.

At the same time, Hennebique developed his ideas from beams and columns, beginning with metal elements protected from fire by concrete. The resulting building forms, with solid columns, beams, and joists supporting short-span slabs, looked like wooden construction. Hennebique knew that reinforced-concrete structures were monolithic, unlike those normally made up of steel or wood elements, but he designed frameworks that were not strong visual expressions of that monolithic nature.

Into this emerging world of concrete structures, Robert Maillart entered following graduation from the Zurich Polytechnical Institute in 1894. For eight years, while working for others, he studied the new material, made designs in it, and supervised its construction.[2] By 1898 he was ready to design his first major structure, the Stauffacher bridge over the Sihl River in Zurich.

2

Eisenbeton um 1890

Als Robert Maillart (1872–1940) 1902 seine eigene Firma gründete, war Eisenbeton bereits ein gut entwickelter Baustoff, was vor allem einigen Pionieren, wie dem Franzosen François Hennebique (1842–1921) oder dem Deutschen G. A. Wayss (1851–1917), zu verdanken war. Um die Jahrhundertwende hatten diese beiden Ingenieure dank ihren weitreichenden internationalen Kontakten schon eine Vielzahl verschiedenartigster Bauten ausgeführt[1].

Ihre Arbeiten regten dazu an, diesen Verbundbaustoff wissenschaftlich zu untersuchen, und ihre Bauweise erwies sich auch wirtschaftlich als konkurrenzfähig. Hennebique, Wayss und einige andere hatten schon um 1900 herum gezeigt, dass Beton mit darin eingebetteten Eisenstäben einen universellen Baustoff darstellt. Er konnte, ausser für grosse Spannweiten, an Stelle von Holz, Mauerwerk oder sogar Stahl verwendet werden.

Obwohl diese Pioniere ein paar optisch einzigartige Formen schufen, betonten sie nie das Erscheinungsbild ihrer Betonbauwerke, sondern vielmehr deren voraussehbare Gebrauchstauglichkeit und die niederen Kosten, sowohl beim Bau wie auch im Unterhalt.

Ihre eindrücklichsten Bauten waren um 1890 Bogentragwerke für den Brücken- und Rahmentragwerke für den Hochbau. Wayss übernahm die Entwürfe der schlanken Bogen des französischen Gärtners Joseph Monier (1823–1906), bildete sie aber aufgrund von Belastungsversuchen und Berechnungen viel stärker aus. Die Bogen um 1900 wiesen daher Formen auf, die der alten Mauerwerkstradition entnommen schienen: sie waren wuchtig und solide.

Zur selben Zeit entwickelte Hennebique seine Ideen von Balken und Stützen, ausgehend von Metallelementen, die durch eine Betonummantelung gegen Feuer geschützt wurden. Die daraus entstandenen Tragwerke, die mit massiven Stützen, Balken und Unterzügen kurz gespannte Platten abfingen, wirkten eher wie Holzkonstruktionen. Hennebique wusste zwar, dass Eisenbetontragwerke, im Unterschied zu Stahl- oder Holztragwerken, monolithisch sind, legte aber seine Strukturen als Rahmen aus, ohne deren monolithische Natur zu betonen.

In dieser neuen Welt des Betonbaus tauchte Robert Maillart auf, nachdem er 1894 am Polytechnikum in Zürich diplomiert wurde. Während acht Jahren, in denen er für andere arbeitete, studierte er das neue Material, machte kleinere Entwürfe und leitete deren Ausführung[2]. Im Jahre 1896 konnte er seine erste bedeutende Brücke projektieren, die Stauffacherbrücke über die Sihl in Zürich.

The Stauffacher Bridge and the Tradition of Stone

Following the then-accepted idea that an arch span as long as 39.6 meters should have hinges, Maillart designed the Stauffacher bridge as a three-hinged arch of unreinforced concrete. He located one hinge at the arch crown, its highest point which occurs at midspan, and the other two at the two support points, the arch's low points where it meets the foundations. The three-hinged arch has three points that are free to rotate in the vertical plane; the arch at those points has no resistance to bending. There are two advantages of such apparent points of weakness: first, as the arch expands (or contracts) with a rise (or fall) in temperature, it rises freely without causing any stresses in the structure thanks to the free rotation of the hinges; and second, it is far easier to calculate the stresses owing to dead weight and traffic loads on a three-hinged arch than it is on a hingeless or fixed arch. This ease of calculation is not just an advantage for the lazy engineer, but even for the diligent designer such simplicity means greater assurance that the results are correct and understandable.

By 1898 there had been a series of such three-hinged concrete arches built in Europe which were well publicized.[3] The idea was established, as was Maillart's choice of arch profile: solid concrete, slightly tapered as it approaches the hinges, but visually almost a constant depth throughout the span. Maillart, however, did not control the final visual form of the Stauffacher bridge: this was created by the city architect, Gustav Gull, who designed a cut-stone wall that totally covered the structure. The wall, by being solid from arch to deck throughout the span, gives an appearance that radically misrepresents the structural form. The Stauffacher profile is shallow at midspan and deepest at the abutments, whereas the structure is shallow at both midspan and abutments.[4]

In every way the Stauffacher bridge reflects visually the old tradition of stonework rather than the new potentials for reinforced concrete. Yet it was for Maillart an essential first step in recognizing these potentials, which began to emerge in his next bridge design, the Zuoz bridge over the Inn River in Switzerland's far eastern canton of the Graubünden.

Die Stauffacherbrücke und die Mauerwerkstradition

Maillart projektierte die Stauffacherbrücke als Dreigelenkbogen aus unbewehrtem Beton und folgte so der schliesslich akzeptierten Idee, dass ein Bogen mit einer Stützweite von 39,6 Metern Gelenke aufweisen sollte. Er plazierte ein Gelenk im Bogenscheitel, dem höchsten Punkt in der Mitte der Spannweite, die anderen zwei in den Kämpferpunkten, den tiefsten Punkten des Bogens, dort, wo dieser auf die Fundation trifft. Der Dreigelenkbogen weist drei Punkte auf, die sich in der vertikalen Ebene frei verdrehen können; der Bogen hat in diesen Punkten keinen Biegewiderstand. Die Anordnung solch offensichtlicher Schwachstellen hat zwei Vorteile: Zum einen kann sich der Bogen bei einer Expansion (oder Kontraktion), die durch einen Temperaturanstieg (bzw. -rückgang) hervorgerufen wird, dank der freien Rotation in den Biegegelenken anheben, ohne dass dadurch Spannungen im Trägerquerschnitt verursacht würden; zum andern ist es in einem Dreigelenkbogen bedeutend einfacher, die Spannungen infolge Eigengewichts und Verkehrslasten zu berechnen, als in einem gelenklosen oder eingespannten Bogen. Diese Erleichterung bei der Berechnung ist nicht nur für den bequemen Ingenieur ein Vorteil, sondern auch für den eifrigen Statiker, denn diese Vereinfachung gibt eine grössere Sicherheit, dass die Resultate richtig sind.

Bis zum Jahre 1898 waren in Europa schon einige solcher Dreigelenkbogen in Beton entstanden. Sie waren auch gut dokumentiert[3]. Die Idee war also bereits vorhanden, ebenso wie Maillarts Wahl des Bogenprofils: Massiver Beton, der sich zu den Gelenken hin leicht verjüngt, optisch aber eine annähernd konstante Bauhöhe über die ganze Spannweite beibehält. Maillart selber hatte aber keinen Einfluss auf das endgültige Erscheinungsbild der Stauffacherbrücke: der Stadtarchitekt Gustav Gull entwarf hierfür eine Mauerwerksverkleidung, die die Tragstruktur vollständig bedeckte. Diese Verkleidung, über die gesamte Brückenlänge vollwandig ausgebildet, verleiht der Brücke ein völlig verfälschtes Aussehen. Die Stauffacherbrücke erscheint in der Mitte dünn und bei den Widerlagern hoch, wohingegen ihre Tragstruktur sowohl im Scheitel wie auch bei den Auflagern schlank wäre[4].

In mancherlei Hinsicht widerspiegelt die Stauffacherbrücke eher die alte Natursteintradition als die neuen Möglichkeiten des Eisenbetons. Trotzdem war es für Maillart ein erster wesentlicher Schritt, diese Möglichkeiten zu erkennen. Dies wurde bereits in seinem nächsten Entwurf deutlich, bei der Innbrücke in Zuoz (Graubünden).

Zuoz, the Hollow Box, and Structural Façades

The Zuoz bridge of 1901 was a major technical innovation, though not a visual masterpiece.[5] It was, however, an essential precondition for Maillart's later designs, even though his principal technical idea, the hollow box, is hidden from view in the final form. The hollow box consists of the curved lower slab or arch, the vertical longitudinal wall, and the horizontal deck, all designed to act as a single unit in carrying the loads to the abutments. But this new idea, never before tried in reinforced concrete, created a paradox for Maillart. The walls are deepest at the abutment, but there only the lower curved slab or arch proper carries loads into the ground. If the high walls are useless near the abutments, why did Maillart put them there? The reason lies in the centuries-old image of proper stone bridge forms.

In stone arches, the Romans regularly used circular (Roman arch) shapes to make construction simpler. But they knew that a circular form was technically wrong and resulted in openings between voussoirs in areas near the abutments. Their sensible solution was to build spandrel walls and fill the arch in those areas with rubble, thus counteracting the tendency for the arch to rise and crack. The high, useless walls at Zuoz are a visual reflection of the necessary spandrel walls in Roman arches.

Other visual features at Zuoz characterize Maillart's early independent work and help define the problems that he eventually solved. The concrete walls stop abruptly where they meet the protruding stone abutments and the concrete arch thickens as it approaches those abutments. Moreover, at midspan there is a small concrete block visible at the crown between the arch and the deck slab; in addition, the light metal guard rail and the visual expression of the deck slab go unchanged from arch span to abutment ends.

The most commonly photographed bridge image is the profile view, which for Zuoz is flat and very slender in the midspan region. This flatness and slenderness give the bridge its primary appeal. But the stone abutments frame the span, cut it off from the approaches, and create a discontinuity in the design; they appear to anchor the bridge where it seems to be strongest. When seen in profile, there is some feeling that this bridge is cantilevered from each end. In profile, therefore, the bridge form is visually ambiguous because in reality all the span load goes into the foundations through the thickened curved

Zuoz, der Hohlkasten und bauliche Fassaden

Die 1901 erbaute Innbrücke in Zuoz war wohl eine bedeutende technische Innovation, aber keine optische Meisterleistung[5]. Sie war jedoch eine wesentliche Voraussetzung für Maillarts spätere Entwürfe, obwohl seine hauptsächliche technische Errungenschaft, der Hohlkasten, am Bauwerk schliesslich gar nicht sichtbar ist. Der Hohlkasten, bestehend aus der Bogen- oder Gewölbeplatte, den Seitenwänden und der Fahrbahnplatte, wird dafür ausgelegt, die Lasten als Einheit zu den Widerlagern zu tragen. Diese neue, bis anhin im Stahlbetonbau nie erprobte Idee stellte für Maillart aber auch einen Widerspruch dar. Die Seitenwände sind im Bereich der Widerlager am höchsten, obwohl da die Lasten im wesentlichen durch die tiefer liegende Gewölbeplatte in den Baugrund abgetragen werden. Wenn aber die hohen Wände im Widerlagerbereich unnötig sind, wieso baute Maillart sie trotzdem? Der Grund liegt in den jahrhundertealten Formvorstellungen aus dem Naturstein-Brückenbau.

Die Römer bauten gewöhnlich kreisförmige Bogen (römischer Bogen), um die Bauausführungen zu erleichtern. Sie wussten aber bereits, dass der runde Bogen technisch ungünstig ist; er war der Grund dafür, dass die Bogensteine im Widerlagerbereich auseinanderklafften. Ihre kluge Lösung bestand darin, zwei Abschlusswände aufzumauern und diese mit Bruchsteinen zu hinterfüllen. So wirkten sie der Tendenz des Bogens entgegen, sich anzuheben und aufzubrechen. Die hohen, unnützen Wände in Zuoz widerspiegeln diese bei den römischen Bogen notwendigen Seitenwände.

Andere optische Merkmale der Zuozbrücke charakterisieren Maillarts frühes unabhängiges Arbeiten und zeigen bereits die Probleme auf, die er schliesslich löste. Die Betonwände enden abrupt bei den hervorstehenden Natursteinwiderlagern, und die Dicke des Betonbogens nimmt zu den Auflagern hin leicht zu. Zudem ist ein kleiner Betonblock im Scheitel zwischen dem Bogen und der Fahrbahn sichtbar; das leichte Metallgeländer und die Fahrbahnplatte verlaufen optisch unverändert über die Bogenspannweite bis zu den Widerlagern.

Die am häufigsten fotografierte Ansicht einer Brücke ist ihr Längsprofil; dieses ist in Zuoz flach und in der Brückenmitte sehr schlank. Der spezielle Reiz dieser Brücke liegt gerade in dieser flachen und schlanken Gestalt. Die Natursteinwiderlager hingegen umrah-

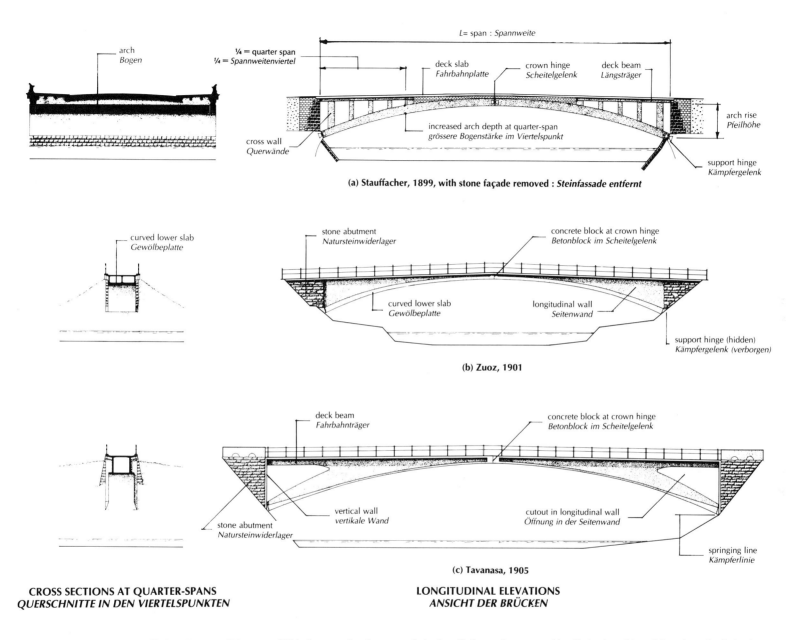

arch
Bogen

¼ = quarter span
¼ = *Spannweitenviertel*

L= span : *Spannweite*

deck slab
Fahrbahnplatte

crown hinge
Scheitelgelenk

deck beam
Längsträger

increased arch depth at quarter-span
grössere Bogenstärke im Viertelspunkt

cross wall
Querwände

arch rise
Pfeilhöhe

support hinge
Kämpfergelenk

(a) Stauffacher, 1899, with stone façade removed : *Steinfassade entfernt*

curved lower slab
Gewölbeplatte

stone abutment
Natursteinwiderlager

concrete block at crown hinge
Betonblock im Scheitelgelenk

curved lower slab
Gewölbeplatte

longitudinal wall
Seitenwand

support hinge (hidden)
Kämpfergelenk (verborgen)

(b) Zuoz, 1901

deck beam
Fahrbahnträger

concrete block at crown hinge
Betonblock im Scheitelgelenk

vertical wall
vertikale Wand

cutout in longitudinal wall
Öffnung in der Seitenwand

stone abutment
Natursteinwiderlager

springing line
Kämpferlinie

(c) Tavanasa, 1905

CROSS SECTIONS AT QUARTER-SPANS
QUERSCHNITTE IN DEN VIERTELSPUNKTEN

LONGITUDINAL ELEVATIONS
ANSICHT DER BRÜCKEN

Three Bridges compared: Stauffacher, Zuoz, and Tavanasa. With the stone façade removed, the Stauffacher arch expresses blandly its three-hinged form by only slight changes in arch thickness. The solid spandrel wall above the arch at Zuoz is ambiguous, being deep near the stone abutments where it is not needed. Near the Tavanasa abutments, that wall is cut out, removing the ambiguity, and expressing vigorously the three-hinged form by drastic reductions in wall depth at the supports and crown.

Drei Brücken im Vergleich: Stauffacherbrücke, Innbrücke in Zuoz und Rheinbrücke bei Tavanasa. Entfernt man die Natursteinfassade der Stauffacherbrücke, so betont der Bogen mit den geringen Veränderungen der Bogenstärke nur sehr zaghaft seine dreigelenkige Form. Die massive Seitenwand über dem Bogen in Zuoz wirkt widersprüchlich, da sie im Bereich der Natursteinwiderlager hoch ist, wo dies nicht notwendig wäre. Dieselbe Wand weist, um jede Widersprüchlichkeit auszuschliessen, bei der Tavanasabrücke im Widerlagerbereich Öffnungen auf und verdeutlicht durch die drastische Reduktion ihrer Höhe bei den Auflagern und im Bogenscheitel energisch die dreigelenkige Form.

5

Inn River Bridge at Zuoz, 1901. Profile showing the thin flat arch which thickens toward its supports, the deep spandrel walls near the stone abutments, and the light horizontal deck overhanging the walls for the full length of the bridge.

Innbrücke in Zuoz, 1901. Diese Seitenansicht zeigt den schmalen, flachen Bogen, der gegen die Auflager hin stärker wird, die hohen Seitenwände beim Widerlager und den leichten horizontalen Brückenträger, der die Wände auf der ganzen Brückenlänge überragt.

6

Inn River Bridge at Zuoz, 1901. Side view including Zuoz. The small concrete block at the crown is flush with the arch and expresses the midspan hinge.

Innbrücke in Zuoz, 1901. Seitliche Ansicht, im Hintergrund liegt Zuoz. Der kleine Beton-block im Bogenscheitel liegt in gleicher Ebene mit dem Bogen und betont das Scheitelgelenk.

slab at its lowest points.

At the crown the arch thickens into a block that expresses the location of a hinge, an intended weak point designed to permit the arch to rotate slightly in its profile plane and thus to adjust to changes in temperature or foundation settlements without cracking the concrete. Hidden from view are the hinges at the two supports along the springing line. Like Stauffacher, Zuoz is thus a three-hinged arch even though it does not visually show that form. It is also a hollow-box arch, if not visibly so, and its elements (deck, walls, and arch) are all thin though only the deck overhang and the arch express their true thinness visually.

Usually, when analyzing a bridge, we need to consider it not only in profile but from other aspects as well—from the approaches and from positions close to and underneath the structure itself. But because the Zuoz bridge has solid walls and a solid curved slab, it holds very little visual interest from viewpoints other than profile; in this regard it is still a work of the nineteenth century.

The Zuoz bridge essentially ended Maillart's work in the employ of others. Early in 1902 he formed his own company to specialize in the design and construction of reinforced-concrete structures. With the Zuoz bridge he had found a new form, the hollow box, but he had not found a new visual expression. The overall form of Zuoz was still the same as the stone-encased Stauffacher, and the abutments remained heavy, closed stone structures.

men die Spannweite, schneiden sie optisch aus den Zufahrtsbereichen und bewirken eine gewisse Diskontinuität des Entwurfs. Diese Widerlager scheinen die Brücke an den Stellen zu verankern, wo sie am stärksten ist. Betrachtet man das Brückenprofil, so hat man das Gefühl, die Brücke krage von den beiden Enden zur Mitte hin aus. Die Brückenform wirkt deshalb doppeldeutig, verlaufen doch die Lasten in Wirklichkeit über die verstärkte Gewölbeplatte zur Fundation, zu den tiefsten Punkten.

Im Scheitel verstärkt sich der Bogen zu einem massiven Block, der die Lage des Gelenks deutlich aufzeigt. Diese beabsichtigte Schwachstelle erlaubt es dem Bogen, sich in seiner Ebene geringfügig zu verdrehen und so Temperaturschwankungen oder Fundamentsenkungen ohne Rissbildung in der Betonkonstruktion auszugleichen. Die Bogenkämpfer sind ebenfalls gelenkig ausgebildet, allerdings nicht sichtbar. Wie schon die Stauffacherbrücke ist somit auch die Innbrücke in Zuoz ein Dreigelenkbogen, selbst wenn sie optisch nicht so wirkt. Obwohl dies nicht erkennbar ist, ist sie ein Hohlkastenbogen, dessen Elemente (Fahrbahnplatte, Seitenwände, Gewölbeplatte) alle dünnwandig ausgebildet sind. Diese Dünnwandigkeit wird aber einzig durch die auskragende Fahrbahn und den Bogen optisch betont.

Bei der Analyse einer Brücke sollte man immer auch seinen Standort verändern und sie nicht nur im Profil, sondern auch von den Zufahrten her, aus der Nähe oder sogar von unten betrachten. Weil bei der Innbrücke aber weder die Seitenwände noch die Gewölbeplatte Öffnungen aufweisen, ergeben sich für den Betrachter wenig neue optische Eindrücke, wenn er den Standort wechselt; in dieser Hinsicht ist die Brücke noch ein Werk des 19. Jahrhunderts.

Mit der Innbrücke in Zuoz löste Maillart seine Anstellung auf und gründete im Frühjahr 1902 sein eigenes Unternehmen, um sich auf die Projektierung und Ausführung von Stahlbetonbauten zu spezialisieren. Er hatte bei der Innbrücke wohl eine neue Form gefunden, den Hohlkasten, aber noch keine neue optische Wirkung. Die Gesamterscheinung der Innbrücke war immer noch dieselbe wie die der steinverkleideten Stauffacherbrücke, und die Widerlager blieben schwere, geschlossene Natursteinbauten.

II

THE INTEGRATION OF FORM: 1901–1919
DIE INTEGRATION DER FORM: 1901–1919

Tavanasa and the Three-Hinged Form

Because it was destroyed by an avalanche in 1927, the Tavanasa bridge exists only in early black-and-white photographs. But these pictures show how Maillart began to resolve the ambiguity in the Zuoz design. In September 1903 the canton asked Maillart to visit Zuoz and report on cracks found in the spandrel walls near the abutments.[1] Although not dangerous, these cracks helped Maillart recognize the need for a new form, which he designed the following year in response to a design-construction competition. He removed the high walls near the abutments, thus creating a bridge with a new three-hinged profile. His solution to the crack problem was simply to remove the areas where the cracks had occurred.[2]

The Tavanasa bridge clearly becomes thinner both at supports as well as at the midspan crown. The profile now expresses the three-hinged arch form by increasing in strength at the quarter spans (halfway between abutments and midspan).

Maillart preserved the flatness of the Zuoz design but avoided the feeling that the arch is strongest at the abutments. He tried to separate the main span from the stone abutment by designing a cross wall that vertically connects the horizontal deck to the hinged arch below. The effect still leaves some lingering sense of cantilevering, and the heavy abutments cut off the main span even more insistently than at Zuoz because of the stone-like walls that serve as guard rails above the deck. These walls break with the light metal guards on the span and have no function other than that served by those guards.

A foreshortened view at Tavanasa is much more dramatic than at Zuoz, however, not only because of the longer span, but also because of its openness; the two longitudinal walls project upward from the arch, revealing their thinness. From this view we can see the hollow box formed by the two vertical walls, the arch below, and the deck above (see view of Salginatobel on p. 45).

As at Zuoz, two small concrete blocks mark the crown hinge at midspan, but they are flush with the horizontal deck whereas at Zuoz the deck overhangs the blocks. Thus, Maillart expressed the crown hinge more strongly at Tavanasa, just as the cutaway walls reveal the springing-line hinges in the 1904 design. Tavanasa is his first masterpiece of reinforced concrete. It expresses visually a new form, the three-hinged, hollow-box arch, in a manner not possible with stone or stone-like (concrete-block) construction. Maillart did not invent the

Tavanasa und der Dreigelenkbogen

Weil die Rheinbrücke bei Tavanasa 1927 von einer Lawine zerstört wurde, existieren von ihr lediglich frühe Schwarzweiss-Fotografien. Diese Bilder zeigen, wie Maillart begann, die Doppeldeutigkeiten der Innbrücke von Zuoz zu beheben. Im September 1903 wurde Maillart vom Kanton Graubünden nach Zuoz eingeladen, um Risse zu begutachten, die in den Seitenwänden in der Nähe der Widerlager aufgetreten waren[1]. Obwohl sie nicht gefährlich waren, führten diese Risse dazu, dass Maillart die Notwendigkeit neuer Formen erkannte. Im darauffolgenden Jahr, als Resultat eines Entwurfswettbewerbes, löste er das Risseproblem, indem er die hohen Wände bei den Widerlagern entfernte und damit eine neue, dreigelenkige Form schuf. Er löste das Problem also einfach durch das Weglassen der Zonen, in denen Risse aufgetreten waren[2].

Die Tavanasabrücke verjüngt sich deutlich, sowohl bei den Auflagern als auch im Bogenscheitel. Der Längsschnitt betont nun die dreigelenkige Bogenform durch die kräftigere Ausbildung der Tragstruktur in den Bogenvierteln (in der Mitte zwischen den Bogenkämpfern und dem Bogenscheitel).

Maillart behielt die flache Form der Innbrücke bei, vermied es aber, den Bogen bei den Widerlagern am stärksten auszubilden. Er versuchte, die Hauptspannweite von den Natursteinwiderlagern loszulösen, indem er Querwände anordnete, die die horizontale Fahrbahnplatte mit dem gelenkigen Bogen verbinden. Trotzdem bleibt der Eindruck zweier Kragarme bestehen, und die schweren Widerlager beschneiden mit ihren massiven Brüstungen die eigentliche Spannweite noch deutlicher als in Zuoz. Diese Brüstungsmauern begrenzen lediglich die leichten Metallgeländer der Fahrbahn, sie erfüllen keine andere Funktion.

In der Perspektive wirkt die Tavanasabrücke jedoch viel dramatischer als die Innbrücke, nicht nur wegen der grösseren Spannweite, sondern auch wegen ihrer Öffnungen; die beiden Längswände, die vom Bogen aufragen, enthüllen ihre Schlankheit. Man wird sich so auch des Hohlkastens gewahr, bestehend aus den beiden vertikalen Wänden, der untenliegenden Gewölbe- und der obenliegenden Fahrbahnplatte (vgl. Ansicht der Salginatobelbrücke, S. 45).

Wie schon bei der Innbrücke markieren zwei kleine Betonblöcke das Scheitelgelenk in der Bogenmitte, sie liegen aber bündig mit der Fahrbahnplatte, wohingegen in Zuoz die Fahrbahn über die Gelenk-

Rhine River Bridge at Tavanasa, 1905. Side view showing the cutout in the spandrel walls. The crown hinge block is flush with the overhanging deck and the arch widens to meet that block.

Rheinbrücke bei Tavanasa, 1905. Diese seitliche Ansicht zeigt die Öffnungen in den Seitenwänden. Der Block des Scheitelgelenkes liegt bündig mit der sonst auskragenden Fahrbahnplatte, und der Bogen weitet sich zu diesem Block hin auf.

three-hinged arch, but he took that idea and expressed it powerfully in a unique way.

Many precedents existed for the form including the Stauffacher bridge of 1899 (see p. 3) and the Isar bridge of 1904 designed by Emil Mörsch (1872–1950) several years before the Tavanasa. These bridges all show an arch with a thickened section at the quarter span, but they are bland forms compared to Tavanasa because the differences in thickness are barely visible. By using a hollow box, Maillart created a much greater depth at the quarter span and, by contrast, an appearance of striking thinness at the midspan and the two support points.

The purely technical idea of a three-hinged profile is not enough in itself to lead to a work of art; shaping by an artist is required, but the

blöcke hinausragte. Auf diese Weise betonte Maillart bei der Tavanasabrücke das Scheitelgelenk stärker, genauso wie auch die ausgeschnittenen Wände hier die Kämpfergelenke offenlegen. Die 1904 entworfene Tavanasabrücke ist seine erste Meisterleistung im Stahlbetonbau. Sie stellt eine optisch neue Form dar, den dreigelenkigen Hohlkastenbogen, in einer Bauweise, wie sie in Naturstein nicht möglich gewesen wäre. Maillart erfand den Dreigelenkbogen nicht, er übernahm die Idee und brachte sie kraftvoll und in einzigartiger Weise zum Ausdruck.

Bis zum Bau der Tavanasabrücke waren schon einige vergleichbare Tragwerke ausgeführt worden, darunter auch die 1899 erbaute Stauffacherbrücke (vgl. S. 3) und die 1904 erstellte Isarbrücke von Emil Mörsch (1872–1950). Alle diese Brücken weisen Verstärkungen in den Bogenvierteln auf, sind aber, verglichen mit der Tavanasabrücke, ausdruckslose Tragwerke, da die Unterschiede der Trägerhöhen kaum sichtbar sind. Durch die Verwendung eines Hohlkastenquerschnitts hatte Maillart in den Bogenvierteln viel mehr Konstruktionshöhe zur Verfügung und schuf, als Gegensatz dazu, eine bestechende Schlankheit in der Bogenmitte und bei den Auflagern.

Die rein technische Idee des Dreigelenksystems genügt allerdings nicht, um ein Kunstwerk entstehen zu lassen; es bedarf der Formgebung durch einen Künstler, und dieser Künstler muss ein Ingenieur sein. Die Form muss aus der technischen Idee abgeleitet und durch sie begründet sein, obwohl sie dieser Idee nicht zwangsläufig entspringt. Maillart entwickelte nicht nur eine, sondern mindestens zwei tech-

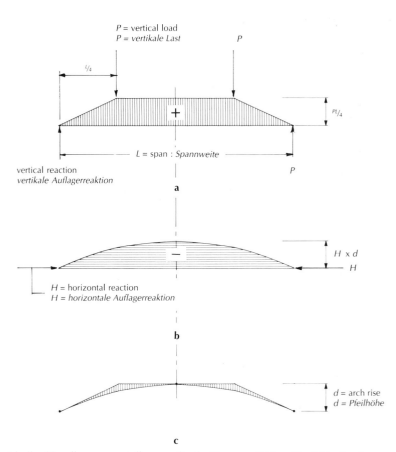

Idealized bending-moment diagrams for the Tavanasa Bridge. Fig. (a) is the diagram for heavy truck loads concentrated at the quarter spans on the arch without any horizontal restraint $(H = 0)$ at its supports. Fig. (b) gives the diagram for the effects of a horizontal force H applied inwardly at each support; and Fig. (c) represents a summation of (a) and (b) $(H = PL/4d)$. The last figure is the true diagram for bending moments in a three-hinged arch under equal quarter-span loads of P. Maillart gave the Tavanasa profile this same form so the bridge would be strongest (have the deepest section) where the effects of loads are the greatest (give the largest bending moment).

Idealisierte Diagramme der Biegemomente für die Brücke bei Tavanasa. Abb. a ist das Diagramm für die Schwerverkehrslasten, die in den Viertelspunkten des Bogens konzentriert angreifen, unter Vernachlässigung des Horizontalschubes (H = 0) in den Auflagern. Abb. b zeigt das Diagramm, das die Wirkung der einwärts gerichteten Horizontalkräfte veranschaulicht. Abb. c stellt die Überlagerung der Diagramme a und b dar (H = PL/4d). Diese letzte Abbildung ist das eigentliche Diagramm der Biegemomente in einem Dreigelenkbogen unter symmetrischer Belastung P in den Viertelspunkten des Bogens. Maillart gab der Tavanasabrücke dieselbe Form, so dass sie dort am stärksten ausgebildet ist (die grösste Bogenstärke aufweist), wo die Wirkung der Lasten am grössten ist (wo die grössten Biegemomente auftreten).

artist must be an engineer. The shape must come from the technical idea and be grounded in it, even though it does not come inevitably out of that idea. Maillart took not just one new technical idea, but at least two ideas: the hollow box, and the concentrated load at quarter span. This second idea arises from the fact that the largest bending moments in a three-hinged arch occur at the quarter spans when concentrated loads, such as large trucks, occur there at the quarter spans themselves. If we simplify the argument and imagine single concentrations of load at each quarter-span point, we find a technical diagram of internal force (called "bending moment") which reflects directly the profile of Maillart's bridge. From the diagrams found in Maillart's calculations of 1904 it is clear that he recognized this connection between the diagram of forces and the profile of the bridge.[3]

In summary, Maillart, stimulated by the cracks at Zuoz, brought together a set of technical ideas and then shaped them to create a work of art. He would later on speak of this process as one of cutting triangular slots out of the Roman spandrel form, but these slots were only the starting point for the making of a new form. Other technical ideas had disciplined his search for form, which culminated in the Tavanasa bridge.

Sadly, however, the Swiss authorities were as yet unwilling to accept the radically new appearance of the Tavanasa, and Maillart, unable to get enough new bridge contracts, turned more and more to the design of buildings, where large contracts for reinforced-concrete structures were much more plentiful.

nische Ideen: den Hohlkasten und die konzentrierte Belastung im Bogenviertel. Diese zweite Idee ergibt sich aus dem Umstand, dass die grössten Biegemomente in einem Dreigelenkbogen in den Viertels-punkten auftreten, falls in diesen Punkten konzentrierte Lasten (zum Beispiel infolge des Schwerverkehrs) angreifen. Für eine vereinfachte Betrachtung stelle man sich zwei Einzellasten in den beiden Viertel-punkten des Bogens vor. Man findet so das Diagramm der inneren Kräfte (sogenannte Biegemomente), das direkt die von Maillart ge-wählte Tragwerksform widerspiegelt. Aus den 1904 von Maillart ver-fassten Berechnungsunterlagen wird ersichtlich, dass er die Verbin-dung zwischen dem Schnittkraftdiagramm und der Gestalt der Brücke erkannt hatte[3].

Zusammenfassen kann man wie folgt: Maillart, angeregt durch die Risse in der Innbrücke, vereinigte eine Reihe technischer Ideen und verschmolz sie zu einem Kunstwerk. Später versuchte er diesen Prozess zu erklären als ein Schneiden von dreieckigen Schlitzen in die römischen Seitenwände; diese Schlitze waren jedoch nur der Aus-gangspunkt bei der Gestaltung einer neuen Form. Auch andere tech-nische Ideen hatten seine Suche nach neuen Formen bestimmt, was bei der Tavanasabrücke zu einem ersten Höhepunkt führte.

Unglücklicherweise wussten damals die Schweizer Behörden die radikal neue Gestalt der Tavanasabrücke noch nicht zu schätzen, und Maillart fand in der Folge nicht genügend Aufträge im Brückenbau. Deswegen wandte er sich mehr und mehr dem Hochbau zu, wo reich-lich Aufträge für Stahlbetonbauten vorhanden waren.

The Zurich Warehouse

After Tavanasa and between 1904 and 1908 Maillart built only two bridges, neither of which shows any development in form; both were small beam bridges for the Swiss Railways which probably made the designs that Maillart constructed. Maillart worked mainly during this time on new forms for buildings. In 1908 he began a series of tests at his construction yard in Zurich to explore the possibilities of design-ing heavily loaded floor slabs supported on columns but with no beams. This idea was in direct conflict with Hennebique's system of elements, and, furthermore, there was no method of calculation to satisfy Wayss and his colleagues in Germany.

Das Lagerhaus in Zürich

Nach der Tavanasabrücke, zwischen 1904 und 1908, baute Maillart lediglich zwei Brücken, wobei bei keiner der beiden eine Entwicklung in der Formgebung festzustellen ist; es waren zwei kleine Balken-brücken im Auftrage der Schweizerischen Bundesbahnen. Die SBB gaben wahrscheinlich auch die Entwürfe vor, die Maillart ausführte. In dieser Zeit beschäftigte sich Maillart vornehmlich mit Hochbau-ten. Er startete 1908 verschiedene Versuche auf seinem Werkgelände, um die Möglichkeiten zur Bemessung von schwer belasteten Decken zu untersuchen, die durch Stützen, nicht aber durch Unterzüge getra-gen werden. Diese Idee stand in direktem Konflikt zu Hennebiques

13

Zurich warehouse on Giesshübel Street, 1910. Interior on the second floor. Maillart eliminates straight elements and creates a smooth transition of load from ceiling to column.

Lagerhaus an der Giesshübelstrasse in Zürich, 1910. Interieur im zweiten Geschoss. Maillart eliminierte die geradlinigen Elemente und schuf weiche Lastübergänge von der Decke zu den Stützen.

In January 1909 Maillart patented his beamless floor design and the following year he won a contract to design and build a warehouse in Zurich using the patented system, now referred to as the *flat slab*. Maillart completed this five-floor structure on Giesshübel Street in 1910 for the Zurich Warehouse Corporation.[4]

Maillart's design idea for the warehouse is similar to that for the Zuoz bridge, that is, connect all parts of the structure so that they cooperate in carrying the load. In Stauffacher (see p. 3) the deck alone carries loads to the cross walls which carry the deck loads to the arch which in turn carries everything to the foundations—each element acting alone. At Zuoz (see pp. 4–8), Maillart connected deck, walls, and arch slab so that they all acted together as the hollow-box arch.

Similarly, Hennebique's floor-framing system consists of slabs which carry the floor loads to the joists which in turn carry the slab loads to the beams. The beams then carry the joist loads to the columns which bring the floor loads to the foundations. Each time one element loads another, the loads make a right-angle turn until they finally reach the columns. Visually the system exhibits these discon-

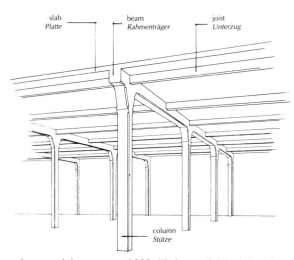

Hennebique framework in concrete, 1898. Made up of slabs, joists, beams, and columns, Hennebique's system follows ideas on form derived from wood or metal structures.

Hennebiques Beton-Rahmentragwerk, 1898. Bestehend aus Platten, Unterzügen, Balken und Stützen, folgt Hennebiques System den Ideen, die aus den Holz- oder Stahltragwerken abgeleitet sind.

Tragsystemen, und darüber hinaus existierten dafür keine Berechnungsmethoden, die Wayss und seine deutschen Kollegen zufriedengestellt hätten.

Im Januar 1909 liess Maillart seine Bemessungsmethode für unterzugslose Decken patentieren, und im darauffolgenden Jahr bekam er einen Auftrag für den Entwurf und die Ausführung eines Lagerhauses in Zürich. Er benutzte hierfür sein patentiertes Tragsystem, das heute als Flachdecke oder Pilzdecke bezeichnet wird. Im Jahre 1910 konnte er den fünfgeschossigen Bau des Lagerhauses an der Giesshübelstrasse in Zürich fertigstellen[4].

Maillarts Idee für den Entwurf des Lagerhauses ähnelt derjenigen für die Innbrücke in Zuoz. Die einzelnen Teile der Tragstruktur sollen so miteinander verbunden werden, dass das Tragwerk als Ganzes die Lasten trägt. Bei der Stauffacherbrücke (vgl. S. 3) werden die Lasten von der Fahrbahnplatte auf die Querwände übertragen, welche diese an den Bogen weitergeben, der schliesslich die gesamten Kräfte in die Fundation abträgt; jeder Teil wirkt als selbständiges Tragelement. Bei der Innbrücke hingegen (vgl. S. 4–8) verband Maillart die Fahrbahn, die Wände und die Gewölbeplatte, so dass sie zusammen als Hohlkastenbogen wirkten.

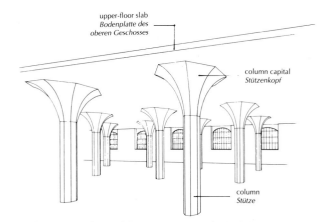

Maillart flat slab for the Zurich warehouse on Giesshübel Street, 1910, showing the column capitals which carry the upper-floor loads smoothly to the column, eliminating the need for beams. Although he curved the capitals in elevation, Maillart formed them using straight horizontal boards, as is still clearly evident in the eighty-year-old structure.

Maillarts Flachdecke des Lagerhauses an der Giesshübelstrasse in Zürich, 1910. Die Abbildung zeigt die Stützenköpfe, welche die Lasten des oberen Geschosses sanft in die Stützen leiten und so die Rahmenträger überflüssig machen. Obwohl Maillart die Stützenköpfe ausrundete, benutzte er gerade, horizontal liegende Schalungsbretter, deren Zeichnung man in dem bereits achtzigjährigen Bau auch heute noch sehen kann.

15

Zurich warehouse, 1910.
Broom storage area.

*Lagerhaus in Zürich,
1910. Das Besenlager.*

tinuities, essential of course to a wooden floor system, but not to one of reinforced concrete.

Maillart eliminated the beams and joists and connected the columns directly to the slab through smoothly curved capitals. The technical idea was to allow the slab to carry everything directly to the columns, without right-angle turns. Maillart's visual idea was to replace the multiplicity of beams and joists with a supporting capital which funnels the load into the vertical column. He made the capitals octagonal in the Zurich warehouse so that they appear to be picking up load from eight directions; practically speaking, they are circular.

Maillart fluted the columns to match the curving junction lines of the octagon. These lines begin almost vertically and gradually curve as they rise to become nearly horizontal when they meet the ceiling (underside of the floor slab above). Maillart devised the shape as a hyperbola, theoretically correct for carrying the vertical loads to the columns. But most important to him was the beauty of the smooth transition from horizontal slab to vertical column.

Furthermore, in the Zurich warehouse, the second- and third-floor column capitals dominate the structure visually as they spread to a top width of more than four times the column width. This spread gives substantial support to the slab above, reducing its span by nearly 40 percent, which reduces the stresses by over 60 percent (stresses are proportional to the square of the span length). The visual impression is of whole sections of floor supported by flowering columns.

On the first floor the columns are much higher so that the capitals are less prominent, whereas in the cellar the columns are wider, with the capitals being flatter so that the impression of greater weight above prevails. The roof structure is entirely of wood with four slanted beams forming a kind of capital between column and wooden roof beams. After eighty years the concrete structure is in excellent condition and the warehouse is in full service.

In addition to performing well in service, the structure had to be

Ähnlich verhält es sich mit Hennebiques Decken-Rahmen-Systemen, wo die Deckenlasten über die Unterzüge an die Rahmenträger abgegeben werden. Diese geben die Lasten weiter an die Rahmenstützen, welche die gesamte Belastung schliesslich zu den Fundamenten tragen. In jedem Punkt, in dem ein Element die Kräfte auf das nachfolgende überträgt, ändert sich die Tragrichtung um 90 Grad, bis hin zu den Stützen. Das System hebt diese Diskontinuitäten optisch hervor, was für eine Holzkonstruktion ganz selbstverständlich ist, nicht aber für ein Stahlbetontragwerk.

Maillart eliminierte die Unterzüge und die Rahmenbalken und verband die Stützen direkt über sanft gekrümmte Stützenköpfe mit den Decken. Die technische Absicht war, die Lasten ohne Wechsel in der Tragrichtung direkt von den Decken an die Stützen abzugeben. Maillarts visuelle Idee war, die Vielzahl der Balken und Querträger durch Stützenköpfe zu ersetzen, welche die Lasten in die vertikalen Stützen schleusen. Im Zürcher Lagerhaus baute er die Stützenköpfe achteckig, so dass sie die Lasten aus acht Richtungen aufzufangen scheinen; sie sind aber praktisch kreisförmig.

Maillart kannelierte die Stützen, um sie den gekrümmten Verbindungslinien des Achteckes anzupassen. Diese Linien verlaufen erst vertikal, krümmen sich dann allmählich, bis sie beinahe horizontal auf die Decke (Unterseite der darüberliegenden Platte) treffen. Maillart beliess die hyperbolische Form der Krümmung, wie sie theoretisch zur Abtragung der vertikalen Lasten in die Stützen richtig ist. Am wichtigsten war ihm aber die Schönheit des sanften Überganges von der horizontalen Platte zu den vertikalen Stützen.

Im zweiten und dritten Geschoss des Zürcher Lagerhauses dominieren die Stützenköpfe optisch die gesamte Tragstruktur, da ihre obersten Weiten mehr als das Vierfache der Stützenbreiten betragen. Diese Aufweitungen tragen wesentlich zum Tragverhalten der darüberliegenden Platten bei, indem die Spannweiten um nahezu 40 Prozent reduziert werden, was die inneren Spannungen um über 60 Prozent vermindert (Spannungen sind proportional zum Quadrat der Spannweite). Optisch ergibt sich der Eindruck von einzelnen Plattenteilen, die von pilzförmigen Stützen getragen werden.

Im ersten Geschoss sind die Stützen viel höher, so dass die Stützenköpfe weniger auffallen; im Kellergeschoss hingegen sind die Stützen massiver und deren Köpfe flacher, wodurch sie den Eindruck vermitteln, grosse Lasten abzutragen. Der Dachstock ist eine Holzkonstruktion, in der jeweils vier geneigte Balken eine Art Stützenkopf zwischen den Stützen und dem hölzernen Dachbalken bilden. Das Betontragwerk befindet sich nach 80 Jahren in einem hervorragenden Zustand, und das Lagerhaus wird immer noch benutzt.

Die Tragwerkstruktur sollte ein einwandfreies Verhalten während der Nutzung aufweisen, und der Bau musste, damit Maillart den Auftrag überhaupt erhielt, konkurrenzfähig ausgeführt werden können. Er musste daher Wege finden, die Form seiner Stützenköpfe einfach zu realisieren. Er tat dies einerseits, indem er die Form stan-

built competitively or Maillart would never have secured the contract. Thus, he had to find ways to achieve his capital shapes simply. He did this, first, by standardizing the form so that there were few variations in capitals and, second, by forming the visually curving capitals entirely with straight wooden boards. We can still see the straight imprint of the wooden formboards, clearly illustrating the simplicity in Maillart's 1910 construction and preserving his early-twentieth-century process as a petrified decoration.

This 1910 construction proved its economy and usefulness immediately and provided Maillart with a series of important building contracts, the most unusual of which was for a filter building at Rorschach in 1912.

The Filter Building at Rorschach

When the city of St. Gallen needed to expand its water-treatment plant near Rorschach, Maillart won a contract to build the new filter building following his own flat-slab design.[5] The water, kept in large reservoirs with sand bottoms, is covered by a roof upon which earth is piled to provide insulation. The roof, therefore, is heavily loaded, like the floor of a warehouse, making Maillart's beamless floor design an economical solution.

Here, moreover, Maillart faced the new problem of a roof structure slanted to provide a basin in which to contain the earth insulation. He simply extended his capitals farther up on the high side to meet the sloping roof smoothly. The result is a series of unsymmetrical capitals which nonetheless integrate the column and roof structures with no discontinuity. At the base the columns spread into inverted capitals to form footings, another Maillart innovation.

These forms are utterly unlike any previous structures, somewhere between the groined vaults in stone from antiquity and the wooden, braced, cross-beam roofs found in the Zurich warehouse. But Maillart did not think of forms in stone or wood. He explicitly abandoned such imitations and tried to find something compatible with the properties of reinforced concrete, in this case its ability to carry tension because of the reinforcing steel bars embedded in the concrete and its potential for striking monolithic shapes, thanks to its being cast in the field. Maillart was exploring the possibilities inherent

18

dardisierte, so dass die verschiedenen Stützenköpfe nur wenig variierten, und andrerseits durch die Verwendung von geraden Schalbrettern für die Stützenkopfausrundungen. Die Holzstruktur dieser Schalbretter kann man auch heute noch deutlich erkennen. Sie illustrieren die Einfachheit in Maillarts Bau von 1910 und bewahren diese Arbeitsweise aus dem frühen 20. Jahrhundert als versteinerte Dekoration.

Das Bauwerk stellte seine Wirtschaftlichkeit und Nützlichkeit umgehend unter Beweis und verschaffte Maillart Aufträge für eine ganze Reihe wichtiger Gebäude. Das wohl ungewöhnlichste unter ihnen war das Filtergebäude in Rorschach von 1912.

Das Filtergebäude in Rorschach

Als die Stadt St. Gallen ihre Wasserversorgungsanlage in der Nähe von Rorschach erweitern musste, bekam Maillart den Auftrag, das neue Filtergebäude gemäss seinen eigenen Flachdecken-Entwürfen auszuführen[5]. Die Reservoirbecken, in denen das Wasser über den Sandfilterböden gespeichert wird, sind mit einer Decke überspannt, die zur Isolation mit Erdmaterial bedeckt ist. Die Decke ist daher schwer belastet, und Maillarts unterzugsloses Deckensystem erweist sich somit, wie schon für die Lagerhausböden, als wirtschaftliche Lösung.

Darüber hinaus stand Maillart hier vor dem neuen Problem einer geneigten Dachkonstruktion, mit der gleichzeitig ein Becken für die Erdisolation geschaffen werden musste. Er liess deshalb die Stützenköpfe auf der höheren Seite nach oben auslaufen, womit er sanfte Übergänge zur schiefen Decke schuf. Daraus resultiert eine Reihe asymmetrischer Stützenköpfe, welche die Stützen trotzdem ohne Diskontinuität in die Deckenkonstruktion überführen. Zu ihren Fusspunkten hin weiten sich die Stützen ebenfalls auf und bilden so invertierte Stützenköpfe, auch dies eine von Maillarts neuartigen Ideen.

Diese Formen unterscheiden sich in jeder Hinsicht von früheren Tragwerken, sie liegen irgendwo zwischen den steinernen Kreuzgewölben des Altertums und der hölzernen Dachkonstruktion des Zürcher Lagerhauses. Maillart dachte dabei aber nicht an Mauerwerk oder Holz. Er wandte sich klar von solchen Imitationen ab und versuchte etwas zu finden, was den Eigenheiten des Stahlbetons entspricht. In diesem Fall ist es die Eigenschaft, durch die im Beton

Filter building interior at Rorschach, 1912. In service, showing the sloping roof supported by unsymmetrical column capitals. The columns are partially submerged in water.

Innenraum des Filtergebäudes in Rorschach, 1912. Ohne Wasser. Die schlanken Stützen tragen die schwer belastete Decke mit den breiten achteckigen Stützenköpfen.

19

Filter building interior at Rorschach, 1912. Without water. The slender columns support the heavily loaded roof through wide octagonal capitals.

Innenraum des Filtergebäudes in Rorschach, 1912. Hier in Betrieb. Man sieht die geneigte Decke, die von den asymmetrischen Stützenköpfen getragen wird. Die Stützen stehen teilweise im Wasser.

20

in slabs bending under load as the principal spanning elements freed from dependence upon intermediate beams and joists. But the slabs would crack easily when bent if they were not properly reinforced, a condition that Maillart understood fully even though we cannot see his reinforcing patterns in the completed structure.

Everything finally becomes visible for Maillart. Even the invisible reinforcing steel is sensed by the absence of visible cracks in the otherwise brittle concrete. The artificial light in this strange inverted-roof interior allows the watery floor to reflect blue-painted columns and sloping capitals in a display of surprising, hidden form. While other designers were plastering Greek columns around prominent city buildings, Maillart in the unlikely wilderness of a mountain valley, a warehouse interior, or a covered filter bed was beginning the search for an art appropriate to the new materials of his century. But taste makers kept his work well hidden and when he returned to bridges at this time, Maillart found that either he had to conform to those outmoded tastes or renounce bridge building. Reluctantly, and only partly, he gave in. The closest he came to a new bridge form was at Aarburg in 1912 where he won a design competition with a strong, hingeless arch spanning 68 meters.

Aarburg, the Heavyweight

The reinforced-concrete arch of Maillart's Aarburg Bridge of 1912 is similar in appearance to the Stauffacher bridge of 1899 (see p. 3) with its fake walls removed, leaving a solid, heavy arch whose thickness is greatest at the supports. The span-to-rise ratios are similar, being 9.75 at Aarburg and 10.7 in the Stauffacher; the thicknesses are also close, with 80 to 102 cm at Aarburg and 72 to 95 cm in the Stauffacher.[6] Like the 1899 bridge, Aarburg is primarily a visually strong arch which expresses the fact that it is designed to carry the entire bridge load with no help from walls or deck structure. What we see at Aarburg and what we would see at Stauffacher without its walls is a Roman concept where the arch dominates the design and in effect acts as a sturdy foundation upon which the walls, columns, and deck all securely rest as if upon a solid rock hill.

Up until Maillart's death in 1940, almost all concrete arch bridges followed this concept of the dominant arch, even though his designs since 1900 had abandoned that stone idea. The main reason for this retrograde attitude of most designers was visual. Engineers

eingebetteten Bewehrungseisen Zugspannungen übernehmen zu können, und die Möglichkeit, monolithische Formen zu schaffen, da der Beton direkt auf der Baustelle verarbeitet wird. Maillart untersuchte das Biegeverhalten von Platten als Haupttragelementen, ohne zusätzliche Unterzüge und Querträger. In solchen Platten bilden sich unter Biegebeanspruchung leicht Risse, insbesondere wenn die Bewehrung nicht richtig konzipiert wird. Man kann aber davon ausgehen, dass Maillart dies vollständig verstanden hatte, obwohl man die Bewehrungsführung im fertiggestellten Bauwerk nicht mehr sehen kann.

Bei Maillart wird schliesslich alles nachvollziehbar. Sogar die verdeckten Bewehrungsstäbe sind durch das Fehlen von Rissen in dem ansonsten spröden Beton spürbar. Im künstlichen Licht dieses fremd anmutenden Innenraumes spiegeln sich blauschimmernd die Stützen und deren aufsteigende Kapitele im Wasser, eine Zurschaustellung von überraschenden, versteckten Formen. Während andere Konstrukteure weit bedeutendere Gebäude mit griechischen Säulen vollpflasterten, begann Maillart, mit der natürlichen Wildheit eines Bergtales, mit den Innenräumen eines Lagerhauses oder der Überdachung eines Filterbettes die Suche nach der Baukunst, die den Werkstoffen seines Jahrhunderts entspricht. Die für die Geschmacksbildung jener Zeit massgeblichen Leute hielten jedoch seine Arbeiten gut verborgen, und als er sich wieder dem Brückenbau zuwandte, glaubte Maillart, dass er sich entweder dem überholten Geschmack anpassen oder dem Brückenbau ganz entsagen müsse. Er gab nach – widerwillig und nur zum Teil. Die Aarebrücke in Aarburg von 1912 kam den neuen Brückenformen wohl am nächsten. Mit einem massiven gelenklosen Bogen mit einer Spannweite von 68 Metern hatte er den Entwurfswettbewerb dafür gewonnen.

Aarburg, die Schwergewichtige

Der Stahlbetonbogen von Maillarts Brücke in Aarburg von 1912 wäre der Stauffacherbrücke von 1899 (vgl. S. 3) sehr ähnlich, wenn man dort die falschen Seitenwände entfernen würde. Sie weist einen schweren, massiven Bogen auf, dessen Stärke bei den Auflagern am grössten ist. Das Verhältnis der Pfeilhöhen zu den Spannweiten ist ähnlich und beträgt 9,75 bei der Aarebrücke, gegenüber von 10,7 bei der Stauffacherbrücke; die Bogenstärken liegen ebenfalls nahe beieinander

Aare River Bridge at Aarburg, 1912. Profile showing the original bridge designed by Maillart, with light columns, solid arch, visually strong horizontal parapet wall, and stone abutments.

Die Aarebrücke in Aarburg, 1912. Die Ansicht zeigt die Brücke, wie sie von Maillart ursprünglich entworfen wurde, mit den schlanken Stützen, dem soliden Bogen, mit der visuell starken Brüstung und den Natursteinwiderlagern.

ander, mit 80 bis 102 Zentimetern in Aarburg und 72 bis 95 Zentimetern in Zürich[6]. Wie schon die Brücke von 1899 zeichnet sich die Aarebrücke in erster Linie durch den optisch starken Bogen aus, der den Umstand betont, dass damit die gesamten Lasten abgetragen werden, ohne die Hilfe von Seitenwänden oder des Fahrbahnträgers. Was man in Aarburg sieht und was man bei der Stauffacherbrücke ohne die Seitenwände sehen könnte, ist ein römisches Konzept, in dem der Bogen dominiert und als stabile Fundation ausgebildet ist, auf der die Wände, die Stützen und die gesamte Fahrbahn wie auf einem Felsen ruhen.

Bis zu Maillarts Tod im Jahre 1940 folgten nahezu alle Stahlbe-

tonbrücken diesem Konzept des dominierenden Bogens, obwohl er in seinen eigenen Entwürfen diese Idee bereits ab 1900 fallengelassen hatte. Der hauptsächliche Grund für diese rückschrittliche Haltung liegt auf der Hand. Viele der damaligen Ingenieure, ausgebildet noch im Hinblick auf schwere Natursteinbrücken, glaubten, dass die massiven Formen auch für Stahlbeton angemessen seien, und führten daher die alte und edle Tradition aus der Zeit vor der industriellen Revolution weiter. Ingenieure und Beamte waren auch der Ansicht, diese Tradition sollte durch Architekten, die sich zu den alten Baustilen hingezogen fühlten, bewahrt werden.

Es gibt lediglich zwei Fälle, in denen derart schwere Bogenkon-

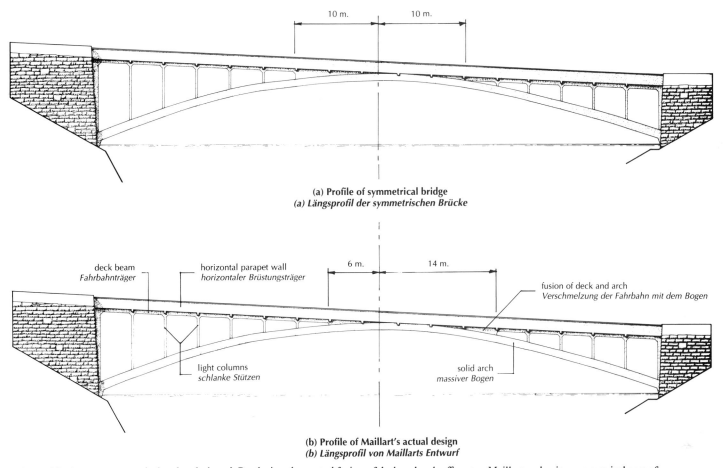

10 m. 10 m.

(a) Profile of symmetrical bridge
(a) Längsprofil der symmetrischen Brücke

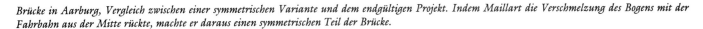

deck beam
Fahrbahnträger

horizontal parapet wall
horizontaler Brüstungsträger

6 m. 14 m.

fusion of deck and arch
Verschmelzung der Fahrbahn mit dem Bogen

light columns
schlanke Stützen

solid arch
massiver Bogen

(b) Profile of Maillart's actual design
(b) Längsprofil von Maillarts Entwurf

Comparison of Aarburg as symmetrical and as designed. By placing the central fusion of deck and arch off center, Maillart makes it a symmetrical part of the bridge.

Brücke in Aarburg, Vergleich zwischen einer symmetrischen Variante und dem endgültigen Projekt. Indem Maillart die Verschmelzung des Bogens mit der Fahrbahn aus der Mitte rückte, machte er daraus einen symmetrischen Teil der Brücke.

thought in terms of heavy stone arches and many of them believed that such massive forms in stone were appropriate to reinforced concrete, continuing the long and distinguished tradition these forms had enjoyed prior to the Industrial Revolution. Engineers and public officials also recognized that the keepers of that tradition in the twentieth century were those architects especially attracted to the styles of the past.

Therefore, two ideas conspired to justify heavy arches: first, that the arch would support by itself all the bridge loads, and, second, that the arch should appear massive as befitted the ancient stone tradition. Necessity and beauty appeared to reinforce each other and to dictate a

struktionen gerechtfertigt wären: einerseits, wenn der Bogen die gesamten Brückenlasten zu tragen hat, und andrerseits, wenn der altertümlichen Natursteintradition Rechnung getragen werden soll. Notwendigkeit und Schönheit schienen einander zu bestätigen und diktierten die Ansicht, dass moderner Brückenbau Teil dieser alten Architekturtradition sein müsse. Eine solche Sicht ist sowohl für das technische Verständnis als auch für die Suche nach neuen Formen äusserst hinderlich. Maillart hatte beinahe als einziger zwischen 1900 und 1905 radikal neue Möglichkeiten untersucht, die technisch fortschrittlich und optisch eigenständig waren. In Aarburg wurde jedoch von den Beamten ein massiver Bogen vorgeschrieben, so dass

23

view of modern bridges as part of an ancient architectural tradition. Such a view severely arrested both technical understanding and the search for new forms. Maillart, almost alone, between 1900 and 1905 had explored radically new possibilities that were both technically sophisticated and visually original. But at Aarburg the public officials specified a solid arch so that all Maillart could do was design very light columns to provide visual interest through contrast.

At Aarburg Maillart designed a thin concrete parapet wall 1.65 meters deep, giving the visual impression in profile of a heavy deck structure supported on light columns which rested on the strong arch below. As with all Maillart's bridges up to 1912, he framed the main span with heavy stone abutments. One unusual feature of Maillart's design is in the fusion of deck to arch over a central 20 meters that is not located symmetrically within the span. Rather, the center of that 20 meters is 4 meters to one side, the low side of the strongly sloping bridge. The closed third of the span is therefore mostly on the lower side. Maillart did this so that the solid central part itself would be symmetrical, that is, the first open slot or cutout on either side would be roughly the same height on either side. Had the merged sections been symmetrically placed in the span, then the closed part on the high side would have been substantially higher than on the lower side. This design, like the column capitals in the filter building, is typical of Maillart, because it abandons formal symmetry and achieves an integration of form more satisfying than a structural design in which some abstract rule of symmetry prevails.

Following these 1912 projects, Maillart spent increasing amounts of his time in Russia where he was caught by the war in the summer of 1914. Between 1912 and 1919, he built a series of large industrial buildings in Russia and was nearly killed by the communists. He escaped, but when he returned to Switzerland he was penniless and in debt. In 1920 he reestablished himself as a consulting engineer-designer, but no longer also a builder. By then reinforced concrete had become an established building material complete with national codes, standard textbooks, and established methods for calculation and construction. The Austrian Fritz von Emperger summarized this progress in a massive multivolume *Handbook of Reinforced Concrete,* which was well into a second edition by 1920.[7] Maillart's designs appeared prominently in these volumes but huge designer-builders in Germany, France, and elsewhere had begun to dominate both in number of works and in the scale of their largest structures. Still, very few engineers understood Maillart's ideas and none had designed anything like the Tavanasa bridge or the flat-slab filter building in Rorschach.

Maillart einzig durch das Entwerfen sehr schlanker Stützen, also durch Kontrast, optische Spannung erzeugen konnte.

In Aarburg baute Maillart dünne, 1,65 Meter hohe Betonbrüstungen und erweckte damit den Eindruck einer schweren Fahrbahnkonstruktion, die durch schlanke, auf dem starken Bogen stehende Stützen getragen werde. Wie bei allen seinen Brücken bis 1912 begrenzte er die Bogenspannweite durch schwere Bruchsteinwiderlager. Ungewöhnlich in Maillarts Entwurf ist die 20 Meter lange Scheitelpartie, wo der Fahrbahnträger mit dem Bogen verschmilzt, da sie nicht symmetrisch in der Spannweite liegt. Die Mitte dieser 20 Meter ist um 4 Meter auf die tieferliegende Seite der stark geneigten Brücke verschoben. Maillart konnte so den Scheitelbereich selber symmetrisch ausbilden, wodurch die ersten Öffnungen auf beiden Seiten ungefähr die gleiche Höhe erhielten. Hätte er den Scheitel symmetrisch in die Spannweite gesetzt, dann wäre der verschmelzende Bereich auf der höherliegenden Seite wesentlich dicker ausgefallen als auf der tieferliegenden. Wie schon die Stützenkopfausbildung des Filtergebäudes, so ist auch dieser Entwurf typisch für Maillart. Er verlässt die formale Symmetrie und erzielt eine Integration der Form, die viel mehr befriedigt als ein Tragwerksentwurf, bei dem ein abstraktes Gesetz der Symmetrie vorherrscht.

Nachdem 1912 diese Projekte abgeschlossen waren, verbrachte Maillart seine Zeit zunehmend in Russland, wo er im Sommer 1914 vom Krieg überrascht wurde. Zwischen 1912 und 1919 baute er dort eine Reihe grosser Industriebauten. Von den Kommunisten beinahe umgebracht, war er zur Flucht gezwungen und kehrte völlig mittellos und verschuldet in die Schweiz zurück. Im Jahre 1920 gründete er wieder eine Firma, diesmal aber nur als beratender und projektierender Ingenieur und nicht mehr als Bauunternehmer. Der Stahlbeton hatte sich in der Zwischenzeit als Baumaterial etabliert, versehen mit nationalen Vorschriften, Normen und bewährten Methoden zur Berechnung und Ausführung. Der Österreicher Fritz von Emperger dokumentierte diese Entwicklung in einem dicken, mehrbändigen «Handbuch für Eisenbetonbau», das 1920 bereits in einer zweiten Auflage erschien[7]. Auch Maillarts Bauten wurden in diesen Büchern ausführlich besprochen, aber grosse Bauunternehmer in Deutschland, Frankreich und anderswo hatten mittlerweile die Überhand gewonnen, sowohl mit der Anzahl wie auch mit der Grösse ihrer Bauwerke. Immer noch gab es nur wenig Ingenieure, die Maillarts Ideen verstanden, und keiner hatte etwas gebaut, was mit der Tavanasabrücke oder der Pilzdecke des Filtergebäudes vergleichbar gewesen wäre.

III

DECK-STIFFENED ARCHES: 1920–1926

DER VERSTEIFTE STABBOGEN: 1920–1926

Little Bridges in the Wägital

As at Zuoz, the Aarburg bridge developed unanticipated cracks, this time in the bottom of the deck beams near the column supports, which led Maillart to seek a solution that would be better both technically and visually.[1] Such cracks violated the ancient concept of the arch as a full support for the deck: they showed that the deck must be moving downward as if on soil. Maillart realized that arch and deck had to move down together under live loads (trucks) distributed only over half the bridge span. Thus, the arch would not act alone to support the deck, but rather the two elements had to act together as a deck-stiffened arch since they were connected together by the columns.

The arch-and-deck cooperation suggested to Maillart a different view of those two elements, of their relative proportions, and especially of the arch appearance. His former professor, Wilhelm Ritter (1847–1906), also had stimulated Maillart to think more deeply about such cooperation. In an 1883 article on deck-stiffened suspension bridges Ritter had developed the parallel idea of a deck-stiffened arch as a means not only of improving technical aspects, but also of changing visual ones as well.[2] Ritter indicated that when arch and deck acted together the designer could control the forces by first controlling form. Specifically, a stiff deck could remove large forces from the arch, if that arch were designed to be much less stiff than the deck.

In 1922, having in mind the Aarburg cracks and Ritter's ideas, Maillart decided to design two deck-stiffened arch bridges in the Wägital valley of the canton of Schwyz, the Flienglibach of 1923 and the Schrähbach of 1924. In each bridge he made the arch as thin as possible and used the deck parapet as a stiff horizontal beam.[3] He reinforced the deck parapet properly to carry a relatively large part of the live-load bending and hence avoided the disturbing cracks seen at Aarburg. Most important to Maillart was the opportunity to design very thin, light arches incorporating Ritter's idea of a deck-stiffened arch.

Almost the same span (38.7 meters) as the Stauffacher bridge of 1899 (see p. 3), the Flienglibach arch of 1923 had a thickness at the crown of only 0.25 meter and thickened to 0.35 meter at the supports, contrasted to 0.72 meter and 0.95 meter in the 1899 bridge. The following year Maillart designed the Schrähbach bridge of 28.8 meters span using the same deck-stiffening concept and having arch thicknesses varying from 0.18 meter at the crown to only 0.22 meter

Kleinere Brücken im Wägital

Wie schon bei der Innbrücke in Zuoz traten auch bei der Aarburger Brücke unvorhergesehen Risse auf, diesmal auf der Unterseite des Fahrbahnträgers, in der Nähe der Abstützungen, was Maillart dazu bewegte, nach technisch und optisch besseren Lösungen zu suchen[1]. Solche Risse widersprachen dem altertümlichen Konzept, den Bogen als steifes Auflager der Fahrbahn auszubilden. Sie zeigten, dass sich die Fahrbahn senken können muss, als ob sie im Erdboden fundiert wäre. Maillart erkannte, dass sich der Bogen und der Fahrbahnträger unter Verkehrslasten (Lastwagen), die nur auf der halben Brückenspannweite wirken, gemeinsam verformen müssen. Folglich soll der Bogen nicht allein die Fahrbahn abstützen; die beiden Elemente sollten vielmehr zusammen (verbunden durch die Stützen) als versteiftes Stabbogensystem wirken.

Das Zusammenwirken des Bogens und der Fahrbahn regte Maillart zu einer anderen Betrachtungsweise dieser beiden Elemente an, bezüglich deren relativen Proportionen und speziell hinsichtlich der Ausbildung des Bogens. Sein vormaliger Professor, Wilhelm Ritter (1847–1906), hatte ihn auch schon dazu aufgefordert, dieses Zusammenspiel genauer zu untersuchen. In einem 1883 erschienenen Artikel über die Versteifungsträger bei Hängebrücken hatte Ritter die Idee des versteiften Stabbogens entwickelt, nicht nur in bezug auf seine technischen Aspekte, sondern auch als Möglichkeit zur optischen Gestaltung[2]. Ritter zeigte, dass der Ingenieur bei einem Zusammenwirken von Bogen und Fahrbahn die Kräfte in erster Linie durch die Formgebung kontrollieren kann. Im Speziellen könnte ein steifer Fahrbahnträger den Bogen stark entlasten, falls der Bogen viel weniger steif ausgebildet würde.

Im Jahre 1922, mit Ritters Ideen und den Rissen in der Aarburger Brücke vor Augen, entschloss sich Maillart, zwei Brücken im Wägital im Kanton Schwyz als versteifte Stabbogentragwerke auszuführen; so entstand 1923 die Flienglibachbrücke und 1924 die Schrähbachbrücke. Bei beiden Bauwerken hielt er die Bogen so dünn wie möglich und gebrauchte die Brüstungen der Fahrbahn als steife horizontale Träger[3]. Er bewehrte die Brüstungen so, dass sie einen relativ grossen Anteil der Biegemomente aus den Verkehrslasten übernehmen können und verhinderte damit störende Risse, wie sie in Aarburg aufgetreten waren. Besonders wichtig war Maillart die Möglichkeit, einen sehr schlanken und leichten Bogen ausführen zu können, indem er Ritters Idee vom versteiften Stabbogen aufgriff.

at the supports. Such a thin arch (7 inches at the crown) was unprecedented in concrete up to that time. Sadly, and through no defect in Maillart's design, the officials added walls to these two Wägital bridges shortly after construction and thereby destroyed their aesthetic value. After Maillart's death, the Flienglibach was torn down to

Flienglibach Bridge in the Wägital, 1923. Profile. The arch thickness of 25 cm at the crown for a span of 38.7 meters is possible only because of the stiff horizontal parapet.

Flienglibachbrücke im Wägital, 1923. Ansicht. Bei einer Spannweite von 38,7 Metern ist die Bogenstärke von 25 Zentimetern im Scheitel nur aufgrund der steifen horizontalen Brüstungen möglich.

Mit einer ähnlichen Spannweite (38,7 Meter) wie bei der Stauffacherbrücke von 1899 (vgl. S. 3) weist der Bogen bei der Flienglibachbrücke von 1923 im Scheitel eine Dicke von nur 0,25 Metern auf und verstärkt sich zu den Auflagern hin auf 0,35 Meter, gegenüber von 0,72 und 0,95 Metern bei der Stauffacherbrücke. Im darauffolgenden Jahr projektierte Maillart die Schrähbachbrücke mit einer Spannweite von 28,8 Metern ebenfalls als versteiftes Stabbogentragwerk, wobei die Bogenstärke von 0,18 Metern im Scheitel auf 0,22 Meter bei den Auflagern zunahm. Bis zu diesem Zeitpunkt war noch nie ein so dünner Bogen (18 Zentimeter im Scheitel) in Beton ausgeführt worden. Unglücklicherweise – und nicht etwa wegen eines Mangels in Maillarts Entwurf – liessen die Baubeamten kurz nach der Fertigstellung bei beiden Brücken im Wägital Seitenwände einfügen und zerstörten so deren ästhetischen Wert. Nach Maillarts Tod wurde

Shed roof for the Magazzini Generali at Chiasso, 1924. Profile before the addition of an unrelated extension blocked this view.

Satteldach der Vorhalle der Magazzini Generali in Chiasso, 1924. Ansicht, die heute nicht mehr zu sehen ist, da ein Anbau die Sicht versperrt.

be replaced by a wider bridge. In 1968 the Aarburg bridge was rehabilitated and its visual design radically changed so that it now appears
in a form reminiscent of the lost Tavanasa bridge of 1905 (see pp. 5,
10–13). Thus, all the precedents for the deck-stiffened arches are now
only in documents.

Chiasso and the Arch Reversed

In 1924, with the deck-stiffened arch idea clearly in mind, Maillart
designed a shed roof for the Magazzini Generali in Chiasso at the
southern tip of Switzerland. The entire spanning structure, including
its thin downward-curving lower chord and its columns, is so extraordinary that precedents and rationale seem elusive.

To understand the profile, imagine that between points B and D
we attach a piece of string from which hang three weights of 5 tons
each. The string will form a polygon of four straight lines as it carries
the 15 tons partly to point B and partly to point D. By having a kink at
midspan, Maillart permits the forces at D to travel up to the gable peak
at point C and then down the eave beams to point B. Thus all the
external loads are carried by internal forces acting along the axes of the
elements. This is the principle of the truss but Maillart has achieved
that without the usual diagonal elements found in trusses.

The hanging or inverted arch below could, however, be subjected
to the same dangerous effects of half-loading (loading only on half the
span) that occurred in the arch bridge in Aarburg. Maillart, realizing
this danger, also recognized that in connecting the inverted arch to
the gable by vertical columns, he could arrange to have the stiff eave
beam and roof slab together carry that bending in the same way as the
parapets did at Flienglibach and Schrähbach. He therefore achieved
his primary goal, an expression of thinness, by inventing a form that
could work like a standard truss. But he avoided the cluttered effect of
the diagonal elements in trusses by having the eave beam and roof-slab
stiffener perform their function.

Maillart played with this roof form beyond anything done in the
Wägital. The inverted arches do not reach the columns directly but
end 2.5 meters from them, being supported on a slanted-arm extension of the vertical column. He thereby shortened the roof span from
25 meters (the spacing between columns) to 20 meters (the distance
between inverted arch ends). By this choice Maillart reduced the in-

28

die Flienglibachbrücke abgerissen und durch eine breitere Brücke
ersetzt. Die Aarburger Brücke wurde 1968 renoviert und dabei optisch stark verändert, so dass sie heute eher an die zerstörte Tavanasabrücke erinnert (vgl. S. 5, 10–13). Somit sind alle frühen versteiften Stabbogenbrücken nur noch in Dokumenten erhalten.

Chiasso und der Gegenbogen

Ausgehend von der Stabbogenidee, entwarf Maillart 1924 das Satteldach für die Lagerhalle der Magazzini Generali SA in Chiasso, am
südlichsten Ende der Schweiz. Die gesamte Binderkonstruktion mit
ihrer nach unten gebogenen Gurtung und den Stützen ist so aussergewöhnlich, dass es schwierig erscheint, etwas Vergleichbares zu
finden.

Um diese Struktur zu verstehen, stelle man sich ein Seil vor, das
zwischen den Punkten B und D aufgehängt ist und an dem drei
Gewichte von je fünf Tonnen hängen. Das Seil verformt sich polygonal und trägt die 15 Tonnen in vier geradlinigen Abschnitten teils
zum Punkt B und teils zum Punkt D. Durch den Knick in der Mitte
der Spannweite erlaubt Maillart den Kräften im Punkt D nach oben
zum Punkt C zu klettern, von wo sie durch die Dachträger zum Punkt
B gelangen. Somit werden alle äusseren Lasten durch innere Kräfte
entlang den Stabachsen abgetragen. Das entspricht den Prinzipien
des Fachwerkbaus, Maillart erreichte dies aber ohne die in Fachwerken
üblichen diagonalen Elemente.

Der hängende oder invertierte Bogen ist jedoch der gleichen
Gefahr der einseitigen Belastung (nur eine Dachhälfte belastet) aus-
gesetzt, wie sie schon bei der Aarburger Brücke aufgetreten war.
Maillart erkannte diese Gefahr und verband den Gegenbogen über
vertikale Stützen mit dem Dachgiebel, so dass dieser mit dem steifen
Dachträger und der Dachplatte zusammen die Biegebeanspruchungen aufnehmen kann, so wie auch die Brüstungsträger der Fliengli-
bach- und der Schrähbachbrücke denselben Zweck erfüllten. Er erreichte sein Hauptanliegen, den Ausdruck von Schlankheit, indem er
eine Struktur entwarf, die wie ein gewöhnliches Fachwerk funktioniert. Durch die steifere Ausbildung der Dachträger und der Dachplatte übernehmen diese Dachelemente die Funktion der diagonalen
Elemente in Fachwerken. So konnte er vermeiden, die Struktur optisch zu überladen.

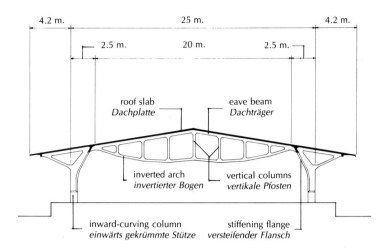

a

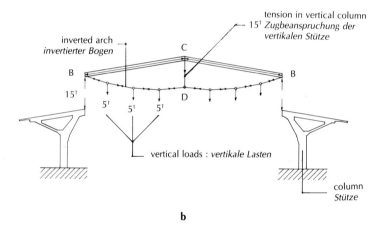

b

Chiasso shed roof: (a) span dimensions and structural elements, and (b) imaginary separation of the 20-m center span from the column supports to show that the center structure carries vertical loads like a truss.

Satteldach in Chiasso. (a) Abmessungen der Tragelemente und (b) gedachte Zerlegung in die zwanzigmetrige Spannweite und die Stützkonstruktion, um zu verdeutlichen, dass die mittlere Struktur vertikale Lasten wie ein Fachwerk abträgt.

ternal forces in the arches and eaves by 36 percent. But this reduction would require a large structure in order to prevent the column from bending inwardly, because the entire weight of the roof span must come onto the arm extension 2.5 meters from the center line of the column.

Maillart's solution was partly to balance that inward bending by the outward bending of the cantilevered roof, which extends 4.2 meters outside of the interior span. Maillart designed the cantilever to be made of two light elements, an extension of the eave beam and a thin slanted element of the same size and shape as the elements in the inverted arch.

But this cantilever was much too light to balance the weight of the entire 20-meter span, so Maillart provided a stiffening flange on

Maillart übertraf mit dieser Dachkonstruktion alles, was er im Wägital gebaut hatte. Der invertierte Bogen liegt nicht direkt auf den Binderstützen auf, sondern endet 2,5 Meter davor und wird durch die schief stehenden Stützenarme aufgefangen. Maillart verkürzte damit die Spannweite von 25 Metern (Abstand der Stützen) auf 20 Meter (Distanz zwischen den Bogenenden). Durch diese Wahl reduzierte er die inneren Kräfte im Bogen und in den Dachträgern um 36 Prozent. Diese Reduktion würde aber eine besonders massive Stützstruktur verlangen, welche ein Einwärtsbiegen der Stützen verhindert, da die gesamten Dachlasten 2,5 Meter von den Stützenachsen entfernt auf den Stützenarmen aufliegen.

Maillart löste das Problem, indem er diese Biegebeanspruchungen teilweise durch die Dachauskragung kompensierte, die 4,2 Meter über die Hallenspannweite hinausragt. Den Kragarm bildete Maillart durch zwei leichte Elemente aus; durch eine Verlängerung des Dachträgers und durch schlanke, geneigte Streben, die dieselben Abmessungen und dieselbe Form haben wie die Träger des invertierten Bogens.

Die Auskragung ist jedoch viel zu leicht, um das Gewicht der gesamten Spannweite ausgleichen zu können. Deshalb brachte Maillart auf der Stützeninnenseite einen in der Ansicht kaum erkennbaren Flansch an, der es den nach innen gekrümmten Stützen erlaubt, die Biegebeanspruchungen aufzunehmen. Darüber hinaus benutzte Maillart, was wiederum typisch für ihn war, diesen Flansch in der Stützenquerrichtung als Teil eines Rahmens, um die Tragstruktur

Chiasso shed roof interior showing the inverted arches spanning the shed and the inward curving columns whose stiffening flanges form a frame that runs perpendicular to the main spans.

Innenraum der Vorhalle in Chiasso. Die Abbildung zeigt die Gegenbogen der Binder und die einwärts gekrümmten Stützen, deren aussteifende Flansche einen rechtwinklig zur Hallenspannweite stehenden Rahmen bilden.

the inside of the column, hardly visible in the profile view, which permits the inward-curving column arm to carry that bending easily. Moreover, typical of Maillart, he used that flange as part of a thin curving beam in the transverse direction to provide stiffness against motion perpendicular to the profile or span direction.[4]

Because of this two-way integration of form, the structure becomes visually intriguing as we walk beneath it and see it transformed from a strong profile span to an interconnected set of elements curving in two directions. Sadly, an ugly shed extension completely obliterates the famous profile, shown here in its original black-and-white photography. But from inside one can still see Maillart's structure in fine shape and in startling contrast to the thoughtless structure in front.

From within, the inverted arch and its vertical elements seem almost to hang from the solid roof slab, and we must keep the profile in mind as we try to interpret the closer and more detailed views still possible. Along with the striking simplicity of the elements, closer inspection reveals small haunches or fillet-like connections between verticals and horizontals, as well as the raw edges of the lateral arched flanges. It is an industrial work with no special polish or finish and it illustrates how beautiful form does not depend upon ornate, façaded, or veneered coverings. This is the lesson that Ernest Hemingway and others were expressing in the 1920s in literature, that out of the purely technical there could arise a new art, the art of the engineer. Hemingway, it has been said, "conveys an aesthetics in the mechanics themselves."[5]

auch bezüglich Bewegungen rechtwinklig zur Binderebene genügend auszusteifen[4].

Aufgrund dieser doppelten Integration der Form wirkt die Konstruktion besonders faszinierend, wenn man in die Halle hineinkommt und den Wechsel in der optischen Wirkung, von der kräftigen Binderkonstruktion zu einer in zwei Richtungen gekrümmten Abfolge von Tragelementen, beachtet. Unglücklicherweise verdeckt heute ein hässlicher Erweiterungsbau die Sicht auf diese berühmte Hallenkonstruktion, die hier noch auf einer älteren Schwarzweiss-Fotografie abgebildet ist. Im Halleninneren aber ist Maillarts wohlgeformte Struktur immer noch sichtbar, ein überraschender Kontrast zu diesem unüberlegten Bau davor.

Von innen scheint der Gegenbogen mit seinen vertikalen Elementen beinahe am Dach zu hängen, und man muss sich das Bild gut einprägen, wenn man versucht, auch die Details zu analysieren. Zusammen mit der bemerkenswerten Einfachheit der Tragelemente fallen bei einer genaueren Betrachtung auch die kleinen Vouten in den Übergängen von den stehenden zu den liegenden Stäben auf sowie die rauhen Kanten der seitlichen gebogenen Flansche. Es handelt sich um einen Industriebau ohne speziellen Glanz oder Schliff, der aber zeigt, dass schöne Formen nicht von Ausschmückungen oder Verkleidungen abhängig sind. Dies ist auch, was Ernest Hemingway und andere in der Literatur der zwanziger Jahre ausdrückten; dass aus dem rein Technischen eine neue Kunst entstehen kann, die Kunst des Ingenieurs. Von Hemingway wurde gesagt, in der Technik komme seine Ästhetik zum Ausdruck[5].

Châtelard

By the end of 1924, with the Wägital bridges completed and Chiasso in design, Maillart was working on a number of large deck-stiffened arch designs including the Lorraine Bridge in Bern and the Grand Fey Viaduct near Fribourg, the latter the largest of the bridges being rebuilt by the Swiss Railways to accommodate heavier traffic (see p. 40). The Swiss Railways also had an aqueduct to build for its power plant high up near the Forclaz pass leading from Switzerland to Chamonix, France.

Here the problem was to carry water in a rectangular box section across the roadway about 25 meters above it. The railway engineers had made a design and as usual Maillart proposed his own design,

Châtelard

Gegen Ende des Jahres 1924 waren die Brücken im Wägital fertiggestellt und das Lagerhaus in Chiasso in Projektierung. Maillart arbeitete damals an verschiedenen grossen Projekten für Stabbogenbrücken, darunter auch die Lorrainebrücke in Bern und der Grand-Fey-Viadukt in der Nähe von Fribourg. Beim letzteren handelt es sich um die grösste der Brücken, die von den SBB umgebaut wurden, um sie den erhöhten Verkehrslasten anzupassen (vgl. S. 40). Die SBB liessen auch für ihr Kraftwerk in der Nähe des Forclaz-Passes, der von der Schweiz nach Chamonix in Frankreich führt, ein Aquädukt bauen.

Hier bestand die Aufgabe darin, Wasser in einem rechteckigen Kanal in einer Höhe von 25 Metern über die Strasse zu leiten. Die

Aqueduct at Châtelard, 1925. Profile. The slightly curved columns consist of two flanges connected by a narrow web (seen clearly in the left-hand column). The aqueduct walls extend below the floor slab and deepen near the columns to form haunches.

Aquädukt bei Châtelard, 1925. Ansicht. Die schwach gekrümmten Pfeiler bestehen aus zwei mit einem schmalen Steg verbundenen Flanschen (sichtbar beim Pfeiler links im Bild). Die Seitenwände des Wasserkanals stehen unter dem Kanalboden vor und senken sich zur Ausbildung der Vouten zu den Pfeilern hin ab.

Aqueduct at Châtelard, 1925. Side view showing cross-frame supports of approach spans; spread of legs provides lateral stiffness. Maillart carried the vertical frame legs up the side of the aqueduct walls to express stiffness needed at that support.

Aquädukt bei Châtelard, 1925. Seitliche Ansicht. Man sieht die Querrahmen der Aussenfelder mit ihren aufgespreizten Stützen, welche die Aussteifung in Querrichtung gewährleisten. Maillart verlängerte die Rahmenstützen entlang der Seitenwände des Kanals, um die bei den Abstützungen notwendige Aussteifung auch optisch zu verdeutlichen.

33

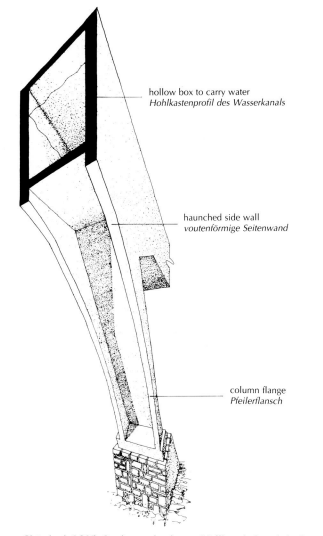

hollow box to carry water
Hohlkastenprofil des Wasserkanals

haunched side wall
voutenförmige Seitenwand

column flange
Pfeilerflansch

Aqueduct at Châtelard, 1925. Section and column. Maillart designed the haunched aqueduct side walls and the column flanges to provide both a structural and a visual integration of form.

*Aquädukt bei Châtelard, 1925. Kanalquerschnitt und Pfeiler. Maillart entwarf die gevou-
teten Seitenwände und die Pfeilerflansche, um eine sowohl bautechnische als auch optische
Integration der Form zu erreichen.*

which they accepted and which was built in 1925.[6] The channel section, 2.2 meters high and 1.65 meters wide, required a box of great depth just to contain the water. This meant that Maillart could not design a light, open, horizontal structure as he had at Chiasso. He had to start with a heavy-looking beam profile.

A deck-stiffened arch would make no sense here, in spite of having a natural stiffening beam, because that beam could span the valley without need of an arch at all. Maillart, therefore, decided to support the beam on light, slightly curved, slanted columns, whose thin, finely shaped profile contrasted with the deep horizontal beam. Called *Sprengwerk* in German, this form in Maillart's hands does imply a work that springs from the rock sides of the little valley.

The span over the roadway is an example of an unusual and dramatic profile which Maillart designed with a flat, smooth concrete

Ingenieure der SBB hatten bereits Projekte erstellt, akzeptierten aber schliesslich Maillarts Entwurf, der 1925 ausgeführt wurde[6]. Der 2,2 Meter hohe und 1,65 Meter breite Kanal erforderte einen Querschnitt grosser Tiefe, um das Wasser aufzunehmen. Das bedeutete, dass Maillart nicht wie in Chiasso eine leichte und offene horizontale Struktur vorsehen konnte. Er musste einen schwer wirkenden Trägerquerschnitt in Kauf nehmen.

Ein versteifter Stabbogen hätte hier, obwohl bereits ein Versteifungsträger vorlag, keinen Sinn ergeben, da dieser Träger das Tal auch ohne Bogen überspannen könnte. Daher entschied sich Maillart dafür, den Träger mit leichten, schwach gekrümmten und schiefen Pfeilern zu stützen, deren ausgewogene Form mit dem hohen horizontalen Kastenträger kontrastiert. Diese als Sprengwerk bezeichnete Tragwerksform deutet in Maillarts Ausführung den Sprung weg von den Felsen des kleinen Tals an.

Die Überquerung der Strasse ist ein Beispiel einer ungewöhnlichen und dramatischen Tragstruktur, die Maillart als flache, ruhige Form entwarf, die aber noch viel schlanker ist, als sie wirkt. In der Ansicht erkennt man nicht, dass die Pfeiler lediglich dünne Flansche sind, welche durch eine schmale Wand verbunden werden. Steht man unter dem Aquädukt, so wird diese schlanke Pfeilerkonstruktion sichtbar wie auch die Abstützungen der Aussenfelder, die in der Ansicht wie leichte Querwände aussehen und in Wirklichkeit Querrahmen sind.

face but one that is far thinner than it looks. We cannot see in profile that the columns are merely thin flanges on each face connected by a narrow wall. As we move beneath the aqueduct, this slender column form becomes visible as do the approach-span supports which in profile are light cross walls, really cross frames.

This relatively long aqueduct is much narrower than any of Maillart's bridges. (Châtelard has a ratio of length to width of 25 whereas Tavanasa's ratio is 14.) To provide lateral stability, he decided to spread the legs of the open cross walls. These cross frames go straight down for about 2 meters below the box and then widen at the base to about double their width at the top. Maillart designed these frames to be made up of slender elements and to meet the box with a slight haunch in the box wall. He carried the vertical line of these frames up the side of the box to its top, thus stiffening the box where it is heavily stressed at the support and also providing a visual emphasis to that sensitive place.

Maillart even deepened the horizontal beam slightly by extending the vertical walls below the base of the water conduit. The extensions provide the haunches at the supports and flow together with the column flanges of the same width. He could not get any form-play with the base of the aqueduct because it had to be smooth and straight to carry the flowing water. Thus he created walls that perform a visual integration and serve to transfer forces more smoothly as well.

The Valtschielbach Bridge, Technique Perfected

Shortly after completing his Châtelard design, Maillart began to think about a new bridge in the Graubünden, the canton of his early innovations at Zuoz and Tavanasa. There was to be a competition for a bridge over the Valtschielbach just above Donath off the road to the St. Bernardino pass. Maillart's calculations for this wilderness bridge, dated 20 April 1925, reveal a deep understanding of the technical idea that the arch can be thin if the deck beam is stiff. Here he made the arch thickness go from 23 cm at the crown to a mere 29 cm at the support on a span of 43.2 meters.[7]

This bridge is remarkably like the Tavanasa design (see pp. 10–13) in that it represents a new engineering form that is compromised visually by heavy, stone-faced abutments. Like Tavanasa, Valtschielbach also reflects the stone tradition by its smoothly curved arch slab.

Das relativ lange Aquädukt ist viel schmaler als irgendeine von Maillarts Brücken. Das Verhältnis der Länge zur Breite beträgt in Châtelard 25, bei der Tavanasabrücke hingegen nur 14. Um die seitliche Stabilität zu gewährleisten, entschied sich Maillart, die Stützen der Querrahmen aufzuspreizen. Die Querrahmen verlaufen zunächst, bis ungefähr zwei Meter unterhalb des Kastenträgers, senkrecht und weiten sich danach bis zur doppelten Breite auf. Maillart konstruierte diese Rahmen aus schlanken Elementen, die über kleine Vouten auf die Seitenwände des Kanals treffen. Die vertikalen Rahmenstützen verlängerte er über die Seitenwände des Trägers bis zur Kanaloberkante und erreichte so eine Aussteifung des Kastenträgers in den Auflagerpunkten, wo er stark beansprucht ist; er schuf damit aber auch eine optische Betonung dieser empfindlichen Zonen.

Maillart vergrösserte den horizontalen Träger sogar, indem er die vertikalen Seitenwände über den Kanalboden hinaus verlängerte. Diese Wandüberstände zeigen sich als Vouten in den Auflagerpunkten und verbinden sich mit den Pfeilerflanschen, welche die gleiche Dicke aufweisen. Der Verlauf des Kanalbodens musste, um den Wasserfluss zu gewährleisten, sanft abfallend und geradlinig sein, was Maillart in seinen gestalterischen Möglichkeiten erheblich einschränkte. Daher veränderte er die Seitenwände des Kanals, veranschaulichte so das Tragverhalten des Bauwerks und erreichte gleichzeitig einen sanfteren Kräftefluss.

Die Tschielbachbrücke, Perfektionierung der Technik

Kurz nach Beendigung der Projektierungsarbeiten für das Aquädukt bei Châtelard befasste sich Maillart mit dem Entwurf einer neuen Brücke in Graubünden, dem Kanton, in dem er (in Tavanasa und Zuoz) seine ersten Ideen verwirklicht hatte. Die Brücke war als Wettbewerb ausgeschrieben und sollte oberhalb von Donath, unweit der Strasse zum San-Bernardino-Pass, den Tschielbach queren. Maillarts Berechnungen zu dieser in der Wildnis gelegenen Brücke, die mit dem 20. April 1925 datiert sind, zeigen sein tiefes technisches Verständnis für ein Konzept, in dem der Bogen sehr schlank sein kann, wenn der Fahrbahnträger genügend steif ausgebildet ist. Die Bogendicke variiert hier von 23 Zentimetern im Scheitel bis zu bloss 29 Zentimetern bei den Auflagern, bei einer Spannweite von 43,2 Metern[7].

Valtschielbach Bridge, 1925. Profile. The arch is only 23 cm thick at the crown for a span of 43.2 meters, and the slight overhang at the top of the parapet visually lightens that 1.12-meter-deep member.

Tschielbachbrücke, 1925. Ansicht. Die Bogenstärke beträgt im Scheitel lediglich 23 Zentimeter, bei einer Spannweite von 43,2 Metern. Der kleine Überstand an der Brüstungsoberkante lässt die Höhe dieses 1,12 Meter hohen Trägers geringer erscheinen.

36

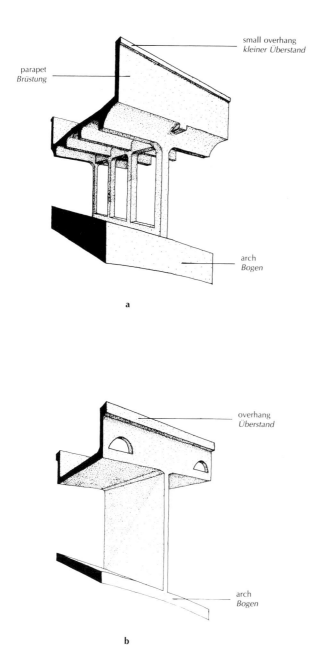

small overhang
kleiner Überstand

parapet
Brüstung

arch
Bogen

a

overhang
Überstand

arch
Bogen

b

Comparison of Aarburg and Valtschielbach showing how (a) the stiff parapet at Aarburg looks deeper and hence heavier in profile because it has a smaller overhang than (b) that of the Valtschielbach Bridge.

Vergleich zwischen (a) der Aarburger und (b) der Tschielbachbrücke. Der Vergleich verdeutlicht, dass der steife Brüstungsträger der Aarburger Brücke aufgrund des kleineren Überstandes höher und daher auch massiver wirkt.

There is a hint in the 1925 design of a slight break in the upper surface where the arch meets the vertical cross walls, but in profile it still appears to be a smoothly curved slab.

The proportions of the thin arch contrast dramatically with those of the much deeper parapet. Yet, the 1.12-meter-deep parapet itself does not look massive for a span of 43.2 meters. Maillart has lightened the parapet substantially by designing a 10-cm overhang in the top 20

Bemerkenswert ist diese Brücke, wie schon die Brücke bei Tavanasa (vgl. S. 10–13), weil sie ein neuartiges Ingenieurkonzept darstellt, das jedoch optisch mit schweren Naturstein-Widerlagern Kompromisse eingeht. Wie schon bei der Tavanasabrücke, so wird auch bei der Tschielbachbrücke mit der sanft gekrümmten Gewölbeplatte die Mauerwerkstradition widergespiegelt. In diesem 1925 ausgeführten Bauwerk werden kleine Knicke in den Punkten angedeutet, wo die Querwände auf dem Bogen stehen; in der Gesamtansicht wirkt die Platte aber immer noch glatt gekrümmt.

Die Proportionen der dünnen Gewölbeplatte stehen in dramatischem Kontrast zu denen der viel höheren Brüstungsträger. Dennoch wirkt die 1,12 Meter hohe Brüstung nicht massiv, wenn man bedenkt, dass die Brücke eine Spannweite von 43,2 Metern hat. Maillart machte die Brüstung optisch leichter, indem er die obersten 20 Zentimeter des Brüstungsträgers um 10 Zentimeter überstehen liess, wohingegen die Brüstung der Brücke in Aarburg (vgl. S. 21–24, 39) viel schwerer wirkt mit einem Überstand von nur 4 Zentimetern über die obersten 10 Zentimeter. Der Schatten, den dieser Überstand bei der Tschielbachbrücke wirft, lässt die Höhe des Trägers geringer erscheinen, obwohl das Verhältnis der Trägerhöhe zur Spannweite in Wirklichkeit grösser ist als bei der massiver wirkenden Aarburger Brücke.

Trotz diesen Unterschieden ist die Brücke von 1925 derjenigen von 1912 ähnlich, und zwar wegen ihrer schweren Steinwiderlager, der Verschmelzung des Bogens mit der Fahrbahn über dem mittleren Drittel der Spannweite, der sanft gekrümmten Gewölbeplatte sowie wegen der kleinen Vouten in den Übergängen zum Fahrbahnträger. Einmal mehr näherte sich Maillart langsam einem neuen Ideal einer Tragstruktur.

Ein bedeutender Unterschied zwischen den beiden Brücken liegt in der Symmetrie. In Aarburg legte Maillart, aufgrund des relativ

cm of the beam, whereas at Aarburg (see pp. 21–24, 39) the much heavier looking parapet has only a 4-cm overhang in the top 10 cm. By casting a shadow the Valtschielbach overhang reduces the perception of mass on a beam whose ratio of depth to length is actually greater than the more massive-appearing Aarburg.

In spite of that difference, the 1925 bridge is similar to the 1912 design in its heavy stone abutments, its merging of the arch and deck over the central third of the span, its smoothly curved arch, and its slight haunching of the deck beam. Once again Maillart is moving slowly to a new vision of structure.

One remarkable difference between the two bridges is in the symmetry. At Aarburg, because of the relatively steep 5-percent slope of the roadway, Maillart designed an unsymmetrical deck structure in which the higher side has seven open spans and the lower one only five. At Valtschielbach, the slope is barely visible and the symmetrical merged region gives a symmetrical, closed profile.

Standing close to one abutment downstream, one sees that the arch and deck are perfectly straight as they cross at right angles to the ravine. But the stone abutments curve toward the downstream, making a horizontal kink in the roadway alignment. This standard transition, barely noticeable in profile, further separates the heavy stone approaches from the light concrete arch span. This kink at either end of the span allowed the analyst to make a simple calculation for the arch because it is planar, that is, the engineer can describe the arch behavior in a two-dimensional vertical plane because each longitudinal slice of arch is the same as all others. The arch has negligible three-dimensional characteristics — either technical or visual.

The planar vision fits well with the nature of gravity and of bridge design, and it immeasurably simplifies analysis. Maillart took this simple approach and forced the design to conform to the analysis by making the main span straight. Had wind loads been larger or the ratio of span to width greater, he would probably have widened the arch at the supports as he had spread the legs of the cross frames at Châtelard, and thereby taken the arch somewhat out of its plane.

From beside the bridge, therefore, we see only the flat, planar edges of arch, cross walls, and deck parapet, all of which end abruptly at the stone abutment which curves then to meet the roadway line. The primary visual impact of the Valtschielbach comes not from this side view but from the pure profile. That view emphasizes the very thin arch which even today strikes us as a *tour de force*. The cross walls, which at 16 cm are even thinner, join the parapet above with very slight and flat haunches and join the arch below at indistinguishably

grossen Längsgefälles der Strasse von fünf Prozent, die Tragstruktur nicht symmetrisch aus; der Brückenträger läuft auf der höheren Seite über sieben Felder, auf der tieferliegenden lediglich über fünf. Bei der Tschielbachbrücke ist die Neigung kaum wahrnehmbar, und der symmetrisch verschmolzene Scheitelbereich ergibt ein geschlossenes Bild.

Steht man weiter flussabwärts in der Nähe eines Widerlagers, so bemerkt man, dass der Bogen und die Fahrbahn absolut gerade sind und die Schlucht in einem rechten Winkel überqueren. Die Widerlager hingegen liegen in einer talabwärts gekrümmten Kurve, wodurch sich Knicke in der horizontalen Linienführung der Strasse ergeben. Diese Übergänge sind in der Ansicht kaum zu sehen, bewirken aber eine Loslösung der Zufahrtsbereiche von der leichten Betonkonstruktion. Die Knicke an beiden Enden der Spannweite erlauben es aber dem Statiker, die Berechnungen für den Bogen zu vereinfachen, weil er ein ebenes Tragwerk darstellt. Das bedeutet, dass der Ingenieur das Verhalten des Bogens in einer zweidimensionalen, vertikalen Ebene beschreiben kann, da sich jede Längsscheibe des Tragwerkes gleich verhält. Der Bogen weist somit eine sowohl technisch wie auch optisch vernachlässigbare dreidimensionale Charakteristik auf.

Die ebene Betrachtung entspricht auch der Natur der Gravitation sowie dem Vorgehen beim Brückenentwurf, und sie erleichtert die statische Analyse beträchtlich. Maillart bediente sich dieser Vereinfachung und legte den Bogen entsprechend den Berechnungen als ebenes Tragwerk aus. Wären die Windkräfte oder das Verhältnis der Spannweite zur Breite grösser gewesen, hätte er wahrscheinlich den Bogen zu den Auflagern hin verbreitert, so wie er schon die Stützen der Querrahmen in Châtelard aufgespreizt hatte, und hätte damit den Bogen ein wenig aus der Ebene heraus geführt.

Steht man neben der Brücke, sieht man daher nur die flachen, ebenen Ränder des Bogens, der Querwände und der Fahrbahnbrüstung, die alle abrupt beim Natursteinwiderlager enden, das schliesslich die Kurve der Strasse aufnimmt. Die primäre optische Wirkung der Tschielbachbrücke entsteht nicht aus dieser seitlichen, sondern aus der frontalen Ansicht. Die Betonung fällt so in erster Linie auf den sehr dünnen Bogen, der uns heute noch als wirkliche Glanzleistung beeindruckt. Die Querwände, die mit 16 Zentimetern sogar noch dünner sind, treffen über sehr kleine und flache Vouten auf den darüber liegenden Brüstungsträger. In den Punkten, wo die Querwände auf dem Bogen stehen, ergeben sich kaum wahrnehmbare, kleine Knicke auf der Oberseite der Gewölbeplatte[8]. Diese Ansicht verdeutlicht die Idee des versteiften Stabbogens mit seinen schlanken Elementen, seinen eng stehenden vertikalen Abstützungen und zeigt

Valtschielbach Bridge, 1925. Side view. In Maillart's design, the road and the arch go straight across the ravine and then the road curves abruptly or kinks to meet the approaches.

Tschielbachbrücke, 1925. Seitliche Ansicht. Maillarts Brücke quert die Schlucht in einer geraden Linie, worauf die Strasse mit abrupten Kurven anschliesst.

Grand Fey Viaduct near Fribourg, rebuilt 1926. Maillart consulted on the conversion of this bridge from iron trusses to deck-stiffened arches.

Grand-Fey-Viadukt bei Fribourg, Umbau 1926. Beim Umbau dieser Brücke von einem Stahlfachwerk zu einem versteiften Stabbogen wirkte Maillart beratend mit.

slight breaks in the upper surface of that curved slab.[8] This profile view shows the deck-stiffened arch idea in its slender elements, its closely spaced verticals, and the surprising contrast between a strong horizontal beam and a thin curved arch.

Valtschielbach, being bigger than the Wägital bridges, forced Maillart to think harder about the form, and between its completion and 1930, his imagination broke through the tough, encrusted ideas of masonry; the first major result arose once again in the Graubünden, over the steep ravine of the Salgina brook.

den überraschenden Kontrast zwischen dem starken horizontalen Träger und der dünnen Gewölbeplatte.

Die Tschielbachbrücke, die grösser ist als die Brücken im Wägital, zwang Maillart dazu, sich vermehrt mit der Form auseinanderzusetzen, und zwischen ihrer Fertigstellung und 1930 durchbrach seine Vorstellungskraft die zähen, verkrusteten Ideen der Mauerwerkstradition; das erste bedeutende Resultat entstand wiederum im Kanton Graubünden, über der steilen Schlucht des Salginabaches.

IV

RETURN TO THE HOLLOW BOX: 1927–1930

RÜCKKEHR ZUM HOHLKASTENPROFIL: 1927–1930

Tavanasa and Salginatobel

Twenty-four years elapsed between the design competition at Tavanasa (see pp. 10–13) and that at Salgina. Maillart's 1904 design was too radical for early-twentieth-century artistic taste because it did not reflect the two-millennial stone-bridge tradition of Europe. The long dominance of cut stone still shaped the vision of bridge designers in the 1920s as they strove to find appropriate forms for the rapidly proliferating new bridges of the automobile age.

The immediate stimulus to Maillart was the destruction of the Tavanasa bridge by avalanche in September 1927. This event and his subsequent failed attempt to win the contract for a new Tavanasa bridge brought him back to the hollow-box arch form. In the summer of 1928 he entered a competition for the bridge over the Salginatobel, like Tavanasa also in the Graubünden. His design, submitted with Florian Prader as builder, was the least expensive and judged to be the best in quality and appearance.[1] It was built in 1929–30.

The steep-meadowed, densely wooded, avalanche-marked terrain is so dramatic in itself that it takes a disciplined effort to analyze this bridge as an object in its own right as it spans the deep ravine *(Tobel)* of the Salgina brook running 250 feet below the line of the single-lane dirt road winding its way up from the valley town of Schiers to the tiny eighty-person mountain village of Schuders.

Yet to understand this bridge requires a focus first of all on the structure alone, as if it were built anywhere, and only then can we come back to its setting and realize the quite surprising fact that its art is not the result of an attempt to "fit in" with the surrounding visual environment. In itself the Salgina form comes directly from the 51-meter-span Tavanasa design modified to account for the much longer central span of 90 meters and the much deeper valley defined by steep rock walls.

As in Tavanasa, we see the great contrast between quarter-span depth and both the very thin support points and the slender midspan section. Also visible is the hollow box with its thin elements — the curved arch, the vertical walls, and horizontal deck — evident from an end view. The longer span, however, means that the distance between quarter span and abutment increases from 12.75 meters at Tavanasa to 22.5 meters at Salginatobel. At Tavanasa Maillart carried his triangular cut only 7.5 meters from the abutment because the arch is so flat that it would have been costly to form the very narrow slit much beyond 7.5 meters and it would have reduced the contrast between

42

Tavanasa und Salginatobel

Vierundzwanzig Jahre verstrichen zwischen dem Entwurfswettbewerb für die Tavanasabrücke (vgl. S. 10–13) und jenem für die Salginatobelbrücke. Maillarts Entwurf von 1904 war zu radikal für das Kunstverständnis des frühen 20. Jahrhunderts, denn er widersetzte sich der zweitausendjährigen Tradition des Naturstein-Brückenbaus in Europa. Die lange während Dominanz des Bruchsteins bestimmte um 1920 noch immer die Ideale der Brückenbauer, die sich bemühten, für die rasch zunehmende Anzahl Brücken des Automobilzeitalters geeignete Formen zu finden.

Die Zerstörung der Tavanasabrücke durch eine Lawine im September 1927 war für Maillart das unmittelbar auslösende Moment. Dieses Ereignis und der daran anschliessende, aber gescheiterte Versuch, den Auftrag für die neu zu erbauende Tavanasabrücke zu erhalten, brachten ihn zurück zu der Form des Hohlkastenbogens. Im Sommer 1928 meldete er sich für den Entwurfswettbewerb der Brücke über das Salginatobel, das wie Tavanasa ebenfalls im Kanton Graubünden liegt. Sein Entwurf, eingereicht mit Florian Prader als Bauunternehmer, war der kostengünstigste und wurde bezüglich der Qualität und des Erscheinungsbildes als bestes Projekt ausgezeichnet[1]. In den Jahren 1929/30 wurde dieser Entwurf ausgeführt.

Das steile, dicht bewaldete und von Lawinenniedergängen gezeichnete Gelände wirkt selbst schon so dramatisch, dass es einer besonderen Anstrengung bedarf, diese Brücke zu analysieren. Sie überspannt die 75 Meter tiefe Schlucht (Tobel) der Salgina und verbindet die einspurige, unbefestigte Strasse, die sich von Schiers zu dem kleinen 80-Seelen-Bergdorf Schuders den Berg emporwindet.

Um die Brücke zu verstehen, bedarf es vorerst einer Betrachtung der Struktur alleine, wie wenn sie an irgendeinem andern Ort stehen würde. Erst dann sollte man auf ihre Umgebung zurückkommen, wobei man überraschenderweise realisiert, dass ihre Kunst nicht das Resultat einer Anstrengung ist, die Brücke in das Gelände «einzupassen». Die Form der Salginatobelbrücke wurde direkt von derjenigen der 51 Meter gespannten Tavanasabrücke abgeleitet, wurde aber der viel grösseren Stützweite von 90 Metern und dem tieferen Tal, welches durch steile Felswände begrenzt ist, angepasst.

Wie schon in Tavanasa fällt als erstes der grosse Kontrast auf zwischen der Konstruktionshöhe in den Bogenvierteln und den dünnen Auflagerpunkten einerseits sowie dem schlanken Scheitelbereich andererseits. Von den Auflagern her erkennt man auch hier das Hohl-

Salginatobel Bridge, 1930. Distant profile. The road to Schuders appears high above the bridge but well below the summit of the right-hand mountain.

Salginatobelbrücke, 1930. Ansicht aus der Ferne. Hoch über der Brücke, aber immer noch unterhalb des Berggipfels, rechts im Bild, erscheint die Strasse nach Schuders.

quarter-span depth and hinge thinness.

At Salgina, by contrast, the arch is much less flat; the span-to-rise is less than 7, whereas it was over 9 at Tavanasa. In the 1928 design, therefore, Maillart can cut the triangular opening farther into the span (18 meters or 80 percent of the quarter-span distance of 22.5 meters, rather than only about 60 percent of that distance at Tavanasa). At Salgina there was room below the roadway and there existed the required rock walls to have a less flat arch, whereas at Tavanasa a higher arch rise would have required a higher roadway and hence longer and more costly approach structures on either side of the river.

The Salginatobel Bridge and the Rejection of Stone

For the much longer Salginatobel, the 18-meter openings or cutouts make intermediate supports necessary for economy of deck structure, as they were not for the 7.5-meter opening at Tavanasa. Maillart, therefore, divided the 18 meters into three spans of 6 meters each and then carried that spacing throughout the long six-span approach structure on the Schiers side. The change from Tavanasa is stunning. At Salgina the heavy stone abutments are completely gone, and coming from Schiers the roadway simply emerges out of the landscape, passes over a fully trabeated viaduct, which merges into the hollow-box main span, reappears over the arch, and lands safely on the natural stone ledge of the mountain leading up to Schuders. The effect is breathtaking because there is no false framing of the bridge by stone abutments, no false forming of the viaduct to reflect stone arcading, and no false façade to conceal the white, wood-formed concrete profile. Equally important is the lack of any heavy stone foundation at the arch springing lines. The arches almost disappear at the hinged supports and lightly, delicately balance the bridge against the great stone walls of the ravine.

But the 3.8-meter-wide arches do more than disappear in profile, they also widen to 6 meters as they approach their supports and thus give a visual sense of stability to the otherwise exceptionally narrow structure. (At Salgina the ratio of arch-slab span to width is $90/3.8 = 23.6$ compared with $51/2.8 = 18.2$ at Tavanasa.) This widening of the arches is accentuated by the widening of the base of the vertical columns over the hinges where the two vertical longitudinal walls stop in their descent from the deck. All of this play with form in

kastenprofil mit der Gewölbeplatte, den dünnen Seitenwänden und der horizontalen Fahrbahnplatte. Die grössere Spannweite hat zur Folge, dass die Distanz zwischen den Viertelspunkten und den Widerlagern von 12,75 Metern bei der Tavanasabrücke auf 22,5 Meter bei der Salginatobelbrücke anwächst. Die dreieckigen Öffnungen der Tavanasabrücke ragten lediglich 7,5 Meter von den Widerlagern in die Spannweite hinein, da die Brücke sehr flach war und somit eine Vergrösserung der Öffnungen sehr kostspielig gewesen wäre. Zudem wäre aber auch der Kontrast zwischen der Höhe in den Viertelspunkten und den dünnen Gelenkbereichen vermindert gewesen.

Im Unterschied dazu ist der Bogen der Salginatobelbrücke viel weniger flach. Das Verhältnis der Spannweite zur Pfeilhöhe beträgt weniger als 7, wohingegen es in Tavanasa über 9 betrug. Maillart konnte deshalb in seinem Projekt von 1928 die dreiecksförmigen Öffnungen viel weiter in die Spannweite hineinführen (18 Meter oder 80 Prozent der Distanz zu den Viertelspunkten von 22,5 Metern; bei der Tavanasabrücke waren es nur 60 Prozent dieser Distanz). Bei der Salginatobelbrücke stand unterhalb der Fahrbahn viel Raum zur Verfügung, und die anstehenden Felswände erlaubten eine weniger flache Ausbildung des Bogens. Bei der Tavanasabrücke hingegen hätte eine grössere Pfeilhöhe eine höher liegende Fahrbahn und somit längere und kostspieligere Zufahrtsbereiche auf beiden Brückenseiten erfordert.

Die Salginatobelbrücke, Abkehr vom Naturstein

Bei der viel längeren Salginatobelbrücke sind für eine wirtschaftliche Ausbildung des Fahrbahnträgers in den 18 Meter langen Öffnungen Zwischenabstützungen erforderlich, was in Tavanasa noch nicht der Fall war. Maillart unterteilte die 18 Meter in drei sechsmetrige Felder und behielt diese Unterteilung über die lange, sechsfeldrige Brückenzufahrt auf der Schierser Seite bei. Die Veränderungen gegenüber der Tavanasabrücke sind verblüffend. Im Salginatobel sind die schweren Natursteinwiderlager vollständig verschwunden, und die Fahrbahn löst sich, von Schiers her kommend, einfach vom Terrain, führt über die Querbalken des Zufahrtsviaduktes, das sich mit dem Hohlkastenprofil der Hauptspannweite vereinigt, erscheint über der zweiten Bogenhälfte wieder und landet schliesslich sanft auf der gegenüberlie-

Salginatobel Bridge. Side view from hinge support showing the widening of both the white-painted arch and the end cross wall (shown to the left) as it approaches its base. We also see the edge thickening of the other vertical cross walls as well as the vertical longitudinal wall forming the arch profile which gets shallower as it descends to the hinge.

Salginatobelbrücke, 1930. Seitlicher Blick. Man sieht, wie sowohl die weisse Gewölbeplatte als auch die letzte Querwand, links im Bild, zum Auflager hin breiter werden. Sichtbar sind auch die Randverstärkungen der anderen vertikalen Querwände und die vertikal stehenden Längswände, die das eigentliche Bogenprofil prägen, das zum Kämpfergelenk hin schmaler wird.

the lateral direction can be seen well only from beneath the bridge on the Schiers side. From there we also see that the vertical columns are actually the cross walls whose outside vertical edges are substantially thickened horizontally (from 0.12 meter to 0.6 meter). Returning to the profile view, it is clear that Maillart has thickened those vertical cross walls to have them appear strong visually in comparison with the deep, longitudinal wall and the strong, horizontal parapet.

This brings us to the 1.4-meter-deep horizontal parapet that runs the entire length of the bridge. Max Bill has criticized the parapet for its massive appearance which "offends the harmony" of the design. He is correct in sensing that these walls are unnecessary structurally, but I believe they are psychologically useful in providing a feeling of security to the pedestrian crossing over the spectacularly deep ravine. From a distance, the parapets are not visually disturbing because the

hollow-box form is powerful enough in itself not to be disturbed by the strong horizontal line. Also Maillart has made the deck overhang the longitudinal walls of the box so that a shadow line lightens the effect of the parapet. Viewed from either end of the bridge, however, the parapets do appear heavy and do detract from the lightness.

The use of the word *harmony* raises the major question of how all parts of a structure go together visually to form its image. Already we recognize that the image may be more harmonious from one view (profile of the Salginatobel from a distance) than from another view (end view close by from above). Abstract terms like *harmony, symmetry, proportion,* and *order,* while having a distinguished history in architecture, are often confusing when applied to structural art. It is best to avoid them as much as possible when we study closely Maillart's ideas on form.[2]

genden Felskante, den Weg nach Schuders fortsetzend. Der Effekt ist atemberaubend, denn es gibt keine falsche Umrahmung durch Natursteinwiderlager mehr, keine falschen Formen des Viaduktes, welche an Steinbogen erinnert hätten, und keine falschen Fassaden, die das weisse, in der Holzschalung geformte Betontragwerk verborgen hätten. Gleichermassen wichtig ist das Fehlen jeglicher Steinfundation bei den Bogenkämpfern. Der Bogen verschwindet beinahe bei den Kämpfergelenken, wo er leichtfüssig und behutsam die Brücke gegen die hohen Felswände der Schlucht abstützt.

Der 3,8 Meter breite Bogen hat aber weit mehr Eigenheiten, als in der Ansicht beinahe zu verschwinden. Er verbreitert sich zu den Auflagern hin auf 6 Meter, was dem sonst ausserordentlich schmalen Tragwerk optisch eine gewisse Stabilität verleiht. (Bei der Salginatobelbrücke beträgt das Verhältnis der Stützweite der Gewölbeplatte zu ihrer Breite $90/3,8 = 23,6$; bei der Tavanasabrücke lediglich $51/2,8 = 18,2$.) Diese Aufweitung des Bogens wird zusätzlich akzentuiert durch die Verbreiterung der Stützen über den Kämpfergelenken, wo die beiden vertikalen Seitenwände in ihrem Abstieg von der Fahrbahn gestoppt werden. Dieses Spiel mit den Formen in der Brückenquerrichtung ist nur auf der Schierser Seite, wenn man seitlich unterhalb der Brücke steht, gut sichtbar. Von da aus erkennt man auch, dass die vertikalen Stützen eigentlich Querwände sind, deren Ränder in der Längsrichtung der Brücke erheblich verbreitert wurden (von 0,12 Metern auf 0,6 Meter). In der Brückenansicht wird klar, dass Maillart diese vertikalen Querwände verbreitert hat, um sie, verglichen mit den hohen Längswänden und der massiven horizontalen Brüstung, optisch stärker erscheinen zu lassen.

Die horizontale Brüstung, die über die gesamte Brückenlänge durchläuft, ist 1,4 Meter hoch. Max Bill kritisierte diese Brüstung aufgrund ihrer optisch schweren Wirkung, welche die «Harmonie störend beeinflusse». Mit der Meinung, die Brüstungen seien statisch nicht unbedingt nötig, liegt er gefühlsmässig richtig; ich denke jedoch, dass sie psychologisch sehr nützlich sind, indem sie den Fussgängern, welche die spektakulär tiefe Schlucht überqueren, ein Gefühl von Sicherheit geben. Aus der Ferne sind die Brüstungen optisch nicht störend, denn das Tragwerk als solches ist genügend ausdrucksvoll, um sich nicht durch diese starke horizontale Linie stören zu lassen. Zudem liess Maillart die Fahrbahnplatte über die Längswände des Hohlkastens auskragen, so dass eine Schattenlinie die Brüstung leichter erscheinen lässt. Von den Brückenenden aus gesehen wirken die Brüstungen aber trotzdem schwer und schmälern die Wirkung der ansonsten eleganten Struktur.

Der Gebrauch des Wortes Harmonie bringt schliesslich die zentrale Frage auf, wie all die einzelnen Teile einer Struktur optisch zu einer Einheit verschmelzen. Wir haben bereits festgestellt, dass das Bild aus einer bestimmten Blickrichtung harmonischer sein kann (Ansicht der Salginatobelbrücke aus der Ferne) als aus einer anderen (Blick von den Brückenenden, nahe der Brücke, auf der Fahrbahn stehend). Abstrakte Begriffe wie Harmonie, Symmetrie, Proportionen und Ordnung sind, obwohl sie für die Architekturgeschichte eminent wichtig sind, oftmals doch verwirrend, wenn sie auf die Baukunst angewendet werden. Daher vermeidet man sie am besten, wenn man Maillarts Ideen über Formen genauer studiert[2].

The Salginatobel Bridge and its Artistic Details

The Salginatobel exhibits a series of details with visual consequences: the slight haunches or vertical deepening of the horizontal deck beams over the cross walls, the visual break in the parapet to express the crown hinge, and the location of one cross wall directly over each support hinge.

The slight haunches between vertical cross walls and horizontal deck beams, barely noticeable in the distant profile, are technically reasonable because they eliminate the sharp corners in concrete that can lead to cracks. They express an integrity between the two elements, but at this scale they could be omitted from a technical viewpoint. At Salgina the cross walls are not striking and the haunch between beam and thickened wall edge adds some visual interest. Also, the deck beams act as separate elements between the cross walls, and the haunches break the horizontal line to express that separation visually.

The crown hinge at Salgina is formed as two solid blocks having the same width as the arch below and the deck above. Thus, the shadow line at the deck overhang disappears for 2.4 meters' length at the midspan to express the discontinuity that exists structurally at a hinge. At Tavanasa the hinge blocks are only half as long (1.2 meters in total) and are flush with the 3.6-meter-wide deck, but they extend beyond the 2.8-meter-wide arch slab below. From beneath, the arch slab widens sharply at the crown to meet the hinge blocks. The resulting bulge at midspan is disconcerting and at Salgina Maillart avoided that bulge.

In profile we can see that the last cross wall over the span meets the arch just inside the support hinge; the wall still rests on the arch and not on the supporting foundation. At Tavanasa there was only one cross wall and it too rested just inside the support hinge. In this regard the Salginatobel bridge still reflects ideas worked out by Maillart in 1904 for the Tavanasa bridge. But the most significant holdover from Tavanasa was Maillart's use of a smoothly curved arch slab, which he also had used in the Wägital (see pp. 26–28) and at Valtschielbach (see pp. 35–40).

In summary we can say that the Salginatobel was the most advanced arch bridge designed by 1928 and that its appearance developed directly out of Maillart's earlier 1904 Tavanasa design. The 1928 design reflects the surroundings in having a lower ratio of span

Die Salginatobelbrücke und ihre künstlerischen Details

Die Salginatobelbrücke verfügt über verschiedene Details, die optisch von Bedeutung sind: die sanften Vouten oder vertikalen Verstärkungen der Fahrbahnträger über den Querwänden, den optischen Bruch in der Brüstungswand zur Betonung des Scheitelgelenkes und die Anordnung von je einer Querwand direkt über den Kämpfergelenken.

Die sanften Vouten zwischen den vertikalen Querwänden und der horizontalen Fahrbahn, kaum sichtbar aus der Ferne, sind technisch vernünftig, da sie die scharfen Ecken, in denen bei Betontragwerken oft Risse auftreten, eliminieren. Sie drücken zwar eine Einheit dieser beiden Elemente aus, könnten aber, da sie sehr klein sind, vom technischen Standpunkt aus gesehen, weggelassen werden. Die Querwände der Salginatobelbrücke fallen nicht speziell auf, so dass die Vouten zwischen dem Fahrbahnträger und den verbreiterten Wandenden die optische Wirkung interessanter machen. Die Vouten unterbrechen zudem die horizontale Linie der Stege des Fahrbahnträgers, welche zwischen den Querwänden als separate Elemente wirken; mit diesen Unterbrüchen wird diese Separation auch optisch verdeutlicht.

Das Scheitelgelenk der Salginatobelbrücke wird durch zwei massive Betonblöcke gebildet, welche gleich breit sind wie die darunterliegende Gewölbeplatte und die darüberliegende Fahrbahn. Daher verschwindet die Schattenlinie der auskragenden Fahrbahn in der Brückenmitte auf einer Länge von 2,4 Metern und veranschaulicht so die Diskontinuität, die durch das Gelenk baulich entsteht. Die Gelenkblöcke der Tavanasabrücke sind bloss halb so lang (insgesamt 1,2 Meter) und liegen mit der 3,6 Meter breiten Fahrbahnplatte ebenfalls in einer Ebene, ragen hingegen über die 2,8 Meter breite Gewölbeplatte hinaus. Die Gewölbeplatte weitet sich jedoch auf die Breite des Gelenkblockes auf. Die dadurch entstehende Ausbuchtung wirkt unruhig, was der Grund dafür war, dass Maillart sie bei der Salginatobelbrücke zu vermeiden suchte.

In der Ansicht wird erkennbar, dass die letzten Querwände unmittelbar neben den Kämpfergelenken aufstehen; die Wände stehen somit noch auf dem Bogen und nicht auf der Auflagerfundation. In Tavanasa gab es in jeder Brückenhälfte nur eine Querwand, und auch da stand diese direkt neben dem Kämpfergelenk. In dieser Beziehung widerspiegelt die Salginatobelbrücke immer noch die Ideen, die Mail-

Salginatobel Bridge. Close profile showing the hinge at midspan, slight haunching of the deck beams over the cross walls, and arch profile as it decreases in depth toward the support hinges.

Salginatobelbrücke, 1930. Ansicht aus der Nähe. Man erkennt das Gelenk im Bogenscheitel, die kleinen Vouten des Fahrbahnträgers in den Übergängen zu den Querwänden und den Bogen, der zu den Kämpfergelenken hin an Höhe verliert.

48

to rise, a longer span, and thereby a trabeated framing both on either side of the hollow-box walls and on the Schiers approach spans. On the other hand, the primary form, hollow-box, three-hinged arch, comes from the sequence of Maillart's designs — Stauffacher, Zuoz, and Tavanasa — and not from the Salginatobel surroundings. Moreover, nothing about Maillart's design reflects the superficial environment; he has not echoed the rock forms or any visual aspect of trees, meadows, or mountains. The stark white concrete is in vivid contrast to the landscape and the primary form is obviously a work of twentieth-century engineering set off from nature and yet not framed and cut off by any decorative stone abutments.

lart 1904 für die Tavanasabrücke erarbeitet hatte. Die bedeutsamste Ähnlichkeit mit der Tavanasabrücke entsteht jedoch durch Maillarts Festhalten an der glatt gekrümmten Bogenform, wie er sie auch bei den Wägitalbrücken (vgl. S. 26–28) und der Tschielbachbrücke (vgl. S. 35–40) verwendet hatte.

Zusammenfassend kann man sagen, dass die Salginatobelbrücke im Jahre 1928 die wohl fortschrittlichste Bogenbrücke darstellte und dass sich ihr Erscheinungsbild direkt aus der von Maillart 1904 erbauten Tavanasabrücke ableiten lässt. Der Entwurf von 1928 nimmt Bezug zu seiner Umgebung, indem das Verhältnis der Spannweite zur Pfeilhöhe kleiner, die Spannweite selbst aber länger ist und beide Seiten des Hohlkastens sowie die Zufahrt auf der Schierser Seite mit Gebälkrahmen abgestützt sind. Andererseits kann man die grundsätzliche Struktur, den Dreigelenkbogen mit einem Hohlkastenprofil, auf verschiedene von Maillarts Entwürfen zurückführen – die Stauffacherbrücke sowie die Brücken in Zuoz und in Tavanasa – und nicht auf die Umgebung der Salginatobelbrücke. Zudem geht Maillarts Entwurf nicht auf das Gelände ein; er widerspiegelt weder die Gesteinsformen noch irgendwelche visuellen Aspekte der Bäume, Felder oder Berge. Der kahle weisse Beton steht in lebhaftem Kontrast zu der Landschaft, und das Bauwerk ist offensichtlich eine Ingenieurleistung des 20. Jahrhunderts, das sich klar von der Natur abhebt und nicht durch rein dekorative Natursteinwiderlager eingerahmt oder abgeschnitten wird.

V

DECK-STIFFENED ARCHES IN SPACE: 1930–1933

DER RÄUMLICHE STABBOGEN: 1930–1933

Landquart and the Horizontal Curve

As construction on the Salginatobel bridge neared its end in 1930, Maillart designed a 30-meter-span bridge to carry a narrow-gauge railroad over the Landquart River at Klosters. Located about 15 kilometers from the Salginatobel bridge, this deck-stiffened arch span crosses at an angle of about 60 degrees with the axis of the river. In spite of that angle and because the rail line is on a curve across the river, Maillart chose to design the arch and deck as smoothly curved horizontally in plan.[1] He could not, as at Valtschielbach (see pp. 35 – 40), design a kink in the line since railroads must have smooth and large horizontal curvatures.

The standard layout, in competition with which Maillart made his design, consisted of a straight arch-deck span as at Valtschielbach with a width great enough to contain the curved railway between its parallel outer beams. Maillart removed excess material by having the deck curve horizontally to follow the tracks. But this curve now created a problem for the arch. It is costly to make the arch as wide as the deck and complicated to build it with a horizontal curve as well as a vertical one. In Maillart's solution, the arch is as wide as the deck at midspan but it widens as it approaches the abutments so that in plan the inside curvature of the arch follows the inside curvature of the deck whereas its outside curvature is symmetrical when seen from above. Thus, the arch is much wider than the deck at the abutments.

This solution looks awkward in the engineering drawings, but Maillart turned it into a new expressive form by connecting the deck to the arch with trapezoidal cross walls. From the pure profile view we see all the cross walls as thin vertical lines connecting the strong deck beam with the very thin arch. The approach spans are also strong and trabeated with beams that are the same depth as the deck stiffener; this unifies the design and it is technically reasonable since the forces in the deck-stiffening beam are similar to those in the approach-span beams. However, the unity is compromised by the heavy-looking vertical walls supporting the curved approach beams; these 20-cm-thick walls are widened to 60 cm at their edges, and thus in profile they look much wider than the cross walls over the arch. Moreover, the approach walls are perpendicular to the rail line whereas the arch cross walls are set all parallel to the midspan wall which is perpendicular to the rail line only at midspan.

Indeed, looking carefully at the deck beam we can see vertical lines or open joints just over the arch supports; these lines divide the

Landquart, Brücke in der Kurve

Als sich die Bauarbeiten der Salginatobelbrücke im Jahre 1930 ihrem Ende näherten, begann Maillart mit dem Entwurf einer 30 Meter gespannten Brücke für die Schmalspurbahn, die in Klosters die Landquart queren sollte. Nur 15 Kilometer von der Salginatobelbrücke entfernt, schneidet diese als versteifter Stabbogen ausgelegte Brücke die Flussachse in einem Winkel von ungefähr 60 Grad. Trotz diesem Winkel und weil die Eisenbahngleise eine Kurve bilden, entschied sich Maillart dafür, den Bogen und den Fahrbahnträger im Grundriss leicht gekrümmt auszuführen[1]. Er konnte nicht, wie bei der Tschielbachbrücke (vgl. S. 35 – 40), einen Knick in der Linienführung vorsehen, da Eisenbahnen grosse und glatte horizontale Kurven benötigen.

Der Entwurf, welcher Maillarts Projekt konkurrenzierte, sah einen geraden Fahrbahnträger wie bei der Tschielbachbrücke vor, der genügend breit gewesen wäre, um zwischen seinen parallelen Längsträgern die Kurve der Eisenbahngleise aufzunehmen. Maillart hingegen entfernte das überschüssige Material, indem er den Fahrbahnträger, den Gleisen folgend, ebenfalls als horizontale Kurve ausbildete. Durch diese Kurve entstand aber für den Bogen ein Problem. Einerseits ist es kostspielig, den Bogen gleich breit wie die Fahrbahn zu erstellen, andererseits ist es sehr aufwendig, ihn zusätzlich zur vertikalen mit einer horizontalen Kurve auszuführen. In Maillarts Entwurf weist der Bogen nur in der Mitte der Spannweite die gleiche Breite wie die Fahrbahn auf, weitet sich dann zu den Widerlagern hin auf, so dass die Kurveninnenseite des Bogens derjenigen der Fahrbahn folgt und die Kurvenaussenseite, von oben gesehen, symmetrisch dazu verläuft. Der Bogen ist daher bei den Widerlagern erheblich breiter als die Fahrbahn.

Diese Lösung sieht in den Plänen zwar schwierig aus, aber Maillart liess daraus eine neue, ausdrucksstarke Form entstehen, indem er die Fahrbahn über trapezförmige Querwände mit dem Bogen verband. In der Ansicht sind die vertikalen Querwände als dünne Linien erkennbar, die den starken Fahrbahnträger mit dem sehr dünnen Bogen verbinden. Die Zufahrtsbereiche sind als Balkentragwerke ausgebildet, wobei die Fahrbahn dieselbe Höhe wie der Versteifungsträger über dem Bogen aufweist; dies verleiht der Brücke ein einheitliches Erscheinungsbild und ist auch technisch vernünftig, da die Kräfte im Versteifungsträger denjenigen in den Fahrbahnträgern der Zufahrtsbereiche sehr ähnlich sind. Die Einheit des Tragwerkes wird hingegen durch die schwer wirkenden vertikalen Wände, die in den

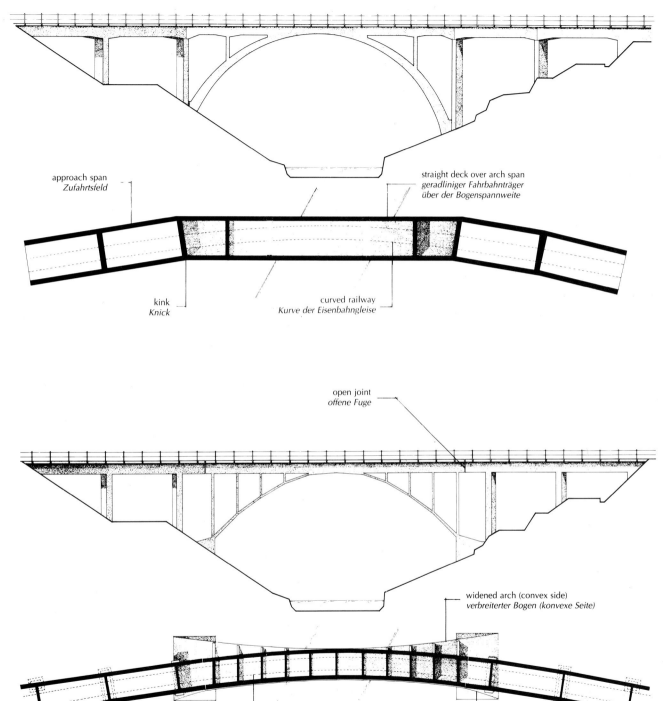

approach span
Zufahrtsfeld

straight deck over arch span
*geradliniger Fahrbahnträger
über der Bogenspannweite*

kink
Knick

curved railway
Kurve der Eisenbahngleise

Landquart River Bridge at Klosters, Conrad and Bernasconi design. The heavy arch supports a straight deck made wide enough to contain the curved railway. The approach spans connect by a kink to the arch span.

Landquartbrücke in Klosters, 1930. Entwurf von Conrad und Bernasconi. Der schwere Bogen trägt den geraden Fahrbahnträger, der breit genug ist, um die Kurve der Eisenbahngleise aufzunehmen. Die Felder der Zufahrtsbereiche schliessen über einen Knick an die Bogenspannweite an.

open joint
offene Fuge

widened arch (convex side)
verbreiterter Bogen (konvexe Seite)

curved railway
Kurve der Eisenbahngleise

widened arch (concave side)
verbreiterter Bogen (konkave Seite)

Landquart River Bridge at Klosters, 1930. Elevation and plan. Maillart designed a thin arch stiffened by the horizontal deck beam. The deck is smoothly curved in plan to follow the curve of the railway and the arch is widened as it nears its supports to follow the deck curve on the concave side and to extend symmetrically on the convex side.

Landquartbrücke in Klosters, 1930. Ansicht und Grundriss. Maillart entwarf einen dünnen, durch den horizontalen Fahrbahnträger versteiften Bogen. Der Fahrbahnträger ist im Grundriss schwach gekrümmt und folgt der Kurve der Eisenbahngleise. Der zu den Auflagern hin verbreiterte Bogen folgt auf der konkaven Seite ebenfalls der Kurve und ist auf der konvexen Seite symmetrisch erweitert.

structure into three separate pieces: two approach structures and a main arch span. Visually they reflect that separation, but technically the separation is unnecessary and it appears somewhat disconcerting. Landquart is a transition bridge for Maillart in which the problem of integrating a horizontally curved deck with a vertically curved arch dominated his mind. As with the Valtschielbach bridge, the approach problem was left unresolved.

A careful look at the main span reveals how far Maillart progressed in the Landquart bridge toward a new form. The arch is no longer smoothly curved but is rather a polygon with straight pieces changing slope at each cross wall. This polygon expresses clearly the true nature of the arch loaded by cross walls. As at Chiasso (see pp. 28–31), imagine a string loaded by a series of ten equally spaced weights hanging vertically. With the right length of string, we can produce a polygonal shape which when inverted fits exactly the shape of the Landquart bridge arch. The string is under pure tension, which means that it cannot carry any compression or bending because it is so flexible. When its shape is inverted it gives a form in pure compression, the ideal shape for a concrete structure since concrete is weak in tension but strong in compression.

With the polygonal arch (*Stabbogen* in German), Maillart achieved an ideal expressive form in concrete, but one that does not make sense in cut stone. To those people dazzled by the ancient stone tradition, such straight-line forms seem queer and sometimes unpleasant; but to Maillart such ideas were an essential stimulus to design.

A second change from Valtschielbach was the design of the stiffening beam, not as a parapet above the deck, but as a structure mainly

gekrümmten Zufahrtsbereichen als Abstützungen angeordnet sind, gestört; diese 0,2 Meter dicken Wände sind an ihren Rändern auf 0,6 Meter verbreitert, was dazu führt, dass sie in der Ansicht erheblich breiter aussehen als die Querwände über dem Bogen. Darüber hinaus liegen diese Wände rechtwinklig zu der Gleisachse, wohingegen die Querwände des Bogens alle parallel zu der Wand in der Spannweitenmitte angeordnet sind, welche als einzige rechtwinklig zum Gleisverlauf steht.

Betrachtet man den Fahrbahnträger aufmerksam, erkennt man unmittelbar über den Bogenauflagern vertikale Linien respektive offene Fugen; diese Linien unterteilen das Tragwerk in drei separate Abschnitte: zwei Zufahrtsbereiche und eine Hauptbogenspannweite. Optisch entsteht so eine Separation, die technisch unnötig und ein wenig verwirrend ist. Für Maillart ist die Landquartbrücke ein Übergangsbauwerk, bei dem das Problem im Vordergrund stand, eine horizontal gekrümmte Fahrbahn mit einem vertikal gekrümmten Bogen vereinen zu müssen. Wie schon bei der Tschielbachbrücke blieb das Problem der Zufahrtsbereiche aber ungelöst.

Eine sorgfältige Betrachtung der Hauptspannweite zeigt jedoch, wie weit Maillart mit der Landquartbrücke die Entwicklung einer neuen Brückenform vorangetrieben hatte. Der Bogen ist nicht mehr glatt gekrümmt, sondern vielmehr ein Polygon aus geraden Abschnitten, deren Neigungen sich bei jeder Querwand ändern. Die polygonale Form verdeutlicht klar die wahre Natur von Bogentragwerken, die durch die Querwände nur punktweise belastet sind. Wie schon bei der Dachkonstruktion in Chiasso (vgl. S. 28–31) kann man sich ein mit zehn regelmässig verteilten, vertikal hängenden Kräften belastetes Seil vorstellen. Wählt man die richtige Seillänge, so gelingt es, ein Polygon zu erzeugen, das, wenn man es umdreht, genau der Bogenform der Landquartbrücke entspricht. Das Seil steht unter reiner Zugbeanspruchung und kann, aufgrund seiner grossen Flexibilität, weder Druck- noch Biegebeanspruchungen aufnehmen. Dreht man die Form des Seilpolygons um, so entsteht ein Bogen, der rein auf Druck beansprucht ist und somit die ideale Form eines Betontragwerkes darstellt, da Beton auf Zug nur geringe, auf Druck aber hohe Festigkeiten aufweist.

Mit dem polygonalen Bogen schuf Maillart eine für Beton ideale expressive Form, die aber bei einem Bruchsteintragwerk keinen Sinn ergeben hätte. Jenen Leuten, die durch die Natursteintradition geblendet waren, mussten solche geradlinige Formen seltsam und manchmal sogar unangenehm vorkommen; für Maillart hingegen waren diese Ideen ein wesentlicher Anreiz für den Entwurf.

Im Unterschied zur Tschielbachbrücke wird die Versteifung des Bogens nicht durch oberhalb der Fahrbahn liegende Brüstungsträger bewirkt, sondern durch die unterhalb der Fahrbahnplatte liegenden Längsträger. Die Brüstung ist nur ein leichtes Metallgeländer. Durch das Versetzen der Versteifungsträger unter die Fahrbahn konnte Maillart sie ein wenig einwärts rücken, so dass die Fahrbahnplatte genügend auskragt, um einen Schatten auf diesen Längsträger zu werfen. Der Schatten lässt die Brücke leichter erscheinen, und die

Landquart River Bridge at Klosters, 1930. Profile. The bridge crosses the river on a curve. The profile of the deck-stiffened arch shows the thin arch, thin cross walls, and deep deck beams. The unity of the bridge, achieved partly by the deck beams running the full length, is compromised by the heavy-looking vertical walls of the approach spans.

Landquartbrücke in Klosters, 1930. Ansicht. Die Brücke quert den Fluss in einer Kurve. Die Ansicht dieses versteiften Stabbogentragwerkes zeigt den dünnen Bogen, die schlanken Querwände und den hohen Fahrbahnträger. Das durch den über die gesamte Länge laufenden Fahrbahnträger einheitliche Bild der Brücke wird durch die schwer wirkenden vertikalen Wände in den Zufahrtsbereichen gestört.

below the deck slab. The parapet is only a light metal railing. By placing the beam beneath the deck, Maillart could pull it inward and thereby allow the deck to overhang the beam far enough to produce a shadow that lightens the appearance of the bridge while the overhang adds strength to it. If the beam had been above the deck, Maillart would have needed to add extra material for the shadow. At Landquart, the overhang provides the sidewalks.

A third change from Valtschielbach is the greater separation at Landquart between arch and deck near midspan. We have a greater sense of a thin arch going continuously from support to support than in the 1925 bridge. Visually, at Valtschielbach the arch merges with the parapet over the central 13 meters (30 percent of the span), whereas at Landquart arch and parapet merge only over the central 6 meters (20 percent of the span).

Auskragung vermittelt das Gefühl von Stärke. Hätte Maillart den Träger oberhalb der Fahrbahn angeordnet, so wäre für den Schattenwurf zusätzliches Material nötig gewesen. Bei der Landquartbrücke dient die Auskragung als Gehsteig.

Ein dritter Unterschied zur Tschielbachbrücke besteht darin, dass der Bogen bei der Landquartbrücke ausgeprägter von der Fahrbahn getrennt ist, stärker noch als bei der Brücke von 1925 Entsteht so der Eindruck eines dünnen Bogens, der kontinuierlich von einem Auflager zum andern läuft. Optisch verschmilzt der Bogen im Val Tschiel über 13 Meter mit der Brüstung (30 Prozent der Spannweite), in Klosters hingegen ist der Verschmelzungsbereich nur 6 Meter lang (20 Prozent der Spannweite).

Die Querwände treffen ohne sichtbare Vouten auf den Fahrbahnträger, und man sieht zum erstenmal den geraden, starken Fahr-

Finally, the cross walls meet the deck beam with no visible haunches, so that for the first time we see the straight, strong deck beam visually running the full length of the bridge in one great horizontal sweep and supported only by purely vertical elements that tend not to interrupt that sweeping line. The year after Landquart, Maillart used the changes from Valtschielbach to explore new visual possibilities with a deck-stiffened arch bridge in the canton of Bern.

The Spital Bridge and the Skewed Thin Arch

Whereas the Landquart arch of 1930 (above) has a rise of 7.9 meters for a 30-meter span, the Spital bridge of 1931 near Adelboden in the canton of Bern has only a rise of 3.26 meters for the same span.[2] Its flat arches, typical of Maillart's deck-stiffened designs, are nevertheless the first ones he designed for a skew bridge. If we begin with two parallel arches and imagine that one arch is moved in the direction of the longitudinal axis of the bridge by 3 meters (in the illustration the left-hand or downstream arch moves away from the viewer with respect to the right-hand one), the result is a skew bridge in which the angle between roadway axis and river axis is about 56 degrees rather than 90 degrees in a regular nonskew crossing. From the downstream right bank we see a single arch in profile because the arch behind looks parallel, but from a side view on the opposite bank the two arches appear as separate structures. In all previous deck-stiffened designs there was only one curved slab for the entire bridge. Even the wider Aarburg arch (see pp. 21–24) has only a single curved slab; but at Spital Maillart designed two 2.45-meter-wide arches 24 cm thick, increasing to 26 cm at the supports. By splitting the normally single arch into two narrower ones, Maillart made each arch simpler to analyze and to build. The two arches are identical but the problem was how to design the cross walls.

Maillart oriented these 20-cm-thick walls at right angles to the roadway line and hence to the arch axes. Each cross wall on the downstream arch (left in the under view) lines up with the corresponding wall on the upstream arch, except that the walls of the downstream arch are deeper on the span-half closer to the viewer and shallower on the other half than the corresponding walls on the upstream arch. Maillart could have designed one independent set of cross walls for each arch, but he chose to make only one cross wall go

bahnträger optisch in einem grossen, horizontalen Schwung über die gesamte Brückenlänge durchlaufen, abgestützt durch rein vertikale Elemente, die diesen Schwung nicht unterbrechen. Ein Jahr nach der Fertigstellung der Landquartbrücke, bei der Arbeit an einem versteiften Stabbogen-Tragwerk im Kanton Bern, benutzte Maillart diese Veränderungen zur Tschielbachbrücke, um neue optische Möglichkeiten auszuschöpfen.

Die Spitalbrücke und der schief gelagerte Stabbogen

Bei der Landquartbrücke von 1930 beträgt die Pfeilhöhe 7,9 Meter, bei einer Spannweite von 30 Metern, wohingegen die Spitalbrücke bei Adelboden im Kanton Bern von 1931 bei gleicher Spannweite eine Pfeilhöhe von 3,26 Metern aufweist[2]. Ihre flachen Zwillingsbogen sind zwar typisch für Maillarts versteifte Stabbogen, sie waren aber die ersten, die er für eine schief gelagerte Brücke entwarf. Geht man von zwei parallel liegenden Bogen aus und stellt sich anschliessend den einen Bogen um 3 Meter in der Längsachse der Brücke verschoben vor (in der Abbildung ist der links, flussabwärts liegende Bogen, verglichen mit dem rechts liegenden, vom Betrachter weggerückt), so resultiert daraus eine schief gelagerte Brücke, wobei der Winkel zwischen Strassen- und Flussachse ungefähr 56 Grad beträgt, anstelle der 90 Grad bei einer herkömmlichen, nicht schiefen Querung. Vom rechten, flussabwärts liegenden Ufer aus sieht man in der Ansicht einen einzelnen Bogen, da der dahinter liegende Bogen parallel zu stehen scheint. In einer seitlichen Ansicht vom gegenüberliegenden Ufer aus erscheinen aber die beiden Bogen wie separate Strukturen. Alle früheren versteiften Stabbogen hatten nur eine Gewölbeplatte für das gesamte Brückentragwerk. Sogar der breitere Bogen der Aarburger Brücke (vgl. S. 21–24) besteht aus nur einer Gewölbeplatte; bei der Spitalbrücke hingegen wählte Maillart zwei Platten, die 2,45 Meter breit sind und von einer Dicke von 0,24 Metern auf 0,26 Meter bei den Auflagern anwachsen. Durch diese Zerlegung in zwei schmalere Bogen konnte Maillart sowohl die Berechnung als auch die Bauausführung vereinfachen. Die beiden Bogen sind identisch, doch das Problem war schliesslich, die Querwände auszubilden.

Maillart orientierte die 0,2 Meter dicken Querwände rechtwinklig zur Strassen- und somit auch zur Bogenachse. Jede Querwand auf dem flussabwärts liegenden Bogen (links in der Abbildung) schliesst

Engstligen River, Spital Bridge, 1931. View from underneath. The left arch meets the foundation 3 meters back of the right arch. The cross walls, being perpendicular to the bridge axis, meet the left arch higher on the far side and lower on the near side (left bank) than they meet the right arch.

Spitalbrücke über die Engstligen, 1931. Brückenuntersicht. Der linke Bogen trifft 3 Meter hinter dem rechten Bogen auf die Fundation. Die Querwände, die rechtwinklig zur Brückenachse angeordnet sind, stehen, verglichen mit dem rechten Bogen, hinten höher und vorne (linkes Ufer) tiefer auf dem linken Bogen.

the full width of the bridge. This meant that the lower edges of these walls have varying slopes as they connect the two arches together.

The result is that from underneath, the bridge has a warping effect as the lower cross-wall edges between the arches form straight lines each with a different slope. This set of straight lines sweeps out a surface that integrates the two curved arches and moves the eye along that surface. The continuously changing slope, although obviously made up of individual elements, has a visual continuity because each adjacent line seems to change its slope in a smooth way. It is this smooth but insistent change that moves the eye and gives the bridge what is sometimes called a dynamic impact. In a similar way the delicacy of the hinge support used for the Salgina arch (see pp. 42–49) and the smooth but rapid change in depth as the bridge crosses the ravine, all combined with the continuous line of the parapet to draw the eye across the ravine. It is just this movement of line that Paul Klee described so vividly in his "Creative Credo" of 1920.[3] As the eye makes a trip through a Klee painting, so it does over a Maillart bridge — or beneath one as at Spital where lines trace surfaces to carry the eye from abutment to abutment.

The arches in Spital are polygonal, the stiffening beam is beneath the deck, and the sidewalks provide an overhang large enough to cast a shadow that significantly lightens the horizontal structure. Moreover, the stiffening beam has no haunches where it meets the cross walls. There is a solid merging of the arch and beam over the central 7 meters of the bridge, but Maillart clearly articulates the thin arch by projecting it far enough beyond the deck beam to show that the arch is thin and goes continuously from support to support without getting lost into the deck structure. In no other skew bridge that I know of has there been such a surprisingly lively solution as Maillart found in 1930 for this little bridge in the Bernese Oberland. The profile view is, however, marred by heavy, solid abutment walls that frame the arch and cut the span off from the riverbanks.

During this same period between 1931 and 1932, Maillart designed five other deck-stiffened, polygonal-arch bridges in the Oberland. Of these only the Ladholz footbridge and the Bohlbach need be noted here because of their influence on Maillart's imagination. The former, over the Engstligen near the Spital bridge, was Maillart's first deck-stiffened arch pedestrian structure and he used a very heavy parapet above the deck as the stiffener for the thin arch.

The miniature Bohlbach bridge of 1932 is significant in our present context because it represents a development that went beyond the Klosters design of 1930. Maillart designed it with a smooth,

an die korrespondierende Wand des flussaufwärts liegenden Bogens an; nur sind die flussabwärts liegenden Wände auf der dem Betrachter näher gelegenen Spannweitenhälfte höher, auf der anderen Hälfte aber niedriger ausgebildet als die korrespondierenden flussaufwärts liegenden Wände. Maillart hätte auch für jeden Bogen unabhängige Abstützungen anordnen können, er entschied sich aber für einzelne Querwände, die über die ganze Brückenbreite durchlaufen. Dies bedeutet, dass die unteren Ränder der Wände in der Verbindung der beiden Bogen verschiedene Neigungen aufweisen.

Das Resultat ist eine Verwindung in der Brückenuntersicht, gebildet aus den unteren Rändern der Querwände, die zwischen den Bogen als gerade Linien verlaufen, jede mit einer anderen Neigung. Diese Folge von geraden Linien formt eine neue Oberfläche, welche die beiden gekrümmten Bogen miteinbezieht. Die sich kontinuierlich verändernde Fläche erscheint, obwohl sie offensichtlich aus einzelnen Elementen besteht, optisch als Einheit, da jede nachfolgende Linie die Neigung nur geringfügig ändert. Es ist diese sanfte, aber beharrliche Veränderung, die unseren Blick gleiten lässt und der Brücke das verleiht, was manchmal als dynamische Erscheinung bezeichnet wird. In ähnlicher Weise wirken die Kämpfergelenke der Salginatobelbrücke (vgl. S. 42–49) und das sanfte, aber rasche Anwachsen der Bogenstärke, alles kombiniert mit der kontinuierlich durchlaufenden Brüstungslinie, die unsern Blick über die Schlucht leitet. Es ist genau diese Bewegung der Linien, die Paul Klee in seinem «Kreativen Credo» von 1920 so lebendig beschreibt[3]. So wie das Auge eine Reise durch ein Gemälde von Klee antritt, so geschieht es auch bei einer Maillart-Brücke oder einer Brückenuntersicht wie derjenigen der Spitalbrücke, wo Linien eine Oberfläche andeuten, die unseren Blick von einem Widerlager zum andern gleiten lässt.

Die Bogen der Spitalbrücke verlaufen polygonal, der Versteifungsträger liegt unterhalb der Fahrbahn, und die Gehsteige kragen genügend weit aus, um einen Schatten auf diesen Träger zu werfen, so dass die horizontale Struktur bedeutend leichter erscheint. Darüber hinaus weist der Versteifungsträger in den Anschlusspunkten zu den Querwänden keine Vouten auf. Der Bogen verschmilzt über die mittleren 7 Meter der Brücke solide mit dem Fahrbahnträger, doch Maillart zeigt ihn, indem er ihn genügend vorstehen lässt, als dünnen, kontinuierlich von einem Auflager zum andern verlaufenden Bogen, der sich nirgends im Fahrbahnträger verliert. Keine andere schief gelagerte Brücke, die ich kenne, ist in derart lebendiger und überraschender Weise gelöst wie diese von Maillart 1930 im Berner Oberland erbaute kleine Brücke. Dies, obwohl die Brückenansicht durch schwere, solide Widerlagermauern getrübt wird, die den Bogen

Engstligen River, Spital Bridge, 1931. Profile. The downstream arch springs from the foundation 3 meters to the left of the upstream arch shown here behind. The polygonal arch extends beyond the shallow vertical wall near midspan and the deck beam lies below the roadway.

Spitalbrücke über die Engstligen, 1931. Ansicht. Die Fundation des flussabwärts liegenden Bogens ist um 3 Meter nach links verschoben, vergleicht man sie mit der des flussaufwärts liegenden Bogens (hier im Hintergrund). Der Bogen verläuft auch nach der niedrigen vertikalen Wand in der Nähe des Bogenscheitels polygonal weiter; der Versteifungsträger liegt unterhalb der Fahrbahn.

59

Bohlbach Bridge, 1932. Left photograph shows inner side with heavy-looking parapet. Right photograph gives side view showing the trapezoidal cross walls that connect the horizontally curved deck to the vertically curved arch. These walls are more pronounced here than in the Klosters bridge because the deck curve is much sharper, having a radius of 15 meters compared with the 125-meter radius of the Landquart River structure.

Bohlbachbrücke, 1932. Die linke Abbildung zeigt die Brückeninnenseite mit der schwerfällig erscheinenden Brüstung. Die rechte Abbildung zeigt die seitliche Ansicht. Man erkennt die trapezförmigen Querwände, die den horizontal gekrümmten Fahrbahnträger mit dem vertikal gekrümmten Bogen verbinden. Diese Wände fallen hier mehr auf als bei der Landquartbrücke, da die Kurve mit einem Radius von 15 Metern viel enger ist, wohingegen der Kurvenradius in Klosters 125 Meter beträgt.

horizontally curved roadway over a vertically curved arch much as he had done for the Klosters bridge. However, at Bohlbach he made the roadway curvature much sharper so that the trapezoidal cross walls on the outer side give the bridge life and move the eye from arch to deck at different distances as the little bridge curves with the roadway. On the other hand, the deep parapet with very narrow overhang makes the bridge deck seem heavy when viewed from the inner side.[4] In the same year of his Bohlbach design, Maillart began to study the problem of spanning the Töss River near Winterthur for a footbridge.

einrahmen und ihn aus den Flussufern herausschneiden.

In derselben Periode, zwischen 1931 und 1932, projektierte Maillart fünf weitere versteifte Polygonal-Bogenbrücken im Berner Oberland. Von diesen sollen hier allerdings nur die Ladholz-Fussgängerbrücke und die Bohlbachbrücke erwähnt werden, da sie Maillarts Vorstellungskraft beeinflussten. Die erste quert in der Nähe der Spitalbrücke ebenfalls die Engstligen. Es handelt sich dabei um Maillarts ersten Fussgängersteg, und er führte ihn ebenfalls als versteiften Stabbogen aus, wobei er zur Versteifung des dünnen Bogens sehr schwere Brüstungsträger verwendete.

Die sehr kleine Bohlbachbrücke von 1932 ist in diesem Zusammenhang von Bedeutung, da sie eine Entwicklung aufzeigt, die erst nach der Landquartbrücke in Klosters einsetzte. Maillart projektierte

The Töss Bridge and the Countercurved Deck

Although designed in 1932, the Töss River footbridge only opened in the year 1934. It shows how Maillart achieved an integration of form which, unlike the Spital bridge, appears to connect naturally with the riverbanks. Maillart gave the deck a slight upward curve at its ends, which meet the ground smoothly. This countercurvature, going against the overall downward curve of the arch and deck across the river, allows the deck to begin to run tangent to the shore before arching over the waterway.[5]

Because it is only for pedestrians, the bridge deck has a slope of 12 percent, too steep for cars, and thus visually the entire structure — deck and arch — has a pronounced curve over the central half of the span where the deck and arch merge into one. In no other bridge did Maillart design such a pronounced arching of structure, and that distinctive shape makes the countercurvature near the riverbanks an essential visual contrast for him.

In all his other bridges the deck leaves the ground tangent to the approaching roadway (or railway), thus preserving visual continuity of passage. At Bohlbach (see above, n. 4) Maillart also preserved the continuity both in the horizontal plane and in the vertical plane by smoothly curving the bridge in plan as well as elevation. At Töss he solved the continuity problem by the countercurvature.

In pure profile we see also the thinness of the 14-cm-thick arch and the 14-cm-thick cross walls, as well as the relatively slender 54-cm

---

sie, ähnlich wie die Landquartbrücke, mit einer glatten horizontalen Kurve, die über den vertikal gekrümmten Bogen führt. Bei der Bohlbachbrücke wählte er hingegen für die Strasse eine viel engere Kurve, so dass auf der Kurvenaussenseite die trapezförmigen Querwände das Erscheinungsbild der Brücke beleben und den Blick in verschiedenen Abständen vom Bogen zur Fahrbahn führen. Andererseits bewirkt die hohe Brüstung mit ihrem sehr schmalen Überstand, dass der Fahrbahnträger auf der Kurveninnenseite schwerfällig erscheint[4]. Im selben Jahr, in dem er die Bohlbachbrücke projektierte, begann Maillart eine weitere Aufgabe zu studieren: den Fussgängersteg über die Töss bei Winterthur.

Die Tössbrücke, der Brückenträger mit der Gegenkrümmung

Obwohl er schon 1932 im Entwurf vorlag, konnte der Fussgängersteg über die Töss erst im Jahre 1934 eröffnet werden. Hier wird verdeutlicht, wie Maillart eine Integration der Form erreichte, indem der Steg, anders als bei der Spitalbrücke, in scheinbar natürlicher Weise an die Ufer anschliesst. Maillart krümmte den Steg an beiden Enden leicht nach unten und schuf damit sanfte Übergänge zum Gelände. Diese Krümmung, die dem sonst nach oben gebogenen Steg und auch dem Bogen entgegenläuft, erlaubt es der Brücke, tangential an die Uferböschungen anzuschliessen und sich erst dann über den Flusslauf zu wölben[5].

Da es sich um einen Fussgängersteg handelt, weist der Brückenträger eine für Automobile zu steile Neigung von 12 Prozent auf, und die gesamte Struktur – Bogen und Brückenträger – ist in der mittleren Hälfte der Spannweite, wo der Bogen mit dem Träger verschmilzt, stark ausgerundet. Bei keiner anderen Brücke entwarf Maillart derart ausgeprägte Bogenformen, und diese unverwechselbare Gestalt lässt die Gegenkrümmungen in den Uferbereichen als wesentlichen optischen Kontrast erscheinen.

Bei allen anderen Brücken verläuft die Fahrbahn, um die Kontinuität der Durchfahrt auch optisch zu gewährleisten, tangential zu den anschliessenden Strassen (oder Eisenbahntrasse). Bei der Bohlbachbrücke (siehe oben, Anm. 4) schuf er diese Kontinuität sowohl in der horizontalen als auch in der vertikalen Ebene, indem er die Brücke im Grundriss und im Aufriss krümmte. Bei der Tössbrücke löste er das Problem der Kontinuität durch die Gegenkrümmungen.

In der Ansicht erkennt man die Schlankheit der 14 Zentimeter dicken Bogenplatte, der ebenfalls 14 Zentimeter dicken Querwände sowie des mit 54 Zentimetern relativ niedrigen Versteifungsträgers, der als Bordstein dient und auch das leichte Metallgeländer trägt. Besonders auffallend ist der Anschluss des dünnen Bogens an die Auflagerpfeiler, die ungefähr 2 Meter aus dem Baugrund hervorstehen. Folgt man dem sich rasch verjüngenden Pfeiler zur Verbindung mit dem dünnen Bogen, so wirkt der Pfeiler wie der Punkt, von welchem aus der Bogen zum freien Sprung über die Töss ansetzt.

Töss River Bridge near Winterthur, 1934. Side view. Maillart stiffened this polygonal-arch bridge by using the curb as a deck beam. The vertical curve of the deck, possible because it carries only pedestrians, diminishes as it approaches the riverbanks where a slight countercurvature integrates the structure into the setting.

Fussgängersteg über die Töss bei Winterthur, 1934. Seitliche Ansicht. Bei dieser polygonalen Bogenbrücke bildete Maillart den Versteifungsträger ebenfalls bogenförmig aus. Die vertikale Krümmung des Steges ist möglich, da dieser nur Fussgänger zu tragen hat. Die Krümmung nimmt zu den Ufern hin ab, wo eine sanfte Gegenkrümmung das Tragwerk in das Gelände einfügt.

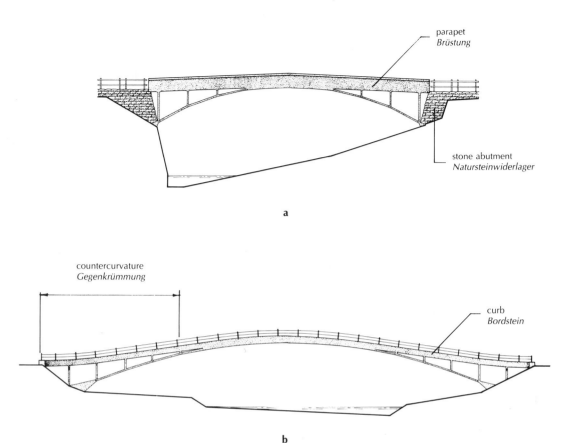

parapet
Brüstung

stone abutment
Natursteinwiderlager

a

countercurvature
Gegenkrümmung

curb
Bordstein

b

Comparison of Ladholz and Töss pedestrian bridges. (a) The earlier (1931) Ladholz bridge still has stone abutments and its heavy-looking parapet, acting as the deck stiffener, stops abruptly at those abutments, where metal guard rails create a visual discontinuity which (b) Maillart eliminated in the much lighter Töss bridge. Here we see how the shallow curb serves as a deck stiffener and how its countercurvature near the ends allows the deck to meet the riverbanks horizontally.

Vergleich der Ladholz-Fussgängerbrücke (a) mit der Tössbrücke (b). Die ältere der beiden Brücken ist noch mit Natursteinwiderlagern und schwer wirkenden Brüstungen versehen, die abrupt bei diesen Widerlagern enden und durch Metallgeländer abgelöst werden. Diese optischen Diskontinuitäten eliminierte Maillart bei der viel leichteren Tössbrücke. Man sieht hier den flachen Bordstein, der als Versteifung des Brückenträgers dient, und die Gegenkrümmung, die den horizontalen Übergang zu den Ufern ermöglicht.

deck stiffener which serves as a curb and a support for the light metal railing. Particularly striking is the junction of thin arch and buttress support, which projects out about 2 meters into the span. As the eye follows the rapidly narrowing buttress to its junction with the thin arch, the buttress reads nearly as a point from which the arch springs outward with the free span over the Töss. Maillart accents that point more strongly by placing one cross wall directly on it. As at Landquart (see pp. 52–56), the arch follows straight lines in profile between cross walls until it disappears into the curb stiffener whose underside is then smoothly curved.

From the side the thin arch widens slightly from 2.4 meters over the central 16 meters to 3.0 meters at the buttress. Also, on the south bank the deck widens as if to gather people in to its narrower walkway.

Maillart betonte diesen Punkt zusätzlich, indem er unmittelbar darauf eine Querwand plazierte. Wie schon bei der Landquartbrücke (vgl. S. 52–56) besteht der Bogen zwischen den Querwänden aus einzelnen geradlinigen Verbindungsstücken und verschmilzt schliesslich mit dem Versteifungsträger, der dann eine glatte Krümmung aufweist.

In der Querrichtung verbreitert sich der Bogen von 2,4 Metern, über den mittleren 16 Metern, auf 3 Meter bei den Stützpfeilern. Zum südlichen Ufer hin wird auch der Steg ein wenig breiter, so als ob er versuchen würde, die Fussgänger auf seinen schmaleren Gehweg zu schleusen. Maillart bildete daher an den oberen Enden der letzten Querwand kleine Kragarme aus und konnte so den breiteren Steg abstützen, ohne die ganze Wand zu verbreitern. Dieses kleine Detail

Maillart designed the last cross wall with small cantilever top edges to support that widened deck without widening the entire wall. This little detail, announcing Maillart's insistence on minimizing material, lightens the overall effect even though it is slightly out of character with the simple straight lines that dominate the bridge elements otherwise.

A comparison of the Ladholz footbridge of 1931 (see p. 63) and the Töss bridge reveals how much Maillart had improved his design ideas in just two years. Whereas the 26-meter-span Ladholz has an arch thickness of 16 cm and a stiffener depth of 1.20 meters, the 38-meter-span Töss has an arch thickness of only 14 cm with a stiffener of only 0.54 meter in depth. Furthermore, at Töss the arch is much flatter than at Ladholz, having a span-to-rise ratio of nearly 11 compared to less than 8 for the earlier structure.

The Ladholz footbridge still has heavy stone-faced abutments, and the deep stiffener is a parapet that stops abruptly at the abutment above which a light guard rail breaks the visual continuity. Just as the Salginatobel bridge completed developments begun earlier at Tavanasa, so Töss fulfilled the promise started at Ladholz.

The Rossgraben Bridge and the Metal Rail

In 1932 the secondary road authority of the canton of Bern accepted Maillart's Rossgraben bridge, designed almost as a copy of the 1930 Salginatobel bridge (see pp. 42–49).[6] The primary form is the same — hollow-box, three-hinged arch — and most secondary features also are taken directly from the Salginatobel: the arch widens from 3.6 meters to 4.6 meters at the supports, the cross walls are solid except for a marked thickening at their edges, and the deck beams are haunched slightly at those thickened edges of the cross walls.

There are, however, certain differences at Rossgraben. First, the center hinge block is not flush with the horizontal deck slab, but rather that slab overhangs the block, which gives more of a sense of visual discontinuity than it does at Salgina. Second, the arch rise is less than at Salgina, because there are no rock walls below and, as at Tavanasa, a higher roadway would have required greater approach structures. Third, the highest cross walls lie on the foundation just outside the hinge rather than just inside on the hinge as at Salgina. Those cross walls widen at their bases as they do also in the 1930 bridge.

zeigt einerseits Maillarts Bestreben, den Materialverbrauch möglichst gering zu halten, trägt aber auch zur Gesamtwirkung der Brücke bei, obwohl es nicht ganz in das Bild der einfachen, geraden Linien passt, die das Erscheinungsbild der Brücke sonst dominieren.

Ein Vergleich der Ladholz-Fussgängerbrücke von 1931 (vgl. S. 63) mit der Tössbrücke verdeutlicht, wie stark Maillart seine Ideen in nur zwei Jahren verfeinerte. Wies die 26 Meter gespannte Ladholzbrücke noch eine Bogenstärke von 0,16 Metern und einen 1,2 Meter hohen Versteifungsträger auf, so beträgt bei der 38 Meter gespannten Tössbrücke die Bogenstärke nur noch 0,14 Meter und die Höhe des Versteifungsträgers lediglich 0,54 Meter. Darüber hinaus ist die Tössbrücke mit einem Verhältnis der Spannweite zur Pfeilhöhe von nahezu 11 viel flacher als die Ladholzbrücke, bei der dieses Verhältnis kaum 8 beträgt.

Die Ladholz-Fussgängerbrücke wird immer noch durch schwere Natursteinwiderlager begrenzt. Der hohe Versteifungsträger dient zugleich auch als Brüstung, die bei den Widerlagern abrupt endet, wo ein leichtes Geländer die optische Kontinuität bricht. So wie die Salginatobelbrücke Entwicklungen vervollständigte, die schon früher, bei der Tavanasabrücke, begonnen hatten, so erfüllte auch die Tössbrücke die Erwartungen, die mit der Ladholzbrücke geweckt wurden.

Die Rossgrabenbrücke und das Metallgeländer

Im Jahre 1932 genehmigte das Tiefbauamt des Kantons Bern Maillarts Projekt für die Rossgrabenbrücke, die beinahe als Kopie der 1930 erbauten Salginatobelbrücke (vgl. S. 42–49) entworfen wurde[6]. Die grundsätzliche Form ist die gleiche – ein Dreigelenkbogen mit Hohlkastenprofil –, und auch die weiteren Merkmale sind direkt von der Salginatobelbrücke übernommen: der Bogen verbreitert sich von 3,6 Metern auf 4,6 Meter bei den Auflagern, die Querwände sind bis auf die deutlichen Randverstärkungen ebenflächig, und die Träger der Fahrbahn weisen in den Übergängen zu diesen verstärkten Rändern der Querwände kleine Vouten auf.

Trotzdem gibt es gewisse Abweichungen bei der Rossgrabenbrücke. Als erstes liegt der zentrale Gelenkblock nicht bündig mit der Fahrbahnplatte, sondern wird von dieser überragt, was die optische Kontinuität stärker bricht als bei der Salginatobelbrücke. Als zweites weist der Bogen eine kleinere Pfeilhöhe auf als derjenige im Salginato-

Rossgraben Bridge, 1932. Profile. Closely resembling the Salginatobel, the Rossgraben differs subtly by having a center hinge block not flush with the deck slab, a lower arch rise, and a cross wall supported just outside the hinge. A primary visual difference is the metal railing, which lightens the deck in comparison with the concrete parapet on the Salginatobel bridge.

Rossgrabenbrücke, 1932. Ansicht. Trotz der grossen Ähnlichkeit mit der Salginatobelbrücke weist die Rossgrabenbrücke einige geringfügige Unterschiede auf. Der Betonblock beim Scheitelgelenk liegt nicht bündig mit der Fahrbahnplatte, die Pfeilhöhe ist kleiner, und die äusserste Querwand steht unmittelbar neben dem Kämpfergelenk, ausserhalb der Stützweite. Ein wesentlicher optischer Unterschied liegt im Metallgeländer, welches, verglichen mit der Betonbrüstung der Salginatobelbrücke, den Fahrbahnträger viel leichter erscheinen lässt.

But the most marked difference between the Salgina and Rossgraben bridges is the parapet, which in the 1932 bridge is merely an open metal guard rail bolted to the outside of the concrete curb. The horizontal line of that deck is now much lighter; for this reason Max Bill finds the Rossgraben bridge more elegant than the Salginatobel, but again the difference has to do with the local setting.[7] The Rossgraben roadway is only about 12 meters above the river, whereas the

bel, weil hier keine Felsschlucht überquert werden musste und eine höher liegende Fahrbahn auch längere Zufahrten erfordert hätte. Ein dritter Unterschied besteht darin, dass die höchsten Querwände auf der Fundation unmittelbar neben den Kämpfergelenken stehen und nicht wie bei der Salginatobelbrücke auf den Gelenken. Diese Querwände werden aber, wie schon bei der 1930 ausgeführten Brücke, zu ihren Fusspunkten hin breiter.

65

Salgina road is more than 250 meters above. While that may explain the difference rationally, the aesthetic consequences were not automatic; for example, the choice at Rossgraben to bolt the railing to the outside of the curb creates closely spaced vertical steel lines marching regularly across the span in disturbing contrast to the stronger concrete forms of the bridge elements, even including the curb. The effect is to separate the horizontal deck from the walls and arch and thus give the bridge a less complete look, as if only the curved arch and vertical walls make up the structure. Maillart used this external bolting again at the nearby Schwandbach.

The Schwandbach Bridge and the Integration of Form

Early in 1933, following completion of the Rossgraben bridge, Maillart made the design for a new bridge over the nearby Schwandbach. Here the problem was similar to the crossing of the Valtschielbach (see pp. 35–40). The line of the road approaches the little valley at an angle of about 45 degrees with the stream, crosses the brook, and turns quickly to parallel the valley as it runs down less than 1 kilometer to the Rossgraben bridge. At Valtschielbach, Maillart had designed the arch to go straight across the valley and to join the two approaches by kinks, or very sharp curves, on either side of the span. At Schwandbach, following his Bohlbach design (see p. 60), he gave the roadway a smooth curve from one approach to the other and then worked out a new visual solution for the deck-stiffened arch.

The arch is polygonal in profile with a constant thickness of 20 cm; it only joins the deck beam over the central 2.8 meters of the span so that it appears as a separate and continuous element from support to support. The 1933 bridge is less flat than the 1925 one and this makes it easier to extend the openings farther into the span, nearly eliminating the merged central region, which at Valtschielbach takes up 30 percent of the entire span length as opposed to a mere 7.4 percent at Schwandbach.

The 4.4-meter spacing of the 16-cm-thick cross walls is noticeably greater than the 3.14 meters at Valtschielbach, giving Schwandbach a lighter, more open appearance. As at Landquart and Spital (see pp. 52–59), the cross walls meet the deck beam with no visible haunches to break the pure horizontal sweep of the stiffener. The cross walls are also parallel to the one at midspan, itself oriented roughly

Der markanteste Unterschied zwischen der Salginatobel- und der Rossgrabenbrücke entsteht durch die Brüstung, die bei der 1932 erbauten Brücke lediglich aus einem offenen Metallgeländer besteht, das an der Aussenseite des Betonbordsteins angeschraubt ist. Die horizontale Linie der Fahrbahn erscheint hier viel leichter, was der Grund dafür ist, dass für Max Bill die Rossgrabenbrücke eleganter wirkt als die Salginatobelbrücke. Dies liegt aber auch an der Umgebung[7]. Die Fahrbahn der Rossgrabenbrücke liegt nur 12 Meter über dem Fluss, wohingegen bei der Salginatobelbrücke die Strasse mehr als 75 Meter über der Talsohle verläuft. Dies erklärt rein rational wohl die Unterschiede, aber nicht automatisch auch die ästhetischen Konsequenzen; die Entscheidung zum Beispiel, das Geländer der Rossgrabenbrücke an der Aussenseite des Bordsteines zu verschrauben, verursacht eng stehende, vertikale Stahllinien, die in regelmässigen Abständen der Spannweite entlang auftreten und einen störenden Kontrast zu den stärkeren Betonteilen der Brücke und zum Bordstein schaffen. Dies wiederum bewirkt, dass der horizontale Fahrbahnträger optisch von den Wänden und vom Bogen getrennt wird, es verleiht der Brücke aber ein unfertiges Aussehen – als ob das Tragwerk nur aus dem Bogen und den vertikalen Wänden bestehen würde. Maillart gebrauchte aber diese externen Verschraubungen auch bei der nahegelegenen Schwandbachbrücke.

Die Schwandbachbrücke, Integration der Form

Im Frühjahr 1933, nach der Fertigstellung der Rossgrabenbrücke, widmete sich Maillart dem Entwurf einer neuen Brücke über den nahegelegenen Schwandbach. Das Problem war hier ähnlich gelagert wie bei der Querung des Tschielbachs (vgl. S. 35–40). Die Strasse nähert sich dem kleinen Tal in einem Winkel von 45 Grad zum Bachlauf, quert die Schlucht und verläuft unmittelbar danach parallel zum Tal, das zu der weniger als 1 Kilometer entfernten Rossgrabenbrücke hin abfällt. Bei der Tschielbachbrücke führte Maillart das Tragwerk in einer geraden Linie über das Tal, wodurch beidseits der Spannweite Knicke respektive sehr scharfe Kurven entstanden. Bei der Schwandbachbrücke legte er die Brückenfahrbahn, seinem Entwurf über den Bohlbach (vgl. S. 60) folgend, in eine glatte Kurve zwischen die beiden Zufahrten und erarbeitete schliesslich eine optisch neue Lösung des versteiften Stabbogens.

Schwandbach Bridge, 1933. Side view showing the upstream (convex) side where we see the trapezoidal cross walls that integrate the horizontally curved deck and the vertically curved polygonal arch, which barely touches the deck-stiffening curb at mid-span. The arch edge lies in one vertical plane which is about perpendicular to the axis of the stream below.

Schwandbachbrücke, 1933. Seitlicher Blick an die flussaufwärts liegende (konvexe) Seite. Man sieht die trapezförmigen Querwände, die den horizontal gekrümmten Fahrbahnträger mit dem vertikal gekrümmten polygonalen Bogen verbinden. Der Bogen berührt den versteifenden Bordstein im Bogenscheitel kaum. Der Rand der Bogenplatte liegt in einer vertikalen Ebene, die ungefähr rechtwinklig zum Flusslauf steht.

along the axis of the stream; and as at Landquart and Bohlbach, the downstream and upstream bridge views are decidedly different.[8]

From downstream we see the cross walls as vertical, rectangular walls whose exterior edges are in the tangent plane of the deck beam and the arch. Maillart designed the 90-cm deck stiffener to be broken only by the closely spaced, vertical metal posts for the guard rail. From the bridge approach, the beam is strong visually while from farther away its depth appears less heavy. From the upstream side the bridge gives a powerful impression because of the sloping edges of the cross walls and the much thinner-appearing deck beam, which now has a 70-cm overhang for the sidewalk.

Returning to the plan of the arch, we see that Maillart curved it on the concave or inner side and kept it straight on the outer side, with the result that the arch has about the width of the deck at midspan (4.2 meters) and then widens to 6 meters at the supports. The widening gives the bridge extra resistance to the lateral forces arising because the horizontal curvature causes the bridge to twist in the upstream direction. Not only does the wider support reduce that technical effect, but it also provides a visual stability. Seeing the bridge curve like a balcony outward into the upstream space, we are reassured by the widening that the arch will easily keep the bridge in place.

This tranquility, as Maillart called it, is what he had sought to achieve by widening the arch of the Salginatobel bridge to compensate for its great height and very narrow, long span; he sought the same

Der Bogen verläuft polygonal mit einer konstanten Dicke von 20 Zentimetern; er berührt den Fahrbahnträger lediglich in den mittleren 2,8 Metern der Spannweite, so dass er wie ein separates Element von einem Auflager zum andern kontinuierlich durchläuft. Die Brücke von 1933 ist weniger flach als diejenige von 1925, was es ermöglicht, Öffnungen über grösseren Bereichen des Bogens anzuordnen und so den verschmolzenen Bereich nahezu zu eliminieren. Bei der Tschielbachbrücke betrug dieser 30 Prozent der gesamten Spannweite, bei der Schwandbachbrücke hingegen nur noch 7,4 Prozent.

Der 4,4 Meter messende Abstand zwischen den 16 Zentimeter dicken Querwänden ist spürbar grösser als bei der Tschielbachbrücke, wo er 3,14 Meter betrug. Er bewirkt das offenere und leichtere Erscheinungsbild der Schwandbachbrücke. Wie schon bei der Landquart- und der Spitalbrücke (vgl. S. 52–56 und S. 56–59) treffen die Querwände ohne Vouten auf den Fahrbahnträger und brechen somit den rein horizontalen Schwung des Versteifungsträgers nicht. Die Querwände stehen ebenfalls alle parallel zu derjenigen im Bogenscheitel, welche ungefähr in Richtung des Bachlaufes orientiert ist; und wie bei der Landquart- und der Bohlbachbrücke fallen die Ansichten flussab- und -aufwärts gesehen wesentlich verschieden aus[8].

Von der flussabwärts liegenden Seite aus betrachtet, sehen die Querwände vertikal und rechteckig aus, wobei ihre äusseren Ränder in einer tangential zum Fahrbahnträger und zum Bogen verlaufenden Fläche liegen. Der 90 Zentimeter hohe Versteifungsträger wird einzig durch die eng stehenden vertikalen Metallpfosten des Brückengeländers unterbrochen. Von den Brückenzufahrten her macht dieser Träger einen schwerfälligen Eindruck, wirkt aber von weiter weg weniger gewichtig. Sehr eindrücklich sieht die flussaufwärts liegende Seite der Brücke aus. Die Ränder der Querwände sind geneigt, und der Fahrbahnträger, der hier für den Gehweg eine Auskragung von 70 Zentimetern aufweist, scheint viel schlanker zu sein.

Im Grundriss krümmte Maillart den Bogen nur auf der konkaven, der inneren Seite der Kurve, liess ihn hingegen auf der Kurvenaussenseite gerade durchlaufen, was dazu führt, dass der Bogen im Scheitel ungefähr die Breite der Fahrbahn aufweist (4,2 Meter), sich zu seinen Auflagern hin aber auf 6 Meter verbreitert. Diese Verbreiterung verleiht dem Tragwerk zusätzlichen Widerstand gegenüber den sich aus der horizontalen Krümmung ergebenden, quer zur Brücke wirkenden Kräften, die eine flussaufwärts gerichtete Verdrehung verursachen. Die breiteren Auflager reduzieren aber nicht nur diesen technischen Effekt, sondern lassen die Struktur auch optisch stabil erscheinen. Stellt man sich die Brückenkurve als einen bergwärts gerichteten Balkon vor, so vermittelt die Verbreiterung das sichere Gefühl, dass der Bogen die Brücke an ihrem Ort halten wird.

Diese Ruhe war es, wie Maillart es nannte, die er schaffen wollte, als er bei der Salginatobelbrücke zur Kompensation der grossen Höhe und der sehr langen und schmalen Spannweite den Bogen zu den Auflagern hin aufweitete; dieselbe Ruhe suchte er bei der Schwandbachbrücke, da sie das Tal mit einer so dramatischen Kurve quert. Bewegung und Ruhe sind über dem Schwandbach im Gleichgewicht. Jedes Detail ist hier fein ausgearbeitet, die Zufahrtsbereiche haben sich vollständig geöffnet, es gibt keine massiven Mauern mehr bei den Widerlagern und keine Überbleibsel von steinernen Fassaden.

Schwandbach Bridge, 1933. Side view. Here we see the downstream (concave) side where the cross walls have vertical edges because Maillart splayed the width of the arch to make it follow exactly the curve of the roadway. It is just possible to see how the arch splays out to meet its foundation in the shadows of the right bank.

Schwandbachbrücke, 1933. Seitlicher Blick an die flussabwärts liegende (konkave) Seite. Die Ränder der Querwände verlaufen hier vertikal, weil Maillart den Bogen auf dieser Seite verbreiterte, so dass er exakt der Kurve der Fahrbahn folgt. Im Schatten des rechten Flussufers erkennt man gerade noch, wie sich der Bogen zu der Fundation hin aufweitet.

thing with the Schwandbach bridge because of its dramatic curve out over the valley. Movement and rest are in balance over the Schwandbach. Each detail is now finely expressed; the approaches are fully opened up; there are no solid walls at the abutments and no vestiges of stone façades.

Integration of form here is as fully developed as in any concrete bridge. The deck beam, below the roadway, has the same depth over the span as it does on the approaches. The cross walls are all the same form and do not disturb the horizontal sweep of the deck beam. Those walls meet the arch where it breaks into two polygonal segments. All parts exhibit their true thicknesses, with nothing hidden for effect. Finally, the connections among deck, walls, and arch express visually what Maillart achieved technically: all parts act together to keep down the mass and to give new life to the natural valley landscape. With the two mature masterpieces at Töss and Schwandbach, Maillart reached a climax in his building of deck-stiffened arch bridges.

Both bridges, while still in full service after more than a half-century of use, are difficult to see as a whole because of the trees and bushes that have grown up around them since construction. Nature has changed more rapidly than these man-made objects.

Die Integration der Form ist hier wie bei keiner anderen Betonbrücke vollständig geglückt. Der unter der Fahrbahn liegende Versteifungsträger weist in den Zufahrtsbereichen und über dem Bogen die gleichen Abmessungen auf. Die Querwände haben alle die gleiche geometrische Form und unterbrechen den horizontalen Schwung der Fahrbahn nicht. In den Punkten, wo die Wände auf dem Bogen stehen, befinden sich die Knicke in seinem polygonalen Verlauf. Alle Teile erscheinen in ihren wahren Abmessungen, und nichts bleibt des Effektes wegen verborgen. Die Verbindungen zwischen der Fahrbahn, den Querwänden und dem Bogen veranschaulichen schliesslich Maillarts technische Errungenschaft: alle Teile wirken zusammen, alles Überflüssige wird vermieden, und die natürliche Tallandschaft wird so neu belebt. Mit diesen zwei Meisterleistungen, der Töss- und der Schwandbachbrücke, erreichte Maillart einen Höhepunkt im Bau seiner versteiften Stabbogenbrücken.

Beide Brücken stehen auch heute noch, nach mehr als einem halben Jahrhundert, voll in Betrieb, es ist aber wegen der vielen Bäume und Büsche, die seit dem Bau gewachsen sind, schwierig, sie ganz zu sehen. Die Natur verändert sich schneller als diese von Menschenhand erschaffenen Objekte.

VI

ANGULARITY IN THREE-HINGED ARCHES: 1933–1935

WINKLIGKEIT BEI DREIGELENKBOGEN: 1933–1935

Felsegg and the Broken Arch

Immediately following completion of the Rossgraben bridge, in late 1932, Maillart began the design for another three-hinged, hollow-box arch bridge, this one over the Thur River at Felsegg. He was unsatisfied with the arch forms of his earlier bridges and by late 1932 had reached the conclusion that the smoothly curved arch was an anachronism. He had made the Salginatobel and the Rossgraben bridges (see pp. 42–49 and 64–66) round at the crown "in order to respect tradition."[1] And like the deep spandrel walls at Zuoz (see pp. 4–8), it was this adherence to tradition that blinded his vision. A new technical fact helped him see new possibilities: the Felsegg bridge was two lanes, not one, and it was for a major highway rather than a secondary road. This led Maillart to seek a solution that would enable the bridge to carry greater loads without necessitating a structure higher than the Rossgraben bridge.

Maillart's solution was to make the structure deeper at the quarter spans by lowering the arch slab. This meant that the curvature of the arch was decreased and approached a straight line (zero curvature) between support hinge and crown. The geometric consequence is a break in the arch at midspan. Maillart's technical goal was to reduce the influence of the live loads (trucks), which were over twice the weight at Felsegg compared with Salgina, and this suggested a new visual possibility. Maillart could have reduced the truck influence by thickening the curved arch slab and the straight deck slab, but that would have had no visual impact. Rather, he chose a means of increasing strength that was visually powerful as well as efficient. Increasing the depth of the hollow box required less material than thickening the deck and arch slab. But this solution demanded a break with the traditional masonry arch; it required a new vision which had consequences also for the cross walls at Felsegg.

Because the bridge was wider than those at Salgina and Rossgraben, Maillart used two hollow boxes in parallel, and he designed one solid but thin cross wall over the arch. Going back to the Salginatobel and the Rossgraben, we observe that the haunching connects only the thickened edges of cross walls to the horizontal deck beams. By contrast, at Felsegg the cross walls have no edge thickening so that the haunches there do not visually relate to any part of the cross walls. The laterally narrow haunches connect awkwardly to the wider lateral surfaces of cross walls. One feels the need for some expression of cross-wall thickening where the haunches visually bring down the deck-beam loads.

Felsegg und der Spitzbogen

Unmittelbar nach Fertigstellung der Rossgrabenbrücke, Ende 1932, begann Maillart mit dem Entwurf einer weiteren dreigelenkigen Hohlkastenbogenbrücke. Diese sollte die Thur bei Felsegg queren. Die Bogenform seiner früheren Brücken befriedigte ihn nicht mehr. Ende 1932 war er zu dem Schluss gelangt, dass der glatt gekrümmte Bogen einen Anachronismus darstelle. Sowohl bei der Salginatobel- als auch bei der Rossgrabenbrücke (vgl. S. 42–49 und S. 64–66) baute er runde Bogenscheitel, «um die Tradition zu respektieren»[1]. Schon bei den hohen Seitenwänden in Zuoz (vgl. S. 4–8) war es dieses Festhalten an der Tradition, das seinen Blick trübte. Ein weiterer Umstand half ihm, neue Möglichkeiten zu sehen: die Felseggbrücke sollte zwei statt nur einen Fahrstreifen aufweisen, und sie war eher Teil einer Hauptstrasse und nicht eine sekundäre Verbindung. Maillart suchte deshalb nach einer Lösung, die es erlaubte, höhere Lasten abzutragen, ohne deshalb über die Abmessungen der Rossgrabenbrücke hinausgehen zu müssen.

Maillarts Lösung war es, die Struktur in den Viertelspunkten durch eine Absenkung der Gewölbeplatte höher zu machen. Das bedeutete, dass die Bogenkrümmung kleiner wurde und sich einer geraden Linie (Krümmung Null) zwischen Kämpfergelenk und Bogenscheitel näherte. Die geometrische Konsequenz ist ein Bruch der Bogenform in der Mitte der Spannweite (Spitzbogen). Maillarts technisches Ziel war es, den Einfluss der Belastung durch den Schwerverkehr, welche doppelt so hoch war wie bei der Salginatobelbrücke, zu reduzieren, was ihn zu dieser optisch neuen Möglichkeit anregte. Maillart hätte den Einfluss der Lastwagen auch durch massivere Gewölbe- und Fahrbahnplatten reduzieren können, er hätte so aber keine optische Wirkung erzielt. Um die Tragfähigkeit zu erhöhen, wählte er vielmehr die Möglichkeit, die einen starken optischen Ausdruck hatte und zudem effizient war. Die Vergrösserung des Hohlkastens benötigt viel weniger Material als eine Verstärkung der Fahrbahn- und Gewölbeplatte. Um zu dieser Lösung zu gelangen, bedurfte es aber eines Bruchs mit der Tradition der Mauerwerksbogen; dies verlangte nach einer neuen Vision, die auch Konsequenzen für die Querwände der Felseggbrücke hatte.

Weil die Brücke breiter war als die Salginatobel- und auch die Rossgrabenbrücke, benutzte Maillart zwei parallele Hohlkasten und ordnete über den beiden Bogenhälften nur je eine Querwand an, die zwar vollwandig, aber dünn ist. Betrachtet man die Salginatobel- oder die Rossgrabenbrücke, so stellt man fest, dass lediglich die verbreiter-

Thur River Bridge at Felsegg, 1933. Profile. Here Maillart deepened the arch at the quarter spans and thereby produced a broken-arch form at midspan. Maillart considered this break to be more logical and visually more striking than the smooth curves at Salginatobel and Rossgraben.

Thurbrücke bei Felsegg, 1933. Ansicht. Weil Maillart hier den Bogen in den Viertelspunkten höher ausbildete, ergab sich ein Bruch in der Bogenform in der Mitte der Spannweite (Spitzbogen). Maillart betrachtete diesen Knick als logische Konsequenz und fand ihn optisch überzeugender als die glatte Bogenform bei der Salginatobel- oder der Rossgrabenbrücke.

Thur River Bridge at Felsegg, 1933. View of arch hinge and cross frame. He placed the cross frame well outside the hinge and buttress, and he widened the frames as their columns rose to meet the deck.

Thurbrücke bei Felsegg, 1933. Kämpfergelenk und Querrahmen. Er plazierte den Querrahmen ausserhalb des Gelenkbereiches und hinter die Stützpfeiler. Die Stützen der Querrahmen werden zum Fahrbahnträger hin breiter.

Such solid cross walls would have made the approach supports seem heavy. Maillart, therefore, opened up those walls to form frames in which two narrow, slightly sloping legs replace the solid walls of the two earlier bridges except for the very thin, unthickened cross wall over the arch. The cross wall near the support hinge was moved well back outside of the hinge to rest on the foundation and not on the arch. This development, already begun at Rossgraben, allowed Maillart to express more strongly the support hinges by moving them out into the span and away from the foundation.

These cross frames open up the approach structure and provide a lively image as the legs taper to narrow supports on the ground. Moreover, the legs widen toward their tops and merge into a horizontal wall that connects the two legs but does not extend below the longitudinal deck beams. That horizontal wall is not a strong visual element.

Once again there are small haunches in the deck ribs at the crosswall connections. But, in a change from his previous three-hinged bridges, at Felsegg Maillart gave the top of the vertical longitudinal wall a distinct break where it meets the cross wall. At the Salginatobel, where the two cross walls meet the longitudinal walls, there is no break and hence no expression of a change in slope. This gives the impression that the cross walls are fully supported there but have no influence on their support structures. At Felsegg, by contrast, we sense that the cross wall brings loads into the longitudinal wall which influences that wall's performance and hence its form. As with the support hinges, Maillart had explored this new idea first, but in a less expressive way, at Rossgraben. The significance at Felsegg lies in Maillart's use throughout of angular, straight-line slopes in a structure that is still basically an arch, the prototypical curved form of antiquity. He has replaced the smoothly curved arch slab with a broken arch; he has eliminated arcading of the deck spans and instead used trabeated shapes with small, straight haunches; he has changed the curved top edge of the longitudinal cutout walls to several straight lines; and he has used straight-line frames for the approach supports.

The most insistent straight line of all, as at Salgina, is the solid parapet wall above the roadway deck. This heavy guard rail, no longer so clearly justified by a deep valley crossing, was apparently not Maillart's idea and it is disconcerting. In particular, the approach-span frames seem too spindly, or conversely the deck structure seems much too heavy for the light supports.

Finally, Maillart expressed the central hinge by solid blocks that are flush with the arch slab but not with the deck slab, which overhangs them by nearly 1 meter. The hinge appears rather lost in shadow

ten Enden der Querwände über Vouten mit dem horizontalen Fahrbahnträger verbunden sind. Im Unterschied dazu weisen die Querwände der Felseggbrücke keine Randverstärkungen auf, so dass sich die Vouten optisch nicht darauf beziehen können. Die schmalen Vouten leiten eher ungeschickt zu den viel breiteren Flächen der Querwände über. Man spürt das Fehlen der Querwandverstärkungen an den Stellen, wo die Vouten die Lasten aus der Fahrbahn optisch einleiten.

In den Zufahrtsbereichen würden solch vollwandige Querwände die Abstützungen sehr schwer erscheinen lassen. Deswegen löste Maillart diese Wände auf zu Rahmen, in denen zwei schmale, schwach geneigte Stützen die Wände der beiden vorhergehenden Brücken ersetzten. Er behielt nur die sehr dünnen unverstärkten Querwände über dem Bogen bei. Die Querrahmen im Kämpferbereich wurden zudem nach aussen versetzt, damit sie auf die Fundation und nicht auf den Bogen zu stehen kamen. Diese Entwicklung, die schon bei der Rossgrabenbrücke begonnen hatte, erlaubte es Maillart, die Kämpfergelenke stärker zu betonen, indem er sie in die Spannweite rückte, weg von der Fundation.

Durch die Querrahmen, deren Stützen sich zur Fundation hin verjüngen, erscheinen die Zufahrtsbereiche offen und lebendig. Die Stützen weiten sich nach oben auf, wo sie mit einem Querträger verschmelzen, der diese verbindet, der aber nicht unter den Stegen des Fahrbahnträgers hervorsteht. Dieser horizontale Querträger ist daher kein starkes optisches Element.

Auch hier sind die Übergänge der Fahrbahnstege zu den Querscheiben als kleine Vouten ausgebildet. Im Unterschied zu seinen früheren Dreigelenkbogenbrücken sind die vertikalen Bogenwände in den Punkten, wo die Querwände aufstehen, deutlich geknickt. Bei der Salginatobelbrücke sind die Längswände in den Schnittpunkten mit den Querwänden nicht geknickt, und folglich wird die Veränderung der Neigung auch nicht betont. So entsteht der Eindruck, die Querscheiben seien voll unterstützt, hätten aber keinen Einfluss auf die stützende Struktur. Bei der Felseggbrücke hingegen wird verdeutlicht, dass die Querscheiben Lasten in die Längswände eintragen, welche deren Verhalten und somit auch deren Form beeinflussen. Wie schon mit den Kämpfergelenken hat Maillart auch diese neue Idee zuerst bei der Rossgrabenbrücke untersucht, dort jedoch noch in einer weniger ausdrucksvollen Weise. Die Bedeutung der Felseggbrücke liegt in Maillarts konsequenter Ausführung von abgewinkelten, geradlinigen Neigungen in einer Struktur, die trotzdem noch ein Bogen ist, die prototypische Form des Altertums. Er ersetzte die glatt gekrümmte Gewölbeplatte durch den Spitzbogen; er eliminierte die

Thur River Bridge at Felsegg, 1933. Side view showing the solid cross wall which meets the longitudinal arch wall whose top edge exhibits there a distinct break. Maillart moved the support hinge out into the span and connected it to the foundation by a tapering buttress.

Thurbrücke bei Felsegg, 1933. Seitliche Ansicht. Die Oberkante der Längswand weist an der Stelle, wo die vollwandige Querscheibe aufsteht, einen deutlichen Knick auf. Maillart rückte das Kämpfergelenk in die Spannweite und verband es über einen sich verjüngenden Stützpfeiler mit der Fundation.

The Plougastel Bridge over the Elorn Estuary near Brest, France, 1930, by Eugène Freyssinet. At the time, these three hingeless, 180-meter-span, hollow-box arches were the longest concrete spans in the world.

Die Plougastelbrücke über die Elornmündung bei Brest, Frankreich, 1930, von Eugène Freyssinet. Die drei gelenklosen, über 180 Meter gespannten Hohlkastenbogen bildeten die damals längste Stahlbetonbrücke der Welt.

beneath the heavy parapet. But that heavy horizontal element cannot hide the strong arch with its sharp break at midspan and its exposed hinges lightly resting on the buttresses extending from each bank of the flat riverbed.

By 1933 there were many arches of the same span and rise as in the Felsegg bridge. Apart from Maillart's designs, none resembled Felsegg and very few even used hinged supports. We only need contrast the designs of Eugène Freyssinet (1879–1962), the greatest French designer of arches, to those of Maillart to see the dramatic (I use the word carefully here) differences, which stem in part from the use of hinges. Indeed, the type of hinge Maillart used at Felsegg was invented by Freyssinet himself, but the French engineer never used them for strong visual effect. Maillart, by contrast, used hinges and the lines of his arches in a way similar to that described by Paul Klee in his 1920 "Creative Credo":

    . . . let us take a little trip into the land of deeper insight, following a topographical plan. The dead center being the point, our first dynamic act will be the line. After a short time, we shall stop to

Arkaden des Fahrbahnträgers und gebrauchte statt dessen Formen aus der Architravarchitektur mit kurzen, geraden Schenkeln; er ersetzte die gekrümmten Mauerkronen der Längswände durch mehrere gerade Linien und stützte die Zufahrtsbereiche durch geradlinige Rahmen.

Die eindringlichste aller geraden Linien ergibt sich aber, wie schon bei der Salginatobelbrücke, durch die vollwandige Fahrbahnbrüstung. Diese massive Leitplanke, die hier nicht durch die Querung eines tiefen Tals gerechtfertigt werden kann, war offensichtlich nicht Maillarts Idee und stört das Erscheinungsbild entscheidend. Die Rahmen der Zufahrtsbereiche erscheinen dadurch spindeldürr, oder, umgekehrt, der Fahrbahnträger scheint für die leichten Abstützungen viel zu schwer zu sein.

Das Scheitelgelenk schliesslich betonte Maillart durch massive Blöcke, die in gleicher Ebene mit der Bogenplatte liegen, von der Fahrbahnplatte hingegen um fast einen Meter überragt werden. Im Schatten der schweren Brüstung wirkt das Gelenk ziemlich verloren. Das massive horizontale Element vermag jedoch den starken Bogen mit dem scharfen Bruch im Mittelfeld und den hervorgehobenen

77

catch our breath (the broken line, or the line articulated by several stops). . . . A river may obstruct our progress: we use a boat (wavy line). Further on there might be a bridge (series of curves).[2]

One can follow lines of the Felsegg bridge with the eye, beginning with a support hinge (one of the dead-center points) and moving upward along the diverging lines that trace the limits of the surface defining the arch. These lines converge at the crown hinge (another dead-center point), where the fast-moving horizontal parapet line skims by carrying us over the cross frames to the shore. Or we can go back down the arch to the other support hinge (the last dead-center point).

The Vessy Bridge and the Play with Cross Walls

In late 1934 Maillart began to design another three-hinged bridge in which he carried ideas developed at Felsegg farther in the direction of playful lines and flatter arches. Just south of Geneva, near the little town of Vessy, Maillart reached the culmination of his three-hinged, hollow-box arches.[3] Between the Tavanasa bridge of 1904 (see pp. 10–13) and the 1934 Vessy design (construction of the bridge ended in 1936), Maillart refined his hinged forms to achieve a playful and inexpensive bridge. The span is only 10 percent greater than Tavanasa's, but the rise is almost 13 percent *less* so that the span-to-rise ratio is 11.7 *versus* 9.3 at Tavanasa. Thus, the Vessy bridge is very flat; it also has a greater cutout (69 percent of the quarter span *versus* 59 percent at Tavanasa) and consequently has, within the cutout, an intermediate cross wall where Tavanasa has none. Moreover, this cross wall is not a solid surface as it is at Felsegg (above); instead Maillart made it with three separate pieces each of which he shaped to reduce its surface and give some life to the form.

Once again, as he had done at Felsegg, Maillart pulled the cross walls nearest the hinge back onto the foundations and off the span; in this way he could express even more strongly the support hinges, which are actually away from the foundation. In profile, we can see how the cutout longitudinal wall gets very shallow as it approaches the support hinges and then beyond the hinge the buttress (actually it is now a solid block) increases in depth as it enters the foundation. Technically, by moving the hinges away from the foundation, Maillart reduced the length of the bridge span by about 3 meters so that the forces (bending moments) under heavy truck-loadings drop

78

Gelenken, die leichtfüssig auf den aus den Ufern des flachen Flussbettes ragenden Stützpfeilern stehen, nicht zu verdecken.

Bis 1933 waren schon viele Bogen mit den gleichen Spannweiten und Pfeilhöhen wie bei der Felseggbrücke gebaut worden. Abgesehen von Maillarts eigenen Entwürfen glich aber keiner der Felseggbrücke, und nur sehr wenige hatten gelenkige Auflager. Stellt man die Entwürfe von Eugène Freyssinet (1879–1962), dem grössten französischen Brückenbauer, denjenigen von Maillart gegenüber, erkennt man leicht die gravierenden Unterschiede, die in erster Linie von der Wahl der Gelenke herrühren. Der Gelenktyp, den Maillart in Felsegg einsetzte, wurde sogar von Freyssinet entwickelt, von ihm selbst aber nie für optische Effekte verwendet. Maillart hingegen setzte die Gelenke und die Linien seiner Bogen in einer Weise ein, die dem nahe kommt, was von Paul Klee in seinem «Kreativen Credo» von 1920 beschrieben wird:

> «. . . unternehmen wir, einem topographischen Plan folgend, eine kleine Reise in das Land der tieferen Einsicht. Nehmen wir den Punkt als totes Zentrum, so wird unser erster dynamischer Akt die Linie sein. Nach kurzer Zeit werden wir einhalten, um Atem zu schöpfen (die gebrochene Linie oder die durch mehrere Unterbrüche artikulierte Linie) . . . Ein Fluss kann unser Weitergehen behindern: Wir brauchen ein Boot (gewellte Linie). Weiter vorne könnte eine Brücke sein (Abfolge von Kurven)[2].»

Man kann den Linien der Felseggbrücke mit den Augen folgen. Ausgehend von einem Kämpfergelenk (einem der toten Punkte), führen die divergierenden Linien den Blick nach oben, die Begrenzung der Bogenfläche aufzeichnend. Diese Linien vereinigen sich beim Scheitelgelenk (einem weiteren toten Punkt) wieder, wo die horizontale Linie der Brüstung dahingleitet und über die Querrahmen zum Ufer führt. Oder der Blick gleitet wieder abwärts, dem Bogen entlang zum anderen Kämpfergelenk (dem letzten toten Punkt).

Die Vessybrücke, Formenspiel mit den Querwänden

Gegen Ende 1934 begann Maillart mit dem Entwurf einer weiteren Dreigelenkbogenbrücke. Er führte dabei die in Felsegg entwickelten Ideen der verspielten Linien und des flacheren Bogens weiter. Hier, in der Nähe der kleinen Stadt Vessy, südlich von Genf, schuf Maillart die vollkommenste seiner dreigelenkigen Hohlkastenbogenbrücken[3]. Zwischen der Tavanasabrücke von 1904 (vgl. S. 10–13) und dem

Arve River Bridge at Vessy, 1935. Profile showing the broken-arch form, the substantial cutouts on both ends, and the lack of any hinge block at midspan, where Maillart expressed the hinge only by a thin vertical line reflecting the reduced section that permits rotation.

Arvebrücke bei Vessy, 1935. Die Ansicht zeigt die gebrochene Bogenform und die erheblichen Öffnungen in den Endbereichen der Brücke. Maillart betonte hier den Bogenscheitel nicht durch einen Betonblock, sondern markierte das Gelenk lediglich durch eine dünne vertikale Linie, welche die geschwächte Zone widerspiegelt, in der Rotation ermöglicht wird.

Arve River Bridge at Vessy, 1935. View of arch hinge and cross walls. As at Felsegg, Maillart moved the hinge out into the span and supported it by a tapering buttress. His cross walls are now narrow X-form walls that bring the deck loads down to the foundations well outside the hinges.

Arvebrücke bei Vessy, 1935. Kämpfergelenk und Querwände. Wie schon bei der Felseggbrücke rückte Maillart das Kämpfergelenk in die Spannweite und unterstützte es mit einem sich verjüngenden Pfeiler. Die schmalen Querwände sind X-förmig und bringen die Fahrbahnlasten hinter den Gelenken zur Fundation.

by about 10 percent. His decision to express clearly the hinge required an increase in the material used for the buttress, which lies between the support hinges and the foundation. By adding a buttress outside the span, Maillart could reduce material within the span of the bridge; the dead weight of the extra buttress, being located so close to the ground, has little effect on the structure.

In pure profile, the Vessy bridge is flatter than earlier works and its support hinges are more prominently expressed; also, its crown hinge is not marked by a projecting solid block as in all the earlier bridges, but solely by the break in the arch and by a vertical line representing the way the hinge is made. Otherwise, the longitudinal wall is smooth and unbroken except for the small overhang of the deck curb above.

Furthermore, there is no heavy parapet wall but rather a light metal guard rail which, being embedded in the curb, does not disturb the sharp horizontal line of the deck in profile. Compared with the Felsegg bridge, the Vessy profile is considerably lightened by this rail as well as by the arch's flatness. Unfortunately, the pure profile is nearly impossible to see because of the trees on either bank. Even to get a partial profile one must brave the fast-running Arve River as it whips around an S-shaped curve between the village of Vessy and the playing fields of Bout-du-Monde. At Vessy, then, where shore views

Entwurf der Vessybrücke von 1934 (fertiggestellt 1936) verfeinerte Maillart die Formen seiner Konstruktionen ständig, mit dem Ziel, formschöne und kostengünstige Brücken zu bauen. Die Spannweite der Vessybrücke ist nur 10 Prozent grösser als die der Tavanasabrücke, die Pfeilhöhe hingegen beinahe 13 Prozent kleiner. Das Pfeilverhältnis beträgt dadurch 11,7 gegenüber von 9,3 bei der Tavanasabrücke. Die Vessybrücke ist somit sehr flach; sie hat auch grössere Nebenöffnungen (69 Prozent des Bogenviertels gegenüber 59 Prozent in Tavanasa) und weist deshalb in der Mitte jeder Nebenöffnung eine Querwand auf (die Tavanasabrücke hat keine). Diese Querwand ist ausserdem nicht vollwandig wie bei der Felseggbrücke, sondern wurde von Maillart in drei Teile zerlegt, um die Oberfläche zu reduzieren und die Form etwas lebendiger zu gestalten.

Wie schon bei der Felseggbrücke versetzte Maillart die über den Gelenken stehenden Querwände zurück auf die Fundamente; er konnte dadurch die Kämpfergelenke viel stärker betonen, die eigentlich nicht mehr direkt auf der Fundation stehen. Im Längsschnitt erkennt man, wie flach die Längswände des Bogens auf die Kämpfergelenke treffen und wie stark die Höhe der daran anschliessenden Stützpfeiler (eigentlich massive Blöcke) zunimmt, sobald diese in die Fundation übergehen. Technisch gesehen, verkürzte Maillart durch das Abheben der Gelenke von der Fundation die Brückenspannweite um ungefähr 3 Meter, so dass sich die inneren Kräfte (Biegemomente) unter Schwerverkehrslasten um etwa 10 Prozent reduzieren. Seine Entscheidung, die Gelenke klar hervorzuheben, verlangte einen Mehrverbrauch an Material, welches für die Stützpfeiler zwischen den Kämpfergelenken und den Fundamenten benötigt wurde. Durch die Anordnung der Stützpfeiler konnte Maillart aber Material in der Spannweite einsparen; das Gewicht des zusätzlichen Materials der Stützpfeiler, die sehr nahe dem Baugrund stehen, hat jedoch nur einen geringen Einfluss auf die Tragstruktur.

Im Längsprofil ist die Vessybrücke flacher als die früheren Werke, die Kämpfergelenke ragen deutlicher hervor, und der Bogenscheitel ist nicht mehr durch einen massiven Block betont, sondern einzig durch den Bruch in der Bogenform und durch die vertikale Linie, welche die Machart des Gelenkes verdeutlicht. Die Oberflächen der seitlichen Längswände sind glatt und eben, mit Ausnahme der leicht vorstehenden Bordsteinkante.

Die Brüstungen sind nicht massiv; es sind leichte, im Bordstein eingebettete Metall-Leitplanken. Sie stören somit die scharfe horizontale Linie des Fahrbahnträgers nicht. Verglichen mit der Felseggbrücke erscheint die Vessybrücke durch dieses Geländer und auch durch den flacheren Bogen viel leichter. Unglücklicherweise ist hier jedoch wegen der an den Ufern stehenden Bäume die gesamte Ansicht kaum zu sehen. Um einen auch nur teilweise freien Blick auf die Brücke zu erhaschen, muss man der zügig dahinfliessenden Arve trotzen, die zwischen Vessy und den Sportplätzen von Bout-du-Monde in einer S-Kurve verläuft. Erst in Vessy eröffnen sich einem vom Ufer aus sowohl die Längs- als auch die Queransicht. Maillart nutzte diese Gelegenheit, um den Querschnitt viel eindrücklicher zu gestalten als bei allen früheren Brücken.

Er entschied sich dafür, die Hauptstruktur in drei Hohlkastenträger (anstelle von zwei wie bei der Felseggbrücke) zu unterteilen, was auch zu drei Abstützungen der Fahrbahnplatte führte. Maillart zerlegte die vollwandige Querscheibe über dem Bogen und spielte anschliessend mit der Form der Querwände ausserhalb der Spann-

Arve River Bridge at Vessy, 1935. Side view showing the three parallel hollow-box arches and cross walls. The arch slab of the box does not project outside the longitudinal walls.

Arvebrücke bei Vessy, 1935. Seitliche Ansicht der drei parallelen Hohlkastenbogen und der Querwände. Die untere Kastenplatte des Bogens (die Gewölbeplatte) ragt nicht über die seitliche Längswand hinaus.

reveal a partial profile and a full section, Maillart took the opportunity to design the section in a dramatic break from any previous bridge.

He had decided to divide the main structure into three hollow boxes instead of two (as at Felsegg) and this led to three supports for the deck structure. Having opened up the solid cross wall within the span and shaped it, Maillart played with the cross walls outside the main span, opening them up much more by forming each with two triangles connected at midheight. The result is a lightness and an unexpected shape that is unique and unprecedented. Maillart based these X-like forms on a rational calculation, the technical diagram for which has the same form as the strange cross walls. They are rational but entirely the product of Maillart's imagination. The calculations, while explaining the form, would not normally lead a designer to think of it. That thought requires the imagination of an artist, but in structural art the thought never leaves the discipline of efficiency. However unique Maillart's forms may be, they always refer to an engineering idea in the same way that a great poem refers to a verbal meaning yet can be unique and of surpassing beauty.

Maillart's Vessy bridge has the same enduring quality as a great poem. It required both the discipline of a lifetime in concrete construction and the play of a personality that regarded a structure as true only when it was also beautiful. To understand Maillart's rationale for the cross-wall design, we can imagine that after a cool night the day turns bright, sunny, and hot. The bridge expands, causing the horizontal deck to move outward thus pulling the tops of the cross walls toward the riverbanks. The walls cannot rotate either at their bases embedded in the foundations or at their tops rigidly fixed to the horizontal deck. Instead they deform into a slight S shape, curving one way over the top half and the opposite way over the bottom half. The resulting deformation is about the same as one would get if a hinge were put at midheight. Indeed, if we draw a diagram of the effects of that temperature expansion, as any structural engineer could do, it will have the same form as that which Maillart gave the cross walls. That is their rationale; but Maillart alone among engineers saw the possibility for new form, suggested by, but not dictated by, the graphic display of forces.[4]

Looking at these cross walls again, we notice that they are more closely spaced at Vessy (6 meters) than at Felsegg (9.6 meters) and are

weite, öffnete sie noch viel mehr und gestaltete sie als zwei auf halber Höhe verbundene Dreiecke. Das Resultat ist Leichtigkeit und eine unerwartete Form, die einmalig und beispiellos ist. Maillart stützte diese X-Form auf eine rationale Überlegung, ein technisches Diagramm, das die gleiche Form hat wie diese speziellen Querwände. Diese Formen sind zwar rational begründet, bleiben aber dennoch vollständig das Produkt von Maillarts Phantasie. Auch wenn sie die Form erklären, so zwingen die Berechnungen den Konstrukteur normalerweise nicht dazu, darüber nachzudenken. Dieser Gedankengang erfordert die Vorstellungskraft eines Künstlers, nur wird in der Baukunst ein Gedanke immer auch durch die Effizienz beeinflusst. So einzigartig Maillarts Formen auch sein mögen, sie resultieren immer aus einer ingenieurmässigen Überlegung, wie auch ein grossartiges Gedicht nur aus einfachen Worten bestehen, dennoch aber einmalig und von überdauernder Schönheit sein kann.

Maillarts Vessybrücke hat die gleiche beständige Qualität wie ein hervorragendes Gedicht. Zwei Eigenschaften sind nötig: Die lebenslange Erfahrung als Konstrukteur und die Grösse einer Persönlichkeit, die eine Struktur erst als richtig anerkennt, wenn sie auch schön ist. Um Maillarts rationale Überlegungen zum Entwurf der Querwände verstehen zu können, muss man sich vorstellen, dass auf eine kalte Nacht ein klarer Tag folgt, sonnig und heiss. Die Brücke dehnt sich aus, und die Horizontalbewegung des Fahrbahnträgers hat zur Folge, dass die oberen Enden der Querwände gegen die Flussufer hin verschoben werden. Die Wandenden können sich nicht verdrehen, weder an ihren in die Fundation eingespannten Fusspunkten noch an ihren starr mit dem Fahrbahnträger verbundenen Endpunkten. Statt dessen deformieren sie sich zu einer leichten S-Form, die obere Hälfte in die eine, die untere Hälfte in die entgegengesetzte Richtung gekrümmt. Die resultierende Verformung ist dieselbe, die sich ergibt, wenn man auf halber Höhe ein Gelenk anbringen würde. Zeichnete man den Effekt dieser Temperaturexpansion in einem Diagramm auf, so würde dieses eine analoge Form haben, wie sie Maillart den Querwänden gab. Das ist ein rationaler Aspekt; Maillart sah aber als einziger Ingenieur die Möglichkeit von neuen Formen, angeregt, aber nicht diktiert durch das grafische Kräftespiel[4].

Betrachtet man wiederum die Querwände, stellt man fest, dass sie bei der Vessybrücke enger beieinander stehen (6 Meter) als bei der Felseggbrücke (9,6 Meter) und viel dünner sind (18 gegenüber von 34 Zentimetern bei Felsegg). Zudem fehlen die Vouten in den Übergängen der Wände zum Fahrbahnträger, die bei früheren Brücken angeordnet waren. Bei der Vessybrücke unterstützte Maillart die

much thinner (18 cm *versus* 34 cm at Felsegg). Where they meet the horizontal deck beam there are no haunches, as are present in earlier designs. At Vessy Maillart let the thin cross walls support the deck beams without any haunches. In profile this leads to an uninterrupted horizontal line of deck from the cutout to the end of the approaches. The lightness and insistent straightness of those deck beams make the entire profile view more dynamic: the eye moves more rapidly in a horizontal direction along the bridge span.

The bridge engineer's sleight of hand is to carry the vertical weight of gravity on a structure whose function is to permit horizontal transportation above and horizontal passage (of water in this case) below. Maillart created at Vessy a strong sense of horizontality in a form whose structural function is to carry vertical weight. Even the unique X-shaped vertical cross walls got their form from the technical problem of horizontal motion due to temperature change. With Vessy, Maillart achieved a near perfection of form in structural art. In retrospect, one does not see how its form could be improved.

Fahrbahnplatte ohne Übergänge mit dünnen Querwänden. Im Profil führte dies zu einer ungestörten horizontalen Linie des Fahrbahnträgers von den Nebenöffnungen bis zu den Zufahrten. Die Leichtigkeit und die eindringliche Gerade des Fahrbahnträgers machen das gesamte Erscheinungsbild dynamischer: der Blick gleitet ungestört über die Horizontale entlang der Spannweite.

Ein guter Brückenbauer muss dazu fähig sein, vertikale Schwerelasten ín einer Struktur abzutragen, deren Funktion es ist, oben horizontalen Transport zu ermöglichen und unten horizontalen Durchgang (in diesem Fall von Wasser) zu gewähren. Maillart schuf in Vessy eine starke horizontale Ausrichtung mit einer Form, deren strukturelle Aufgabe es ist, vertikale Lasten zu tragen. Sogar die X-förmigen vertikalen Querwände erhielten ihre Form aufgrund des technischen Problems der horizontalen Bewegungen infolge Temperaturwechsels. Mit der Vessybrücke erreichte Maillart nahezu die Perfektion der baulichen Formgebung. Nicht einmal aus heutiger Sicht besteht eine Möglichkeit, diese Form noch zu verbessern.

VII

THE UNLIKELY ART OF BEAMS: 1935 – 1938

DIE KUNST DER BALKENBRÜCKEN: 1935 – 1938

The Arch *versus* the Beam in Concrete

Beginning in late 1934 Maillart began to explore the form potentials for beam bridges, and to follow his ideas we need a brief discussion of the nature of beams in concrete. In buildings, where floors are flat, Hennebique, Wayss, and others had recognized immediately in the 1880s that straight beams were essential. This meant that horizontal elements in artificial stone had to carry vertical loads, and that in turn meant bending. The next two figures show the essential structural difference between an arch and a beam, both of which must carry vertical (gravity) loads from the span to the supports.

The arch carries these loads much as does a string, but reversed; that is, we imagine a loose string, as we did for Chiasso (see pp. 28–31), which carries vertical loads by taking on a polygonal shape. This string structure works only if we support the ends by tension — a slanting pull in the same direction as the string axis at each end. In between loads, the string is stretched taut in tension. When we reverse this shape it becomes a Maillart polygonal arch where the thin concrete slab, replacing the string, is in a state of pure compression. The arch, therefore, carries vertical loads by pure axial compression, which is ideal for concrete (or stone). But to do so it must have a polygonal shape with the maximum vertical rise at midspan. For example, in Maillart's Schwandbach bridge (see pp. 66–70) the 37.4-meter-span arch has a rise of 6 meters.

To appreciate Maillart's unique solutions to beam-bridge design, one needs to understand another structural idea about arches. We must imagine the arch to be made up of two pieces, just as Leonardo da Vinci did in his notebooks:

> What is an arch?
> An arch is nothing other than a strength caused by two weaknesses; for the arch in buildings is made up of two segments of a circle, and each of these segments being in itself very weak desires to fall, and as one withstands the downfall of the other, the two weaknesses are converted into a single strength.[1]

By considering the left half of the arch one can see that the effect of the other half is to lean against the left part and thus prevent its downfall. In structural terms, one must push with a horizontal force, *H,* at the crown (point C in the figure); and we express the downfall as a tendency of the left half to rotate clockwise about the support A under the influence of the vertical loads *P.* In the Salginatobel bridge that rotation could occur literally about its support hinge. If there

Bogen versus Balken

Gegen Ende des Jahres 1934 begann Maillart, Möglichkeiten der Formgebung bei Balkenbrücken zu untersuchen. Um seinen Ideen folgen zu können, sollen hier aber zuerst kurz die Eigenheiten von Betonbalkentragwerken dargestellt werden. Im Hochbau, wo flache Böden selbstverständlich sind, hatten Hennebique, Wayss und andere bereits um 1880 erkannt, dass gerade Balken essentielle Tragelemente sind. Das bedeutet, dass horizontale Tragelemente aus künstlichem Stein vertikale Lasten abzutragen haben, und das wiederum hat Biegung zur Folge. Die folgenden zwei Abbildungen verdeutlichen die wesentlichen Unterschiede des Tragverhaltens eines Balkens und eines Bogens, die beide vertikale (Gravitations-) Kräfte über ihre Spannweiten zu den Auflagern zu tragen haben.

Der Bogen trägt die Belastung ähnlich wie ein Seil, aber in der entgegengesetzten Richtung; man stelle sich wiederum, wie schon für das Vordach in Chiasso (vgl. S. 28–31), ein locker gespanntes Seil vor, das vertikale Kräfte trägt, indem es eine polygonale Form annimmt. Dieses Seiltragwerk funktioniert aber nur dann, wenn seine Enden befestigt sind beziehungsweise das Seil durch zwei in der Richtung der beiden Seilenden geneigte Zugkräfte gehalten wird. Zwischen den Lasten ist das Seil straff gezogen. Kehrt man das Seil um, so wird es zu einem Maillartschen, polygonal geformten Bogen, bei dem eine dünne, rein auf Druck beanspruchte Betonplatte das Seil ersetzt. Der Bogen trägt also vertikale Einzellasten unter reiner Druckbeanspruchung ab, was für Beton (oder Naturstein) ideal ist. Er muss dazu allerdings eine polygonale Form aufweisen, deren maximale Erhebung in der Mitte der Spannweite liegt. Bei Maillarts Schwandbachbrücke (vgl. S. 66–70) mit einer Spannweite von 37,4 Metern beträgt die Pfeilhöhe beispielsweise 6 Meter.

Um Maillarts einzigartige Balkenbrücken aber wirklich schätzen zu können, muss man eine weitere Idee der Bogentragwerke verstanden haben. Man muss sich den Bogen aus zwei Hälften aufgebaut vorstellen, so wie dies Leonardo da Vinci in seinem Notizbuch beschrieben hat:

> Was ist ein Bogen? Ein Bogen ist nichts anderes als eine durch zwei Schwächen gebildete Stärke; denn der Bogen in Gebäuden ist aus zwei Segmenten eines Kreises gebildet, und jedes dieser Segmente ist in sich selbst so schwach, dass es einstürzen würde, und nur weil das eine dem Sturz des andern widersteht, verwandeln sich die beiden Schwächen in eine einzige Stärke[1].

String polygon and arch form. (a) A string with weights will hang in a polygonal form and carry the loads by tension to supports A and B. (b) Inverting the string polygon gives an arch form that will carry the same weights by compression. (c) Maillart arrived at his arch forms such as Schwandbach by using the string polygon for uniform dead and live loads. (d) Imagining one-half of the arch cut away from the other, we see that the vertical weights would rotate the half arch about A ($-M$) if there were no resisting forces ($+M$) at point C. (e) The horizontal force H at C will resist that rotation so long as there is an equal and opposite force at A. This force at midspan gives a counterrotation or bending moment ($+M = Hd$) about A which is a product of H and its distance d above A. It is this force H that makes an arch possible and thereby requires solid foundations at A and B capable of resisting not only the total vertical weight on the bridge but also the horizontal force as well.

Seilpolygon und Bogenform. (a) Ein mit Einzelkräften belastetes Seil wird eine polygonale Form annehmen und die Lasten unter Zugbeanspruchung zu den Auflagerpunkten führen. (b) Die Umkehrung des Seilpolygons ergibt einen Bogen, der dieselben Lasten unter Druckbeanspruchung tragen wird. (c) Maillart wählte zum Beispiel bei der Schwandbachbrücke die Bogenform gemäss dem Seilpolygon für das Eigengewicht und die gleichmässig verteilten Lasten. (d) Stellt man sich nur eine Hälfte des in der Mitte durchgeschnittenen Bogens vor, so sieht man, dass diese Bogenhälfte durch die vertikalen Lasten um den Punkt A rotieren würde (− M), falls im Punkt C keine rückhaltenden Kräfte wirken (+ M). (e) Die horizontale Kraft H im Punkt C verhindert diese Rotation, verlangt aber im Punkt A eine gleich grosse, entgegengesetzt gerichtete Auflagerreaktion. Die Kraft im Bogenscheitel verursacht eine Gegenrotation oder ein Drehmoment um den Punkt A, das sich als Produkt von H mit dem vertikalen Abstand d bestimmen lässt (+ M = Hd). Es ist diese Kraft H, die das Bogentragwerk ermöglicht, aber bei den Auflagern A und B solide Fundamente erfordert, welche nicht nur die gesamten vertikalen Lasten, sondern auch diese horizontalen Kräfte aufzunehmen haben.

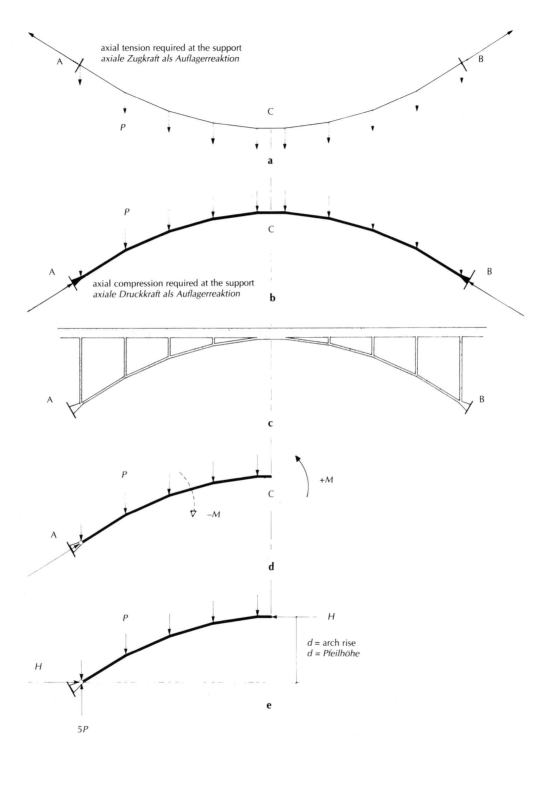

axial tension required at the support
axiale Zugkraft als Auflagerreaktion

axial compression required at the support
axiale Druckkraft als Auflagerreaktion

d = arch rise
d = *Pfeilhöhe*

87

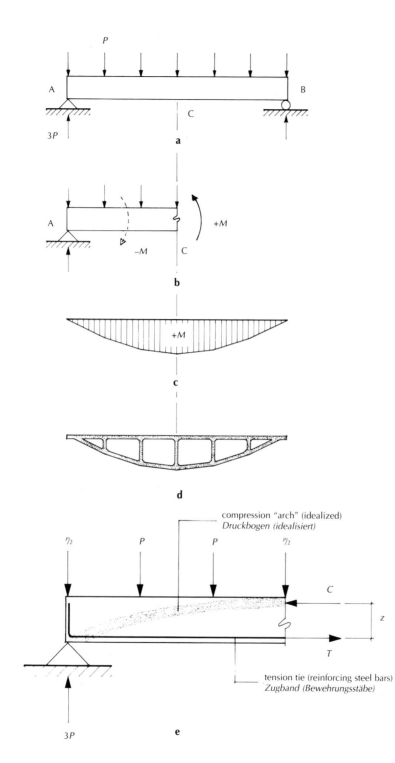

compression "arch" (idealized)
Druckbogen (idealisiert)

tension tie (reinforcing steel bars)
Zugband (Bewehrungsstäbe)

Bending of a beam. (a) A horizontal beam under weights also will, when we imagine only one half, (b) try to rotate about A, but since the points A and C are at the same level (idealized as being along the beam axis) there can be no *H*. (c) Therefore, the resistance to rotation must come from within the beam itself through a bending moment which is a maximum at C and zero at A. (d) Maillart's Chiasso form reflects the shape of the bending-moment diagram, and (e) the beam carries its loads by internal forces: compression supplied by concrete and tension supplied by the reinforcing steel.

Biegung beim einfachen Balken. (a) Ein mit Einzelkräften belasteter Balken würde ebenfalls, stellt man sich nur eine Balkenhälfte vor (b), um den Auflagerpunkt A rotieren. Da aber die Punkte A und C auf gleicher Höhe liegen (Balkenachse), bliebe eine horizontale Kraft H ohne Wirkung. (c) Die Rotation muss daher im Balken selber durch die Biegemomente verhindert werden. Diese sind im Punkt C maximal und im Punkt A Null. (d) Die Form von Maillarts Hallendach in Chiasso widerspiegelt diesen Verlauf der Biegemomente. (e) Der Balken trägt die Lasten über innere Kräfte ab: der Beton wird dabei auf Druck beansprucht, der Bewehrungsstahl übernimmt die Zugkräfte.

were no H at the crown, this rotation would immediately bring down the weak left half arch. We will call that rotation $-M$ (engineers call it a "bending moment" and calculate it by multiplying forces P times their perpendicular distances from point A; see note 2 for this calculation). The effect of the right half is to hold up the left half by providing a counterrotation $+M$ through the crown force H which is located a distance d above the support.

The final result of this analysis is an axial force H at midspan which puts the arch in pure compression; there is no tension in the arch under these loads, and thus the Renaissance builders could make arches (as did the Romans) out of individual pieces of cut stone which could be squeezed together to carry compression forces but which would have come apart the instant any pull was applied; hence the arches could carry no tension.

The leaning or resisting force H must balance an equal and opposite force provided by the foundations at A. Without this foundation resistance the force H cannot exist and the arch falls down. One problem with arch design is to find foundations that can resist both the vertical force of direct gravity and the horizontal force coming from the "leaning" effect each half has on the other.

Turning now to the beam, we see that the rotation of the left half has nothing to lean against because the counterrotation of the arch depended upon the product of a force and a distance ($M = H \times d$). There is no distance d in the beam; it has no rise. Its function is to carry loads as a straight horizontal element. Therefore, the resistance to rotation (or bending moment) must come from within the element itself rather than from the element and its distance above the support.

This internal resistance to bending leads to a compression force

Betrachtet man nur die linke Hälfte des Bogens, so erkennt man genau diesen Effekt, nämlich dass sich die rechte Hälfte gegen die linke stützt und damit deren Einstürzen verhindert. In baustatischen Begriffen bedeutet dies, dass eine horizontale Kraft H im Bogenscheitel (Punkt C in der Abbildung) angreifen muss; das Einstürzen umschreibt man als Tendenz der linken Bogenhälfte, unter dem Einfluss der vertikalen Lasten P im Uhrzeigersinn um den Punkt A zu rotieren. Bei der Salginatobelbrücke könnte eine solche Rotation in den Kämpfergelenken tatsächlich auftreten. Falls im Scheitel keine Kraft H wirkte, würde diese Rotation die schwache linke Hälfte unmittelbar zu Fall bringen. Man bezeichnet diese Rotation mit $-M$ (Ingenieure sprechen von einem «Drehmoment» und berechnen dies, indem sie die Kräfte P mit ihrem rechtwinkligen Abstand zum Punkt A multiplizieren; vgl. auch Anm. 2 für diese Berechnung). Die Aufgabe der rechten Bogenhälfte ist es, die linke zu stützen, indem sie mit Hilfe der Scheitelkraft H, die in einer Distanz d über dem Auflager liegt, eine Gegenrotation $+M$ erzeugt.

Als Resultat dieser Analyse findet man schliesslich die axiale Kraft H, die den Bogen rein auf Druck beansprucht, in der Bogenmitte; mit der vorliegenden Belastung treten nirgends im Bogen Zugbeanspruchungen auf. Aus diesem Grund waren die Baumeister der Renaissance (wie auch schon die Römer) in der Lage, aus einzelnen gebrochenen und zusammengepressten Steinblöcken Bogentragwerke zu bauen, die wohl Druckkräfte übernehmen konnten, beim Auftreten der geringsten Zugkraft aber auseinandergebrochen wären;

die Bogen konnten also keine Zugbeanspruchungen aufnehmen.

Die haltende oder stützende Kraft H muss mit einer ebenso grossen, aber entgegengesetzt wirkenden Kraft, welche durch die Fundation bei A aufgebracht wird, ausgeglichen werden. Ohne diese Auflagerreaktion kann sich die Kraft H nicht aufbauen, und der Bogen würde einstürzen. Ein Problem beim Bau von Bogentragwerken besteht darin, eine Fundation zu finden, die sowohl die vertikale, als Folge der Erdanziehung entstehende Kraft aufzufangen vermag, die aber auch die horizontale Kraft aufnehmen kann, welche durch den «Stützeffekt», den die beiden Hälften aufeinander ausüben, entsteht.

Beim einfachen Balken (Balken mit nur einer Spannweite) hingegen stellt man fest, dass die Rotation der linken Hälfte nichts findet, woran sie sich abstützen könnte. Die Gegenrotation des Bogens kam als Produkt einer Kraft mit einer Distanz ($M = H \cdot d$) zustande. Beim Balken findet man jedoch keine Distanz d, denn er weist keine Pfeilhöhe auf. Seine Funktion ist es, die Lasten als gerades horizontales Element zu tragen. Daher muss der Widerstand gegenüber der Rotation vom Tragelement selber übernommen werden und kann nicht vom Element und seiner Distanz zum Auflager aufgebaut werden.

Dieser innere Widerstand wird durch eine Druckkraft im oberen Bereich und durch eine Zugkraft entlang des unteren Randes des Balkens aufgebracht. Aus der Abbildung wird deutlich, dass der Balken ähnlich wie ein sehr flacher Betonbogen wirkt, bei dem die Zugkraft H durch die Bewehrungsstäbe übernommen wird, welche

in the upper part of the beam and a tension force at its lower part. As the figure shows, the beam acts somewhat like a flat arch of concrete with the horizontal tension force H carried by the reinforcing steel which ties the two ends of the arch together. This tension, which cut stone cannot carry, has always limited the use of stone to arches and to very-short-span lintels. But by reinforcing concrete with steel bars, engineers were able to carry that tension and make flat elements practical in concrete. The resisting bending moment now comes from the force C times its distance from the force T, all within the beam. Furthermore, there is no axial force H, only an internal force M; just as in the arch there is no internal force M but there is an axial force H. The beam carries vertical loads by bending forces while the arch carries them by axial forces.

All of this structural discussion leads us to see that Maillart faced an essentially different problem of form in the beam than he had in the arch. The arch is expressive because of its rise; it has shape that expresses load-carrying like the inverted string. The beam is dead flat and is thus not expressive because the bending forces are internal and hidden within the horizontal element.

The Layout for the Overpass of the Weissensteinstrasse

In 1932 Maillart had made a complete analysis for a skewed beam bridge to carry the Weissensteinstrasse over a rail line in the southern part of Bern.[3] The layout draws on the beam design at Châtelard (see pp. 31–35) and the trabeated parts of the Salginatobel bridge (see pp. 42–49) by having straight beams with slight haunches at the two principal supports which are themselves straight vertical elements with no change in profile below those small haunches. He provided about the minimum main span of 30.94 meters to clear the three rail lines below; one side span he made 12.5 meters, and on the other side he divided the remaining distance into spans of 14 meters and 11.5 meters. Between these last two spans he designed a column with hinges at the top and bottom to allow it to tilt without stress as the beam expands or contracts with changes in temperature. The beam is also free to slide in response to temperature at each abutment support.

The four-span beam is continuous over five supports. This means that as the main span tries to deflect downward under loading it is partly restrained by being monolithically connected to the side spans. Because of this restraint, the depth of the main span could be reduced, and Maillart made it shallower (1.65 meters) than that of the side span

so die beiden Enden des Bogens zusammenbinden. Diese Zugbeanspruchung, die von Bruchsteinen nur schlecht ertragen wird, hat die Anwendung von Stein immer schon auf Bogentragwerke und sehr kurz gespannte Fenster- oder Türstürze beschränkt. Durch die Bewehrung des Betons mit Stahlstäben war es den Ingenieuren möglich, die Zugbeanspruchungen aufzunehmen und auch flache Trageelemente in Beton auszuführen. Das stabilisierende Moment wird nun durch die Kraft C und die Distanz zur Kraft T erzeugt, alles innerhalb des Balkens. Dieses innere Moment bezeichnet man als Biegemoment. Eine horizontale Kraft H entsteht hier aber nicht, nur noch ein Biegemoment M; gerade umgekehrt ist es bei einem Bogen, wo kein inneres Moment M, dafür aber eine axiale Druckkraft H auftritt. Der Balken trägt vertikale Lasten über Biegung, der Bogen hingegen über axiale Druckkräfte ab.

All diese baustatischen Betrachtungen lassen aber erkennen, dass Maillart bei den Balkentragwerken mit grundsätzlich anderen Problemen konfrontiert war, als er sie bei den Bogen hatte. Die Bogenform ist aufgrund ihrer Erhebung ausdrucksstark; ihre Gestalt veranschaulicht wie das invertierte Seil das Abtragen der Belastung. Der Balken ist völlig flach und daher ausdruckslos. Die Biegemomente sind innere Kräfte und bleiben im Innern des horizontalen Elements verborgen.

Der Entwurf der Überführung der Weissensteinstrasse

Bereits 1932 erstellte Maillart die vollständige Berechnung für eine schief gelagerte Balkenbrücke, auf der die Weissensteinstrasse die Eisenbahnlinie im Süden der Stadt Bern überqueren sollte[3]. Der Entwurf stützte sich auf das Projekt des Wasserkanales bei Châtelard (vgl. S. 31–35) und den als durchlaufenden Balken gestalteten Zufahrtsbereich der Salginatobelbrücke (vgl. S. 42–49). Er wählte hier ein gerades Balkentragwerk, das bei seinen zwei Hauptabstützungen kleine Vouten aufweist, dessen Stützen aber gerade vertikale Elemente sind und ihren Querschnitt nicht weiter verändern. Er wählte eine minimale Hauptspannweite von 30,94 Metern, die als Öffnung für die dreispurige Eisenbahn ausreichte; das eine der Endfelder hatte somit eine Spannweite von 12,5 Metern, auf der anderen Seite unterteilte Maillart die verbleibende Distanz in zwei Felder von 14 und 11,5 Metern. Zwischen diesen beiden äusseren Feldern ordnete er eine Stütze an, die an ihren Kopf- und Fusspunkten Gelenke aufweist (Pendelstütze) und

Berechnung des Hauptträgers

Sketch of the Weissenstein-strasse Bridge in Bern, 1932. From Maillart's calculations. Maillart's first design consists of a continuous beam with four unequal spans, free to slide at its ends, A and E. Maillart made the column at B free to rotate at top and bottom and he reduced the beam depth in the main span to lighten the visually inexpressive 79-meter-long bridge.

Skizze der Überführung der Weissensteinstrasse in Bern, 1932, aus Maillarts Berechnungsunterlagen. Maillarts erster Entwurf bestand aus einem vierfeldrigen Durchlaufträger mit vier ungleichen Spannweiten. Die Auflager A und E waren als Gleitlager vorgesehen. Für die Stützen in B sah Maillart gelenkige Kopf- und Fusspunkte (Pendelstütze) vor. Die Hauptspannweite wies eine reduzierte Balkenhöhe auf, um den 79 Meter langen, optisch ausdruckslosen Brückenträger schlanker erscheinen zu lassen.

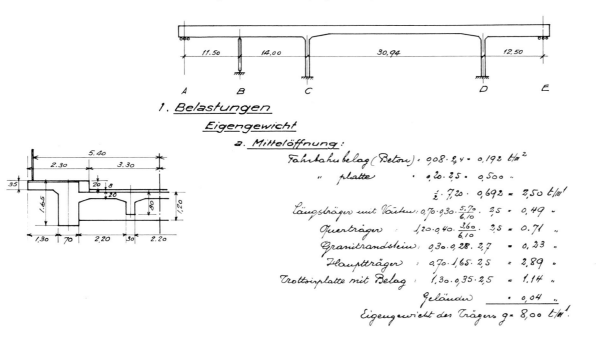

System: Durchlaufender Träger über vier ungleiche Öffnungen mit zwei festverbundenen Mittelstützen, einer Pendelstütze und zwei beweglichen Endauflagern (Gleitlagern). –

A B C D E

11.50 14,00 30,94 12,50

1. Belastungen

Eigengewicht

a. Mittelöffnung:

Fahrbahnbelag (Beton): $0,08 \cdot 2,4 = 0,192$ t/m²

" platte: $0,20 \cdot 2,5 = 0,500$ "

$\tfrac{1}{2} \cdot 7,20 \cdot 0,692 = 2,50$ t/m'

Längsträger mit Vouten: $0,70 \cdot 0,30 \cdot \tfrac{5,70}{6,10} \cdot 2,5 = 0,49$ "

Querträger: $1,20 \cdot 0,40 \cdot \tfrac{3,60}{6,10} \cdot 2,5 = 0,71$ "

Granitrandstein: $0,30 \cdot 0,28 \cdot 2,7 = 0,23$ "

Hauptträger: $0,70 \cdot 1,65 \cdot 2,5 = 2,89$ "

Trottoirplatte mit Belag: $1,30 \cdot 0,35 \cdot 2,5 = 1,14$ "

Geländer: $= 0,04$ "

Eigengewicht des Trägers $g = 8,00$ t/m'.

(Cross-section dimensions: 5.40; 2.30; 3.30; 35; 20; 8; 20; 1.65; 1.20; 1.30; 70; 2.20; 30; 2.20)

(2 meters). He was attempting to lighten the effect of the visually inexpressive 79-meter-long beam bridge.

This entire composition is technically correct but visually awkward, without any distinction, somewhat like his Stauffacher design of thirty-four years earlier (see p. 3). Fortunately the project did not go forward in 1932, as Maillart turned to the Rossgraben and Töss bridges, both in systems he had long been studying and for which the beam and column parts did not need much new thought. He would return to the project, however, in 1938, at which time the bridge was completed (see below, pp. 100–101).

sich somit ohne Zwängungen schräg stellen kann, wenn sich der Balken aufgrund von Temperaturänderungen ausdehnt oder zusammenzieht. Bei den beiden Widerlagern ist der Balken im Hinblick auf solche Temperaturbewegungen gleitend aufgelagert.

Der vierfeldrige Träger läuft kontinuierlich über die fünf Auflagerpunkte. Wenn sich nun der Träger im Hauptfeld durchbiegt, so ist er, infolge der monolithischen Verbindung mit den äusseren Spannweiten, teilweise in diese eingespannt. Aufgrund dieser Einspannung kann die Trägerhöhe über der Hauptspannweite reduziert werden, und Maillart wählte sie mit 1,65 Metern schlanker als in den Aussen-

Liesberg and the Continuous Beam

In late 1934 Maillart turned serious attention to the beam-bridge problem that he had begun to consider for the Weissensteinstrasse in 1932. Now he focused on the Liesberg bridge for a small single-line railway over the Birs River about 30 kilometers south of Basel.[4] Like Spital (see pp. 56–59) and Weissensteinstrasse (above), the bridge crosses on a skew, here about 45 degrees. The railway goes less than 4 meters above high water, and the little river valley is about 43 meters wide measured along the bridge axis (at 45 degrees from the river axis). Any arch he might build here would have to be very flat, but the loads to be carried were railway loads, much greater than those for highway bridges like Spital. And there was no high clearance to work with as there had been at Klosters (see pp. 52–56). There was also no reason to avoid columns in the water, since the Birs is not a navigable or deep river.

Maillart therefore laid out a three-span skew-beam bridge with the center span about double that of each side span. So far nothing is unusual. But he wanted an expressive form that would still be economical. This is not easy in such a small work, but he achieved it by giving 3.75-meter-long haunches to the undersides of the beams at the

feldern, wo sie 2 Meter beträgt. Er versuchte so, die sonst ausdruckslose 79 Meter lange Balkenbrücke optisch leichter erscheinen zu lassen.

Der gesamte Entwurf ist wohl technisch korrekt, optisch aber unbefriedigend und ohne Eleganz, ähnlich wie die Stauffacherbrücke (vgl. S. 3) 34 Jahre zuvor. Glücklicherweise wurde das Projekt 1932 eingestellt, und Maillart wandte sich den Projekten der Rossgraben- und der Tössbrücke zu, beides Tragsysteme, wie er sie schon lange Zeit studiert hatte und deren Stützen-Balken-Bereiche keine neuen Überlegungen erforderten. Im Jahre 1938 griff er jedoch dieses Projekt noch einmal auf, und es wurde im selben Jahr in einer überarbeiteten Variante auch ausgeführt (vgl. S. 100–101).

Liesberg und der Durchlaufträger

Gegen Ende des Jahres 1934 wandte sich Maillart ernsthaft den Problemen der Balkenbrücken zu, mit denen er sich bereits beim Entwurf für die Weissensteinstrasse 1932 beschäftigt hatte. Er konzentrierte sich nun auf das Projekt einer kleinen einspurigen Eisenbahnbrücke, die bei Liesberg, 30 Kilometer südlich von Basel, die Birs quert[4]. Wie schon bei der Spitalbrücke (vgl. S. 56–59) und der Überführung der Weissensteinstrasse (siehe oben) handelt es sich hierbei um eine um 45 Grad schief gelagerte Brücke. Das Eisenbahntrasse verläuft weniger als 4 Meter oberhalb des Hochwasserspiegels, und das kleine Tal ist, entlang der Brückenachse gemessen (in einem Winkel von 45 Grad zur Flussachse), ungefähr 43 Meter breit. Eine Bogenbrücke hätte hier sehr flach sein müssen, obwohl sie Eisenbahnlasten aufzunehmen hatte, die sehr viel grösser sind als die Verkehrslasten von Strassenbrücken (wie zum Beispiel die Spitalbrücke). Es war auch kein Lichtraumprofil einzuhalten wie bei der Landquartbrücke in Klosters (vgl. S. 52–56), und es gab, da die Birs nicht sehr tief und kein schiffbarer Fluss ist, keinen Grund dazu, Abstützungen im Wasser zu vermeiden.

Maillart entschied sich daher für eine schief gelagerte dreifeldrige Balkenbrücke, deren Mittelfeld die doppelte Spannweite der beiden Aussenfelder aufweist. So weit ist dabei nichts aussergewöhnlich. Er wollte eine ausdrucksvolle, aber trotzdem wirtschaftliche Form schaffen, was bei kleineren Bauten nicht leicht zu erreichen ist – aber es gelang ihm. Er gestaltete die Trägerunterseite bei den Abstützungen als 3,75 Meter lange Vouten und rundete die Trägeroberseite in den äussersten 6,6 Metern zu den Widerlagern hin aus. Das Resultat ist ein gerade durchlaufender, 1,41 Meter hoher, 43 Meter langer Brückenträger, der allerdings über 29 Meter oder zwei Drittel seiner Länge durch Bogenformen belebt wird. Die obere Ausrundung der äusseren 6,6 Meter endet genau da, wo die 3,75 Meter messende Voute auf der unteren Trägerseite beginnt. So entstehen Abfolgen von ausgerundeten Formen, die durch den 14 Meter langen geraden Mittelteil verbunden werden.

Auffallend sind vor allem die Stützen. Schon bei der Felseggbrücke (vgl. S. 72–78) hatte Maillart begonnen, die Stützen speziell zu gestalten, und bei dieser kleinen Balkenbrücke ergaben sich hierfür neue Möglichkeiten. Ausgehend vom unteren Ende der 0,5 Meter breiten Voute, führte er den quadratischen Stützenquerschnitt (0,5 × 0,5 Meter) über 2,2 Meter (10 Prozent der Hauptspannweite)

Birs River Bridge at Liesberg, 1935. Side view showing the three-span continuous-beam skewed bridge with haunches over the columns and with a gently sloping beam top near the abutments.

Birsbrücke bei Liesberg, 1935. Seitliche Ansicht des dreifeldrigen schief gelagerten Durchlaufträgers. Der Träger ist über den Stützen mit Vouten versehen und zu den Widerlagern hin sanft ausgerundet.

93

Birs River Bridge at Liesberg, 1935. Column. Maillart haunched the lower side of the beam to make a smooth transition with the columns and to reduce the bending moments in the center of the main span. He made an inverted capital at the column base to spread its load more evenly on the foundation.

Birsbrücke bei Liesberg, 1935. Stütze. Um sanfte Übergänge zu den Stützen zu schaffen, bildete Maillart die Trägerunterseite als Voute aus, konnte so aber gleichzeitig auch die Biegemomente in der Mitte des Hauptfeldes reduzieren. Den Stützenfuss baute er als invertiertes Kapitell und konnte so die Lasten gleichmässiger auf die Fundation verteilen.

94

two columns. Further, he curved the upper side of the beams over the outer 6.6 meters at each end. The result is a strong horizontal beam running straight for 43 meters with a depth of 1.41 meters but enlivened by curves for 29 meters, or about two-thirds of its length. The 6.6-meter top curve ends just where the 3.75-meter bottom haunch begins so that there is a play which the eye follows throughout the length of the beam, even along the straight 14-meter central part.

More striking are the columns themselves. Having already begun to play with column forms at Felsegg (see pp. 72–78), Maillart saw new possibilities for this little beam bridge. He carried the 50-cm-square columns straight down from the 50-cm-wide haunched beams, a distance of 2.2 meters (10 percent of the main span) and then flared them out at the base over a 1-meter curve to form a mushroom column in reverse, as he had done in 1912 at the bases of the flat-slab columns of the water filtration plant (see pp. 18–21). The visual result is an elegant transition between straight verticals and the horizontal river-bedded concrete footing. Early published photos did not show these column bases and thereby missed much of the visual play that Maillart intended for this small structure.

Unlike the arches at Spital, the skewed beams at Liesberg are all at the same level and therefore the cross members also are level. The play seen from the underside of the Spital skewed arches is missing at Liesberg, but there is a new play in the beam bridge seen from the riverbanks. Here the beam haunches, curving out from both sides of one column, visually meet the similar haunches curving to meet the column behind. Maillart has designed this play of haunching to produce different broken-arch images as we move along the banks. He thus breaks up the central straight 14-meter beam further by this 4.5-meter haunching behind. The profile of the bridge has far more life than one could imagine in a simple, small bridge, especially when the designer needs to provide a visually heavy beam depth to carry the large railway loading.

Unseen in the final structure is Maillart's ingenious construction idea. He designed the abutment ends of the beams to be unsupported until after the entire bridge was built. This meant that the side spans bent downward under their own weight, preventing the central span from sinking. The net result was almost no dead-load bending at the middle of the center span. Once that dead-weight movement was completed, Maillart had the ends concreted in at the abutments to provide a full support there for the heavy train loads. The only visual result of this unusual construction procedure is the relative thinness of the beam at midspan.

senkrecht nach unten, rundete ihn dann über einen Meter zum Fusspunkt hin aus und erhielt so eine kopfstehende Pilzstütze, wie er sie bereits 1912 für das Filtergebäude bei Rorschach (vgl. S. 18–21), nur eben umgekehrt, entworfen hatte. Das optische Ergebnis sind elegante Übergänge zwischen den geraden vertikalen Linien und dem horizontal auf dem Wasser stehenden Betonfuss. Auf den früher publizierten Fotografien sind diese Stützenfüsse nicht zu sehen, wodurch viel von Maillarts optischem Formenspiel in dieser kleinen Struktur verborgen blieb.

Anders als bei der Spitalbrücke liegen die schief gelagerten Balken der Birsbrücke auf gleicher Ebene, so dass auch die Querträger der Brücke horizontal zu liegen kommen. Ein solches Schauspiel, wie es die Untersicht der Spitalbrücke bietet, kommt über der Birs nicht zustande; man sieht hier aber von den Flussufern aus ein für Balkenbrücken neues Formenspiel. Der Brückenträger wölbt sich auf beiden Seiten einer Stütze und wiederholt diese Bewegung bei der unmittelbar dahinter liegenden Stütze ein zweites Mal. Maillart entwarf die Vouten so, dass man auf einem Spaziergang entlang den Flussufern die so entstehenden Spitzbogen als wechselnde Formen sehen kann. Er durchbrach die geraden Linien der mittleren 14 Meter der Brücke, indem er die dahinter liegenden Vouten ebenfalls sichtbar machte. Die Ansicht wirkt viel lebhafter, als man es eigentlich von einer einfachen kleinen Brücke erwarten würde, was besonders überrascht, da sie, weil sie grosse Eisenbahnlasten zu tragen hat, einen optisch schwer wirkenden Träger aufweist.

Was man am fertigen Bau nicht mehr sieht, ist Maillarts ingeniöse Konstruktionsidee. Er liess die Enden der Brücke bis zur Fertigstellung des gesamten Tragwerks frei auskragen. Das bedeutete, dass sich die Aussenfelder unter ihrem Eigengewicht durchbogen und somit eine Absenkung der mittleren Spannweite verhinderten. Das Resultat war, dass sich trotz der ständigen Lasten in der Mitte des Hauptfeldes kaum Durchbiegungen ergaben. Als sich die erwarteten Verformungen in den Aussenfeldern eingestellt hatten, liess Maillart die Endauflager ausführen und stellte dem Tragwerk somit seine endgültige Abstützung zur Verfügung. Das einzig sichtbare Resultat dieser ungewöhnlichen Bauausführung ist die relative Schlankheit des Brückenträgers im Mittelfeld.

Im Verlaufe seiner Arbeiten an der Vessy- und der Birsbrücke gegen Ende des Jahres 1934 erkannte Maillart, dass die Stützen optisch ebenso entscheidend sind wie die überbrückenden Tragelemente. Bei Balkenbrücken ist es oftmals tatsächlich so, dass die Stützen viel mehr gestalterische Möglichkeiten bieten als die Träger.

Birs River Bridge at Liesberg, 1935. Haunched beams. The haunching of the two beams, one behind the other, gives the impression of a flat arch because of the skew. Maillart enlivens the normally dull horizontal beam with haunching, column shaping, and a curved top edge near the abutment.

Birsbrücke bei Liesberg, 1935. Voutenträger. Die Vouten der beiden Träger vermitteln, weil die Brücke schief gelagert ist, den Eindruck eines flachen Bogens. Maillart belebte den eigentlich langweiligen horizontalen Balken mit den Vouten, einer speziellen Stützenform und der ausgerundeten Oberkante im Widerlagerbereich.

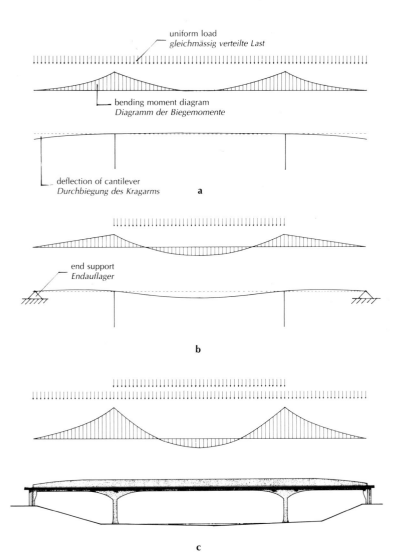

uniform load
gleichmässig verteilte Last

bending moment diagram
Diagramm der Biegemomente

deflection of cantilever
Durchbiegung des Kragarms   a

end support
Endauflager

b

c

Idealized bending-moment diagrams for the Liesberg Bridge. (a) Idealized moment and deflection of a beam with freely cantilevered side spans under uniform load. (b) Idealized moment and deflection of a continuously supported beam over four supports with live load over center span. (c) Summation of both moment diagrams compared with a longitudinal cross section of the Liesberg Bridge. Maillart has made the beam deepest over the columns where the bending moment is the greatest and has reduced the depth at the ends where it goes to zero.

Idealisierte Momentendiagramme für die Birsbrücke bei Liesberg. (a) Idealisierte Biegemomente und Durchbiegungen eines Balkens mit zwei auskragenden Enden unter gleichmässig verteilter Last. (b) Idealisierte Biegemomente und Durchbiegungen eines Durchlaufträgers mit vier Auflagern unter Verkehrslasten im Mittelfeld. (c) Überlagerung der beiden Momentendiagramme, verglichen mit dem Längsschnitt der Birsbrücke bei Liesberg. Maillart machte den Träger über den Stützen dort, wo die grössten Biegemomente auftreten, am höchsten und reduzierte die Trägerhöhe bei den Endauflagern, wo die Momente auf Null abnehmen.

Maillart began to see in late 1934, working on both Vessy and Liesberg, that columns were as visually critical as spanning members. Indeed, for beam bridges, columns often hold more possibilities than beams do for play with forms. Because of the visually dead beam form on small bridges, Maillart realized that life would have to come primarily from columns. This meant, as it had also with his arch bridges, that the making of form would focus on structure beneath the roadway, structure that could only be seen from some distance in profile or close up at ground level. The driver above sees only a passageway and parapets.

Moreover, the design commissions Maillart got for such small works as these beam bridges came not from competitions against official designs or against those of other private designers. Rather, he got these commissions because they were technically difficult — skew bridges over fast-running mountain torrents or for heavily loaded bridges like the Liesberg. Officials gave him only the difficult projects. Maillart by 1935 had hardly gotten any commissions for standard nonskewed overpasses; they could presumably be done by any structural engineer.

Aufgrund der bei kleinen Brücken optisch leblos wirkenden Form der Balken erkannte Maillart, dass in erster Linie die Formgebung der Stützen den Entwurf belebten. Wie auch bei den Bogenbrücken bedeutet dies, dass das gestalterische Moment eigentlich auf die Bereiche unterhalb der Fahrbahn beschränkt bleibt. Tragwerksteile also, die man in der Ansicht nur aus einer gewissen Entfernung oder aber neben der Brücke stehend erkennen kann. Der Fahrer selber sieht nur die Fahrbahn und die Brüstungen.

Die Aufträge für solch kleinere Bauten wie diese Balkenbrücke erhielt Maillart nicht über Wettbewerbe, in denen er gegen offizielle Projekte oder Entwürfe anderer privater Ingenieure antrat. Er erhielt solche Aufträge vielmehr, weil sie technisch besonders schwierig waren – schief gelagerte Brücken über reissende Bergbäche oder für schwere Lasten wie hier bei Liesberg. Die Behörden gaben ihm nur die schwierigen Projekte. Um 1935 bekam Maillart kaum mehr Aufträge für normale, nicht schief gelagerte Überführungen, diese konnten vermutlich von beliebigen Bauingenieuren ausgeführt werden.

Expression in Concrete Beams

The technical advantage of embedded steel bars, that they take the tension in concrete, presents a potentially blinding solution to the engineer. A concrete beam completely hides its steel skeleton whose pattern of bars expresses the play of tension forces that act with compression forces in the concrete to convert vertical weight into horizontal forces within the structure. The figure shows the steel skeleton in the outer, partly cantilevered spans for Liesberg.

It is easy for the engineer to make a straight beam, and where the forces are large — over supports and at midspan — that designer merely embeds more steel bars. Thus, while the strength of the beam appears to be the same over its entire length, its hidden resistance varies enormously but without any visual expression of this. To the aesthetically insensitive designer, such a dull beam means economy of construction because no complicated wooden formwork is required. Surprisingly, to many aesthetically sensitive architects and writers between the world wars, such straight elements came to symbolize engineering and were even revered as the "clean lines" of a new art. The final irony came with Postmodern architecture which abandoned those clean so-called engineering forms of Modernism in favor of a

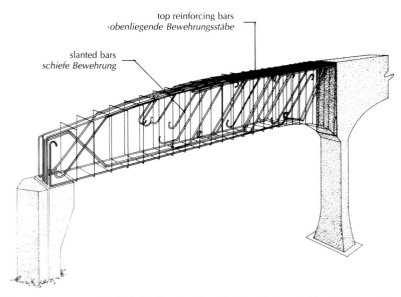

Internal arrangement of reinforcing steel bars for the Liesberg Bridge. The top reinforcing bars carry tension and the slanted bars carry shear forces in this side span which carries much of its load as a cantilever.

Bewehrungsführung im Brüstungsträger der Birsbrücke. Die obenliegenden Bewehrungsstäbe übernehmen die Zugkräfte aus der Biegebeanspruchung, wohingegen die schiefen Stäbe die Schubbeanspruchung abtragen. Dieses Endfeld trägt einen grossen Teil seiner Belastung als Kragarm.

Die Wirkung von Betonbalken

Der technische Vorteil der eingebetteten Stahlstäbe, das Übernehmen von Zugbeanspruchungen im Beton, stellt für den Ingenieur eine Lösung dar, die irreführend sein kann. Ein Betonbalken verbirgt sein Stahlskelett vollständig; dessen Stabmuster zeigt den Verlauf der Zugkräfte auf, die zusammen mit den Betondruckkräften die vertikalen Lasten in horizontale Kräfte überführen, alles innerhalb des Tragelementes. Die Abbildung zeigt das Stahlgerippe eines äusseren, teilweise als Kragarm wirkenden Trägers der Birsbrücke bei Liesberg.

Es ist für den Ingenieur einfach, einen geraden Balken zu bemessen. Wo die Kräfte gross sind – über den Auflagern und in der Mitte der Spannweite –, legt er einfach mehr Stahlstäbe ein. Obwohl die Festigkeit über die gesamte Länge des Balkens die gleiche zu sein scheint, kann sein verborgener Widerstand erheblich variieren, ohne

äusseres Anzeichen dafür. Für einen in ästhetischer Hinsicht unempfindlichen Konstrukteur bedeutet dies, da keine aufwendige Holzschalung herzustellen ist, wirtschaftliches Bauen. Überraschenderweise waren diese geradlinigen Elemente für viele ästhetisch sehr empfindsame Architekten und Autoren der Zwischenkriegszeit Symbole der Technik und wurden sogar als die «klaren Linien» einer neuen Kunst verehrt. Die endgültige Ironie kam mit der postmodernen Architektur, die diese klaren, sogenannt technischen Formen der Moderne zugunsten reichhaltiger Dekors wieder aufgab; eine Rückkehr zu der Stauffacherbrücke (vgl. S. 3) und zu den Ideen des 19. Jahrhunderts, in der irrigen Meinung, dass wahre Ingenieurformen hässlich oder zumindest geradlinig und langweilig sein müssen.

Die Bewegung der Moderne verstand die Möglichkeiten der Ingenieurformen nicht, um die sich Maillart bemühte und die er von der Schwerfälligkeit der altertümlichen Bogen oder von der Glanzlosigkeit der geraden Formen des Holz- und Stahlbaus befreite. Es wird

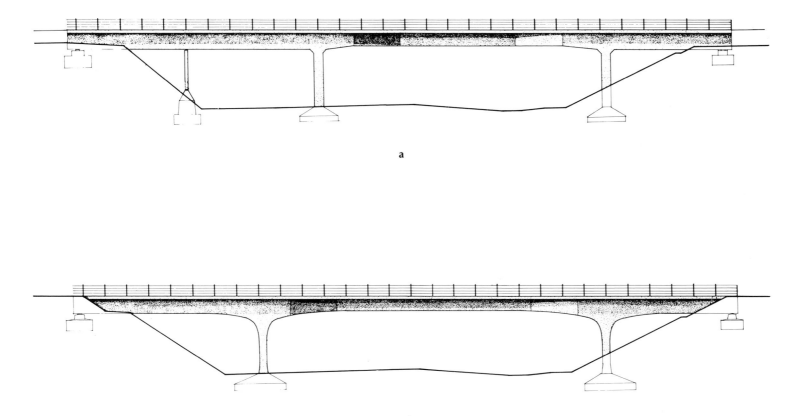

a

b

Weissensteinstrasse Bridge in Bern. (a) Profile of the 1932 design and (b) profile of the 1938 construction, with shading to indicate narrowing of the beam in the middle part of the center span. Following ideas developed for the Liesberg Bridge, Maillart changed his 1932 design to a three-span continuous beam with pronounced haunches over the columns and a shaping of those columns down to the foundations.

Überführung der Weissensteinstrasse in Bern, Längsschnitte des (a) Entwurfes von 1932 und (b) der Brücke von 1938. Die eingezeichneten Schattenflächen verdeutlichen die Trägerschlankheit im mittleren Bereich der Hauptspannweite. Aufgrund der für die Birsbrücke bei Liesberg entwickelten Ideen veränderte Maillart seinen Entwurf von 1932 zu einem dreifeldrigen Durchlaufträger mit ausgeprägten Vouten, welche auch die Formgebung der Stützen bis hin zu den Fundamenten beeinflussten.

return to plastered-on decor, in effect, a return to the nineteenth-century Stauffacher bridge ideas (see p. 3) under the misguided notion that true engineering form must be ugly or, at best, straight and dull.

That development from Modernism simply missed the point about engineering form, which Maillart struggled to wrench from the heaviness of ancient arches and the dullness of wood or steel-like straight beam forms. It will always be argued that the shaping of beams is either frivolous or costly (or both). Maillart found ways to defeat that argument over and over again. Liesberg is his first example of a beam bridge and he gave it shape by the pronounced haunching which expresses the strength of the concrete (but not of the embedded steel).

immer wieder behauptet, dass bei Balkenbrücken eine spezielle Formgebung entweder überflüssig oder kostspielig sei (oder beides). Maillart hat aber immer wieder Wege gefunden, dieses Argument zu widerlegen. Die Birsbrücke bei Liesberg ist die erste Balkenbrücke, die als Beispiel dafür steht. Er gab ihr durch die ausgeprägten Vouten eine Form, welche die Stärke des Betons (und nicht der eingelegten Bewehrung) aufzeigt.

Return to Weissensteinstrasse

While the Liesberg bridge was being built early in 1935, Maillart designed another beam bridge of almost identical form carrying a skew roadway over a railroad near Huttwil about 50 kilometers southeast of Liesberg. Then, in late 1935, following completion of Huttwil, he began studies for a skewed roadway bridge at Gündlischwand near Grindelwald in the Bernese Oberland. After a dull first design, he returned to that bridge in 1937, giving it a more lively form which was satisfactorily load-tested in December of that year.

Early in 1938 he came back to the Weissensteinstrasse bridge in Bern (see pp. 90–91), armed with his new ideas begun at Liesberg. The difference between his 1932 design and that of 1938 is as marked as that between Zuoz and Tavanasa (see pp. 4–8 and 10–13) or between Valtschielbach and Schwandbach (see pp. 35–40 and 66–70). It represents the same type of shift in vision as between those earlier bridges. In each case, Maillart sought to create a better technical solution and at the same time a superior visual design — a more rational and a more beautiful form. In 1938, for the Weissensteinstrasse bridge in Bern, he removed the earlier hinge-ended columns, spread the main span by about 20 percent, and produced a three-span beam of proportions similar to those of the Liesberg bridge, except that the bridge in Bern has unequal side spans.[5]

The beam haunches along the bottom are 9 meters into the main span and 6 meters into the side ones, making a total of about 42 percent of the entire bridge length, whereas at Liesberg the haunches make up about 37 percent. At Liesberg, however, the beam top curves down at either end to increase its visual interest. Since the beam at Bern is below the deck, it is straight to the ends with all the play occurring in the bottom haunching edges.

Maillart accents the bottom haunching even more in this 1938

Rückkehr zur Weissensteinstrasse

Während des Baus der Brücke bei Liesberg im Frühjahr 1935 projektierte Maillart eine weitere Brücke mit beinahe derselben Form. Es handelte sich um eine die Eisenbahnlinie schief querende Strassenbrücke in der Nähe von Huttwil, 50 Kilometer südöstlich von Liesberg. Nach der Fertigstellung der Huttwiler Brücke, gegen Ende des Jahres 1935, begann er mit den Vorstudien für eine schief gelagerte Strassenbrücke in Gündlischwand bei Grindelwald im Berner Oberland. Nach einem unbefriedigenden ersten Entwurf wandte er sich 1937 erneut dieser Brücke zu und gestaltete sie viel lebendiger. Bereits im Dezember desselben Jahres konnten hier die Belastungsversuche erfolgreich durchgeführt werden.

Anfangs 1938 kehrte er schliesslich zum Projekt der Überführung der Weissensteinstrasse (vgl. S. 90–91) zurück, ausgerüstet mit seinen neuen Ideen, die er bei der Birsbrücke zu entwickeln begonnen hatte. Die Unterschiede zwischen den Entwürfen von 1932 und 1938 sind so deutlich wie diejenigen zwischen der Zuoz- und der Tavanasabrücke (vgl. S. 4–8 und 10–13) oder zwischen der Tschielbach- und der Schwandbachbrücke (vgl. S. 35–40 und 66–70). Hier zeigt sich der gleiche Wandel in der Vorstellungskraft wie schon bei diesen früheren Brücken. In jedem dieser Fälle versuchte Maillart, bessere technische Lösungen und gleichzeitig optisch überlegene Entwürfe zu finden – sinnvolle und schöne Formen. Im Jahre 1938 entfernte er bei der Weissensteinstrasse in Bern die früheren, gelenkig angeschlossenen Stützen, vergrösserte die Hauptspannweite um nahezu 20 Prozent und schuf somit einen dreifeldrigen Durchlaufträger, dessen Proportionen denjenigen der Birsbrücke ähnlich sind, mit der Ausnahme, dass in Bern die Aussenfelder ungleiche Spannweiten aufweisen[5].

Die Vouten entlang der Trägerunterseite reichen 9 Meter in das Mittelfeld und 6 Meter in die Randfelder und machen somit ungefähr 42 Prozent der gesamten Brückenlänge aus. Bei der Brücke in Liesberg beträgt der gevoutete Anteil 37 Prozent, dort jedoch steigern die Ausrundungen der Trägeroberseite in den Endfeldern die optische Spannung. Da der Brückenträger in Bern unterhalb der Fahrbahnplatte liegt, verläuft er bis zu den Widerlagern als gerade Linie, und das Formenspiel bleibt auf die Vouten des unteren Trägerrandes beschränkt.

Weil die Trägeroberkante horizontal verlaufen muss und sie durch die erheblich auskragende Fahrbahnplatte teilweise verdeckt wird, akzentuierte Maillart die Vouten bei der Brücke von 1938 sogar noch stärker. Ohne die Fahrbahnplatte beträgt die Trägerhöhe im Mittelfeld lediglich 1,2 Meter. Darüber kragt die 0,25 Meter dicke Fahrbahnplatte um 1,5 Meter horizontal aus, wirft dadurch einen

Rhône Bridge near Peney, 1939 (unbuilt). Profile of a rendering showing the deeply haunched beams supported by thin columns. The beams taper to become shallower as they approach the bridge ends. The bridge is a hollow box over the columns with the bottom slab removed elsewhere.

Rhonebrücke bei Peney, 1939 (nicht ausgeführt). Die Ansicht zeigt den hohen von schmalen Stützen getragenen Voutenträger. Der sich in den Aussenfeldern verjüngende Brückenträger ist über den Stützen als Hohlkasten ausgebildet, dessen untere Kastenplatte aber in den übrigen Bereichen fehlt.

bridge because the beam top must be straight and hidden by the substantial deck overhang above. The main-span beam has a depth of only 1.2 meters below the deck slab, and the overhang of the 0.25-meter-deep deck is 1.5 meters horizontally, thus casting the beam into a shadow and making it appear exceptionally light for so long a span. With a total depth of 1.5 meters, its ratio of span to depth is about 25, a remarkably light structure for reinforced concrete.

Finally, Maillart has more fully integrated the columns and the haunched beam here than at Liesberg. There is no sharp turn in profile, but rather the haunch smoothly curves into the column, going from a horizontal tangent at the beam to a vertical tangent at the column. The column then goes vertically to its base where, as at Liesberg, it flares out to meet the footing. However, the flare at Bern is only in profile; it is not a mushroom-column flare as at Liesberg.

Maillart designed two more three-span beam bridges after the bridge for the Weissensteinstrasse: the Altendorf bridge completed in 1940, and the unbuilt Peney bridge in Geneva. The former bridge is not skewed and presented no new challenge to Maillart, but the latter is a great design, sadly passed over by an unimaginative jury. The Peney bridge belongs properly to the work of Maillart's last two years. Although its ideas build on those developed from Liesberg to Weissensteinstrasse, its form is a radical departure from beam-bridge ideas up to 1938 and belongs, therefore, to his other radical ideas of that year characterized best by the Zurich Cement Hall designed for the Swiss National Fair of 1939.

Schatten auf den Träger und bewirkt, dass dieser im Verhältnis zur relativ grossen Spannweite ausserordentlich leicht erscheint. Mit der Gesamthöhe von 1,5 Metern ergibt sich ein Verhältnis der Spannweite zur Höhe von ungefähr 25, ein für Stahlbeton bemerkenswert schlanker Träger.

Maillart hat hier, umfassender noch als bei der Birsbrücke, auch die Form der Stützen in den Verlauf der Vouten miteinbezogen. Es gibt keine scharfen Übergänge mehr, die Vouten verlaufen vielmehr als glatte Kurven von der horizontalen Tangente an die Trägerunterkante zu der vertikalen Tangente an die Stütze. Die Stütze verläuft anschliessend vertikal zu ihrem Fusspunkt, wo sie sich, wie bei der Birsbrücke, ein wenig aufweitet. Diese Aufweitung betrifft in Bern allerdings nur den Längsschnitt; es handelt sich nicht um einen pilzförmigen Stützenfuss wie bei der Brücke in Liesberg.

Nach dem Projekt für die Weissensteinstrasse entwarf Maillart noch zwei weitere dreifeldrige Balkenbrücken: die Überführung bei Altendorf, die 1940 fertiggestellt wurde, und die nie ausgeführte Rhonebrücke bei Peney in der Nähe von Genf. Die erste ist nicht schief gelagert und stellte für Maillart keine neue Herausforderung dar. Die Brücke bei Peney war hingegen ein grossartiger Entwurf, der unglücklicherweise von einer phantasielosen Jury übergangen wurde. Diese Brücke gehört eigentlich schon zu den Projekten, die in Maillarts letzten zwei Jahren entstanden sind. Obwohl die Erfahrungen von Liesberg oder von der Weissensteinstrasse ebenfalls in den Entwurf einflossen, weicht die Peneybrücke radikal von den bis 1938 gängigen Ideen von Balkenbrücken ab. Sie gehört deshalb zu Maillarts weiteren radikalen Ideen dieses Jahres, welche am besten anhand der für die Landesausstellung von 1939 entworfenen Zementhalle in Zürich charakterisiert werden können.

VIII

LAST EXPERIMENTS: 1938–1940

LETZTE ENTWÜRFE: 1938–1940

The Ephemeral Cement Hall Enshrined

In September 1938 the *Swiss Building Journal* published a photograph showing the cardboard model of a Cement Hall designed by Maillart for the Swiss National Fair to run from 3 May to 29 October 1939. In early 1940 the hall was demolished as planned so that only documents remain. At least, Maillart's close friend Prof. Mirko Rôs directed a complete load test whose detailed results are a permanent memorial to the extraordinary efficiency of this lost thin-shell, concrete roof.[1]

The profile view shows the shell's extreme thinness, expressive of efficiency and reminiscent of the deck-stiffened arches. However, the shell thickness is a mere 6 cm, or less than 2½ inches, compared with 14 cm, or 5½ inches, for the thinnest arch — the Töss bridge (see pp. 61–64). Maillart wanted to dramatize the strength of shape over mass for concrete and especially to show how little material is needed for a roof if the form is well chosen.

The form of this modest structure is as challenging for the layman to understand as any other form in modern art at the time. Indeed, its meaning is easily misunderstood without explanation. Once again, Max Bill sensed its significance by portraying it in 1949 through construction photographs which reveal, at least in part, both its structural expression and its construction simplicity.[2]

Maillart envisioned the shell in two parts: the upper curved shell as a thin arch and the lower slanting wall as a cantilever beam. The thin arch easily carried its own weight plus any snow load, just as does the thin arch at Töss, but unlike Töss there was no deck above to stiffen the even thinner arch below. The lack of bridge-loading permitted less material, but mainly it was the deep arches midway back from the shell edge that stiffened the slender roof.

Maillart marked off the lower part of the 11.7-meter-high shell — an almost straight but slanted wall about 4 meters high — and provided it with heavy reinforcement to permit it to carry the entire thin-arch load as a beam cantilevered from the stiff arches. The beam reinforcement illustrates to the engineer just how Maillart made this lower part carry the entire roof by the use of tension-resisting steel bars extending over the walkway opening and then dropping diagonally to transfer the load properly. The concrete beneath the walkway carried the cantilevered beam compression. We see the same reinforcing pattern in the Liesberg side spans (see pp. 92–97), which Maillart designed as cantilevers under dead load.

But that play of form in the Cement Hall is lost in the final

Die vergängliche Zementhalle

Im September 1938 veröffentlichte die «Schweizerische Bauzeitung» eine Fotografie des Kartonmodells der von Maillart projektierten Zementhalle für die Schweizerische Landesausstellung vom 3. Mai bis zum 29. Oktober 1939. Anfangs 1940 wurde die Halle wie geplant wieder abgebrochen, so dass sie heute nur noch in Dokumenten erhalten ist. Immerhin konnten abschliessend unter der Leitung von Maillarts engem Freund, Prof. Mirko Rôs, umfassende Belastungsversuche durchgeführt werden, deren detaillierte Resultate ein ständiges Andenken an die ausserordentliche Effizienz dieser dünnwandigen Betonschale sein werden[1].

In der Ansicht erkennt man die extreme Schlankheit dieser Schale, welche ihre Effizienz zum Ausdruck bringt und an die versteiften Stabbogen erinnert. Die Dicke der Schale beträgt lediglich 6 Zentimeter, wohingegen der dünnste seiner Bogen – jener der Tössbrücke (vgl. S. 61–64) – 14 Zentimeter dick ist. Maillart wollte die Tragfähigkeit einer Betonform demonstrieren und im speziellen zeigen, wie wenig Material für eine Dachstruktur notwendig ist, falls die Form gut gewählt ist.

Für den Laien ist es eine Herausforderung, die Form dieses schlichten Tragwerkes zu verstehen, genauso wie bei jedem anderen Kunstwerk aus dieser Zeit. Tatsächlich könnte man sie ohne nähere Erklärungen leicht missverstehen. Einmal mehr war es Max Bill, der ihre Bedeutung erkannte und sie 1949 mit Hilfe von Konstruktionsfotografien dokumentierte. Diese Fotografien enthüllen zumindest teilweise die strukturelle Wirkung und die Einfachheit der Bauweise[2].

Maillart stellte sich das Tragwerk zweiteilig vor: die obere gekrümmte Schale als dünnen Bogen und die unteren schiefstehenden Wände als Kragarme. Der dünne Bogen konnte sein Eigengewicht plus allfällige Schneelasten problemlos abtragen, geradeso wie derjenige der Tössbrücke. Im Unterschied dazu gab es hier jedoch keinen Brückenträger, der den noch viel dünneren Bogen versteift hätte. Das Fehlen einer Brückenbelastung erlaubte es zwar, Material einzusparen, in erster Linie waren es aber die in der Mitte stehenden hohen Bogen, die das sonst schlanke Dach versteiften.

Maillart betrachtete den unteren Bereich der 11,7 Meter hohen Schale separat – eine beinahe gerade, aber schiefstehende, vier Meter hohe Wand – und versah ihn mit einer starken Bewehrung, was dieser Wand erlaubte, die gesamte Belastung des dünnen Bogens abzutragen wie ein Balken, der von den Versteifungsbogen auskragt. Die

Cement Hall in Zurich, 1939. Front profile during construction. Maillart made this barrel shell as thin as could be built easily and he expressed that thinness visually.

Zementhalle in Zürich, 1939. Gesamtansicht während des Baus. Maillart hielt das Tonnengewölbe so dünn, dass es gerade noch mühelos gebaut werden konnte, und brachte die Schlankheit auch optisch zum Ausdruck.

concrete surface, wherein it was impossible to see the demarcation between thin arch and cantilever beam; all became one smoothly integrated form with the structural skeleton for tension fully hidden. This creates a problem of interpretation not unlike that of understanding phrases from Greek myth used in Romantic poetry, in Keats's "Ode on a Grecian Urn," for example. What do laymen do with words like *Tempe, Arcady, Attic shape,* and *brede*? They go to a good dictionary. Without knowing those meanings our pleasure in the poem is lessened but by no means eliminated. The ode is still dazzlingly beautiful even if we know little about Greece or its mythol-

Bewehrungsführung illustriert dem Ingenieur, wie Maillart diesen unteren Bereich dafür auslegte, die gesamten Dachlasten aufzunehmen, indem er nämlich die Stahlstäbe über der Öffnung des Portals durchlaufen liess und sie gegen aussen diagonal abwinkelte. Der Beton unterhalb des Portals übernahm die Druckspannungen. Die Anordnung der Bewehrung ist somit die gleiche wie in den Aussenfeldern der Birsbrücke in Liesberg (vgl. S. 92–97), die Maillart für die ständigen Lasten ebenfalls als Kragarme auslegte.

Dieses Zusammenwirken der einzelnen Teile blieb aber schliesslich unter der Betonoberfläche verborgen, und es war nicht mehr

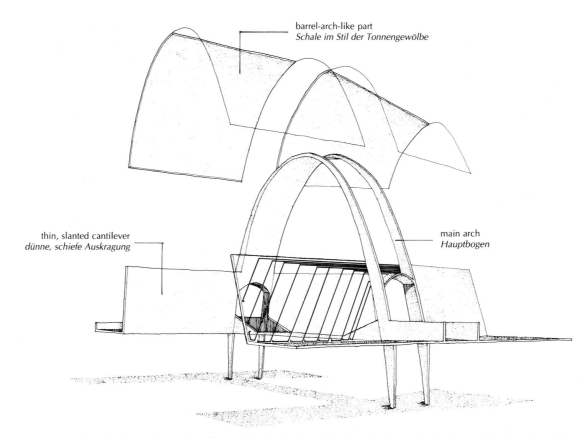

barrel-arch-like part
Schale im Stil der Tonnengewölbe

thin, slanted cantilever
dünne, schiefe Auskragung

main arch
Hauptbogen

Cement Hall in Zurich, 1939. Cutaway view showing arches and cantilevers. The thin shell acts like a barrel arch carrying loads to a thin, slanted cantilever, shown here in front with its reinforcing steel bars having the same general layout as those of the Liesberg Bridge (see figure, page 98). The two main arches stiffen the thin shell and carry the cantilever beams.

Zementhalle in Zürich, 1939. Die aufgeschnittene Perspektive zeigt die Bogen, das Gewölbe und die Auskragungen. Die als Tonnengewölbe ausgelegte Schale trägt ihre Lasten zu den dünnen, schief stehenden Kragarmen, deren Bewehrung hier im Vordergrund schematisch eingezeichnet ist. Die Bewehrungsführung folgt dem gleichen Konzept, das schon bei der Birsbrücke gezeigt wurde (vgl. S. 98). Die Kragarme sind bei den beiden Hauptbogen aufgelagert, die der dünnen Schale als Aussteifungsrippen dienen.

ogy; but our enjoyment and our intellect will benefit from knowing what every word means.

So it is with structural art in reinforced concrete, where the drive for integrity will sometimes hide the clarity of form. We need to be able to go to a dictionary and to see the meanings of the best works of structure. This barely exists for modern structures, but the idea for it is not at all new. Viollet-le-Duc produced a ten-volume *Dictionnaire* for ancient building, and it is the intention of this present book to begin a similar work by interpreting the meaning of the best structures of Maillart.

möglich, die Abgrenzung zwischen dem dünnen Bogen und dem Kragarm zu erkennen – alles verschmolz zu einer einzigen glatten Form, in der das Zuggerippe vollständig verschwunden war. Dadurch entsteht ein Problem der Interpretation, so wie beim Versuch, Sätze über die griechische Mythologie in einem Gedicht aus der Romantik zu verstehen, wie zum Beispiel in Keats' "Ode on a Grecian Urn". Was bedeuten Wörter wie "Tempe", "Arcady", "Attic shape" oder "brede" für einen Laien? Man greift zu einem guten Wörterbuch. Ohne die Bedeutung dieser Wörter ist unsere Freude am Gedicht wohl gemindert, keineswegs aber schon erloschen. Die Ode ist immer

Following its destruction in February 1940, the Cement Hall gradually took on greater and greater significance as a symbol of possibility for concrete buildings, because of its high parabolic curve, its nighttime lighting, and its thinness.[3] Primarily its influence came from its being entirely structure—exposed concrete and expressed form. It proved to be so strong under testing that military detonation was necessary finally to flatten it.

Garstatt, an Experiment in Angularity

As early as March 1935, just after designing Vessy, Maillart had first sketched a design for the 30-meter-span bridge at Garstatt just below Gstaad in the Bernese Oberland. The project was delayed and he only returned to it in 1939. Here Maillart carried the broken arch to its limit by straightening the bottom slab of the hollow box; the result is a triangular form in profile.[4] As at Vessy (see pp. 78–84), Maillart expressed the midspan hinge only by the break in the arch seen as a vertical line, and without the protruding blocks that marked the midspan hinge in bridge designs from Zuoz to Felsegg.

The bridge is about the same span as Zuoz (see pp. 4–8) but it is flatter, having a span-to-rise ratio of 13.6, the highest Maillart ever used. The Garstatt hollow box appears heavy because the cutout is now less than half the quarter-span distance whereas at Vessy (see pp. 78–84) it is nearly three-quarters that distance. Also, its straight underside gives the appearance of sagging slightly downward between hinges, a visual defect that Maillart did not repeat in his Lachen bridge begun in 1939 (below). Moreover, the vertical wall in the cutout is also straight at its top edge, unlike the walls in all the previous designs except Felsegg (see pp. 72–78). There is a striking similarity between the triangular bridge shape and the numerous triangular or gabled roofs in the vicinity of the bridge and evident in most photographs of it.

Here Maillart had the same problem of a sharply skewed bridge that he had met on the Spital bridge (see pp. 56–59). The roadway, passing over the Simme River at Garstatt, makes an angle of about 45 degrees with the axis of the river rather than 90 degrees as in all the earlier three-hinged arches. This skew of 45 degrees from the perpendicular means that the foundations also are skewed such that the two hollow boxes for this two-lane bridge are staggered. It is as if one began with the two hollow-box arches lined up side by side as at

noch strahlend schön, auch wenn wir nur wenig von den Griechen oder ihrer Mythologie verstehen; unser Vergnügen und unser Intellekt werden aber grösseren Nutzen daraus ziehen, wenn wir wissen, was jedes Wort bedeutet.

So verhält es sich auch mit der Kunst des Stahlbetonbaus, wo das Streben nach Einheit manchmal die Klarheit der Form verdeckt. Dann sollte es möglich sein, in einem guten Wörterbuch die Bedeutung der besten Bauten nachzuschlagen. Für moderne Bauwerke ist dies kaum möglich, obwohl die Idee dazu keinesfalls neu ist. Viollet-le-Duc war Herausgeber eines zehnbändigen «Dictionnaires» über die Bauten des Altertums. Die Absicht des hier vorliegenden Buches ist es, Beginn einer ähnlichen Arbeit zu sein, indem es die Bedeutung von Maillarts besten Bauten interpretiert.

Nach ihrer Zerstörung im Februar 1940 gewann die Zementhalle aufgrund ihrer hohen parabolischen Wölbung, ihrer Schlankheit und ihrer Wirkung bei nächtlicher Beleuchtung mehr und mehr an Bedeutung als Symbol für die immensen Möglichkeiten des Stahlbetonbaus[3]. Ihr hauptsächlicher Einfluss bestand aber darin, dass sie als Struktur eine Gesamtheit darstellte – exponierter Beton in einer expressiven Form. Die Schale erwies sich schliesslich bei den Belastungsversuchen als so stark, dass eine Sprengung nötig wurde, um sie abzubrechen.

Garstatt, ein Experiment mit Winkeln

Gleich nach dem Entwurf der Vessybrücke, im Frühling 1935, skizzierte Maillart einen ersten Entwurf für die 30 Meter gespannte Brücke in Garstatt unterhalb Gstaad im Berner Oberland. Das Projekt wurde aber eingestellt, und er kam erst 1939 wieder darauf zurück. Maillart brachte hier die Form des Spitzbogens an ihre äusserste Grenze, indem er die untere Platte des Hohlkastenprofils in einer geraden Linie ausführte; in der Ansicht resultiert daraus eine Dreiecksform[4]. Wie schon in Vessy (vgl. S. 78–84) markierte Maillart hier das Scheitelgelenk nur noch durch den Bruch in der Bogenform und die dadurch entstehende vertikale Linie und nicht mehr durch einen vorstehenden Betonblock, wie er ihn bei allen seinen Projekten, von der Zuoz- bis zur Felseggbrücke, einbauen liess.

Die Brücke weist ungefähr die gleiche Spannweite auf wie diejenige in Zuoz (vgl. S. 4–8), ist jedoch mit einem Verhältnis der Spannweite zur Pfeilhöhe von 13,6 flacher, die flachste von Maillarts

Simme River Bridge at Garstatt, 1940. Side view. For this skew bridge, Maillart designed a hollow-box broken arch whose underside consists of two straight lines. Its profile tapers toward the three hinges without any curvature.

Brücke über die Simme in Garstatt, 1940. Bei dieser schief gelagerten Hohlkastenbrücke reduzierte Maillart die Form des gebrochenen Bogens auf zwei gerade Verbindungslinien. Die Brückenunterkante verläuft somit zwischen den Gelenken ohne jede Krümmung.

Felsegg and then pushed one of them in the direction of its longitudinal axis until an imaginary line drawn from one crown hinge to the other (a line in the direction of the river axis) made an angle of 45 degrees with that longitudinal axis of the roadway.

Maillart had begun to study this skew problem in 1930 with the Spital bridge just about 20 kilometers away in the Engstligen Valley, where his solution led to that spectacular view from beneath the bridge. Here at Garstatt his solution does not have the same visual

Brücken überhaupt. Der Hohlkastenträger in Garstatt wirkt schwerfällig, da die seitlichen Öffnungen weniger als die Hälfte der Distanz zu den Viertelspunkten ausmachen, wohingegen sie in Vessy (vgl. S. 78–84) noch beinahe drei Viertel dieser Distanz betrugen. Die geradlinige Unterseite vermittelt zudem den Eindruck, die Brücke hänge zwischen den Gelenken durch, ein optischer Fehler, den Maillart bei der Brücke bei Lachen vermied (siehe unten). Der obere Rand der vertikalen Längswand verläuft ebenfalls gerade, anders als bei seinen früheren Projekten mit Ausnahme der Felseggbrücke (vgl. S. 72–78). Die dreieckförmige Gestalt der Brücke ist der Form der zahlreichen Giebeldächer in ihrer Umgebung verblüffend ähnlich, was auch auf den meisten Fotografien zu sehen ist.

Maillart war hier wie schon bei der Spitalbrücke (vgl. S. 56–59) wiederum mit dem Problem einer sehr schiefen Brücke konfrontiert. In Garstatt quert die Strasse den Fluss in einem Winkel von ungefähr 45 Grad. Bei all seinen früheren Dreigelenkbogen betrug dieser Winkel 90 Grad. Die Schiefe von 45 Grad bedeutet, dass die Fundation ebenfalls schief liegt, so dass die beiden Hohlkastenträger der zweispurigen Brücke versetzt angeordnet sind. Dies wirkt, als ob die beiden Hohlkastenbogen wie bei der Felseggbrücke nebeneinander hingestellt worden wären, anschliessend aber einer der beiden in Richtung der Längsachse so weit verschoben worden wäre, bis die imaginäre Linie zwischen den beiden Scheitelgelenken (die Linie entlang der Flussachse) in einem Winkel von 45 Grad zu der Brückenachse stand.

Maillart hatte 1930 bei der Spitalbrücke, die nur 20 Kilometer von hier entfernt im Engstligental steht, damit begonnen, sich mit dem Problem der schiefen Lagerung auseinanderzusetzen; dort führte seine Lösung zu der spektakulären Brückenuntersicht. Hier in Garstatt hatte seine Lösung nicht dieselbe optische Wirkung, da ein Hohlkasten in der Untersicht eher massiv und schwerfällig wirkt. Maillart gestaltete die Unterseite ein wenig interessanter, indem er

Railroad overpass at Lachen, 1940. Profile. For this three-hinged, hollow-box arch Maillart returned to the slightly curved profile at Vessy, but for this shorter span he used only one cross wall at each end.

Strassenüberführung bei Lachen, 1940. Ansicht. Bei diesem dreigelenkigen Hohlkastenbogen kehrte Maillart zum leicht gekrümmten Bogenprofil der Vessybrücke zurück, benötigte aber, da die Spannweite geringer ist, an jedem Ende nur eine Querwand.

impact, because a hollow box viewed from beneath can appear solid and heavy. Maillart does give the underside some interest by removing a substantial part of the bottom slab over the central 40 percent of the span. This reduction helps compensate for the heavy form created by the straight-line underside and the small cutout distance.

To further lighten the appearance in profile, Maillart designed the deck to extend beyond the outside box wall by 70 cm rather than the 30 cm at Vessy. This wider overhang creates a deeper horizontal shadow and especially helps lighten the 9-meter-span horizontal deck beam over the cutout. He even haunched the beam slightly as it joins the box wall as he had done at Tavanasa (see pp. 10–13) thirty years earlier.

Maillart died before the construction of this 1940 bridge and he could not, therefore, contemplate this design in the field as a basis for later bridge projects. However, also in 1939 he had begun the design of another skewed, hollow-box arch bridge, this one at Lachen on the Lake of Zurich.

Lachen and the Skew Box

For the Lachen bridge, Maillart returned in 1939 to the broken arch form of Felsegg and Vessy (see pp. 72–78 and 78–84) where, unlike the bridge at Garstatt (above), the lower slab is still curved but the span is only 40 meters, about the same as the Stauffacher three-hinged arch of forty years earlier (see p. 3).[5] The skew at Lachen is about 37 degrees (the axis of the roadway makes an angle of 37 degrees with the axis of the railroad below), even greater than at Garstatt, but the span-to-rise ratio for Lachen is much less, 8.9 as opposed to 13.6. The Lachen cutout is greater than at Garstatt (60 percent of the quarter-span distance as against 48 percent), so that, with the more slender quarter-span depth, the bridge appears lighter. The curvature of the lower slab eliminates the sense of sagging apparent at Garstatt.

Having already the feeling of lightness in the Lachen design, Maillart did not cut out any of the bottom slab as a Garstatt; and with the more open overall form at Lachen, he could express the skew vividly by the two nonparallel arches springing differently from the paved abutment. The east arch springs from the north side at a hinge that Maillart placed about 2 meters from the paved abutment. More than in any previous bridge, he expressed here the concrete support hinge and showed clearly how the thin longitudinal wall with slightly

einen wesentlichen Teil der unteren Kastenplatte über den mittleren 40 Prozent der Spannweite wegliess. Diese Reduktion kompensiert die schwer wirkende Form teilweise, die durch die geradlinige Unterseite und die kleinen Nebenöffnungen entsteht.

Um das Erscheinungsbild der Brücke noch leichter zu machen, liess Maillart die Fahrbahnplatte um 0,7 Meter über die äusseren Wände des Kastenprofils herausragen, nicht nur um 0,3 Meter wie bei der Vessybrücke. Diese grössere Auskragung wirft einen breiteren horizontalen Schatten und lässt im speziellen den neun Meter langen horizontalen Fahrbahnträger über den Nebenöffnungen leichter erscheinen. Wie schon bei der Tavanasabrücke (vgl. S. 10–13) 30 Jahre zuvor bildete er an der Trägerunterseite in den Übergängen zu den Längswänden des Kastenprofils kleine Vouten aus.

Maillart starb, bevor die Brücke 1940 gebaut wurde, und konnte deshalb ihre Wirkung in der Umgebung nicht mehr als Grundlage für andere Projekte überprüfen. Im Jahre 1939 begann er mit dem Entwurf für eine weitere schief gelagerte Hohlkastenbrücke, die in Lachen am Zürichsee gebaut werden sollte.

Lachen, das schiefe Kastengewölbe

Für die Brücke bei Lachen von 1939 kehrte Maillart zur Form des Spitzbogens der Felsegg- oder der Vessybrücke zurück (vgl. S. 72–78 und 78–84), wo er im Unterschied zur Brücke in Garstatt (siehe oben) die untere Kastenplatte noch gekrümmt ausgeführt hatte. Die Spannweite beträgt hier nur 40 Meter, ist also ungefähr gleich lang wie beim Dreigelenkbogen der Stauffacherbrücke vierzig Jahre zuvor (vgl. S. 3).[5] Die Schiefe der Überführung bei Lachen beträgt etwa 37 Grad (die Strasse kreuzt die Eisenbahnlinie in einem Winkel von 37 Grad) und ist somit noch ausgeprägter als in Garstatt. Das Verhältnis der Spannweite zur Pfeilhöhe ist bei der Lachener Brücke kleiner, mit 8,9 gegenüber 13,6. Die Nebenöffnungen sind hingegen grösser als in Garstatt (60 Prozent des Spannweitenviertels gegenüber 48 Prozent), so dass der Bogen in den Viertelspunkten eine geringere Höhe aufweist und die Brücke leichter wirkt. Durch den Umstand, dass die untere Gewölbeplatte wieder gekrümmt ausgebildet ist, wird der Eindruck des Durchhängens, der in Garstatt auftritt, eliminiert.

Die Brücke an und für sich vermittelt bereits einen Eindruck von Leichtigkeit, so dass Maillart die Gewölbeplatten ohne solche Aussparungen ausführen konnte, wie er sie in Garstatt angeordnet hatte; die offenere Gesamtwirkung bei Lachen ermöglichte es ihm, die

110

curved top and bottom lines meets the extended buttress with a thin hinge line perpendicular to the arch axis. A solid, slender cross wall rests just outside the hinge and on the buttress that deepens and widens as it approaches the abutment.

On the exposed face of the longitudinal wall Maillart has expressed the thin arch slab, serving as the bottom of the hollow box, which thickens to become a solid block at the support hinge. The arch slab and solid block appear only as a different surface texture on the wall face. In his earlier bridges from Zuoz to Felsegg these elements extended outside the vertical walls, but at Vessy, Garstatt, and Lachen the wall face conceals the arch slab and hinge block. At Lachen, however, Maillart etches those features on the otherwise flat surface to explain the true form and to give more life visually to the modestly sized bridge.

It is a visually curious feature of this bridge that the north hinge on the west arch is completely buried beneath the paved abutment and that the vertical cross wall just outside that hinge also plunges into the abutment to be connected to the hinge support well out of sight. This result occurs because the sloping ground of the abutment is not skewed as much as the rail line and the bridge. The visual result is strange and even unsettling, since the arch appears incomplete on one side, but that hidden hinge heightens by contrast the dramatic effect of the carefully shaped exposed hinge.

The single cross wall at each side of each arch follows Vessy in having no haunched connection to the deck beam, but it is a pure rectangle with none of the play shown in the earlier X shapes. Maillart did, however, design the deck to extend beyond the box walls more than twice as far as it does at Garstatt. The resulting deep shadow

schiefe Lagerung der Brücke durch die zwei nicht parallelen Bogen lebendig zu gestalten, die sich unterschiedlich von den befestigten Böschungen abheben. Der östliche Bogen steht auf der Nordseite auf dem Gelenk, das Maillart ungefähr zwei Meter aus der gepflästerten Böschung herausragen liess. Mehr als bei allen früheren Brücken betonte er hier das Betonkämpfergelenk und zeigte klar, wie die schlanke Längswand, deren Ober- und Unterkante durch glatt gekrümmte Linien begrenzt sind, in einer dünnen, rechtwinklig zur Bogenachse verlaufenden Linie auf den verlängerten Stützpfeiler trifft. Eine vollwandige, schlanke Querwand steht unmittelbar neben dem Gelenk auf dem Pfeiler, der zu der Böschung hin sowohl höher als auch breiter wird.

Maillart liess die dünne Gewölbeplatte sich auf der Aussenseite der Längswand abzeichnen. Sie dient dem Hohlkasten als untere Platte und wird zu den Auflagern hin dicker, wo sie schliesslich zu einem soliden Block anwächst. Die Bogenplatte und der Block sind aber nur wegen der unterschiedlichen Beschaffenheit der Wandoberfläche erkennbar. Bei seinen früheren Brücken, von der Zuoz- bis zur Felseggbrücke, ragen diese Elemente unter den vertikalen Wänden hervor; in Vessy, Garstatt und Lachen hingegen bleiben die Gewölbeplatte und der Gelenkblock hinter den Längswänden verborgen. Bei der Lachener Brücke zeigt Maillart diese Merkmale durch die veränderte Oberflächentextur der sonst flachen Wand, um die wahre Form zu erklären und um die dezent proportionierte Brücke optisch zu beleben.

Es ist ein visuell eigenartiges Merkmal dieser Brücke, dass das nördliche Gelenk des westlichen Bogens vollständig von der Böschung bedeckt ist und dass die Verbindung zu der daneben stehenden vertikalen Querwand ebenfalls zugedeckt ist, so dass man beides nicht mehr sieht. Dies ergab sich aus dem Umstand, dass die geneigte Böschung nicht die gleiche Schiefe aufweist wie die Eisenbahnlinie und die Brücke. Das optische Resultat ist befremdend und verunsichernd, da der Bogen auf der einen Seite unvollständig wirkt, das verborgene Gelenk verstärkt hingegen die dramatische Wirkung des gegenüberliegenden, behutsam geformten und hervorgehobenen Gelenks.

Die einzelne Querwand auf jeder Seite jedes Bogens ist wie bei der Vessybrücke voutenlos mit dem Fahrbahnträger verbunden, ist aber rechteckig, ohne die spezielle Ausgestaltung der früheren X-Form. Die Fahrbahnplatte liess Maillart mehr als zweimal so weit über die Wände des Hohlkastens hinausstehen, als er dies in Garstatt getan hatte. Der daraus resultierende hohe Schatten lässt die Brückenansicht viel leichter erscheinen und bewirkt dieselbe Art von scharfer horizontaler Linie wie bei der Brücke in Vessy.

Das dreidimensionale Formenspiel, das aufgrund der schiefen Lagerung entsteht, und ausserordentliche Leichtigkeit machen die Gesamtwirkung dieser Brücke aus. Es ist ein grossartiges Erlebnis, die beiden Bogen der Brücke zu sehen, die so unterschiedlich aus dem Baugrund hervorstehen. Dieses Erlebnis wird durch das eine, so beharrlich in die Spannweite hineinragende Gelenk sogar noch faszi-

111

Railroad overpass at Lachen, 1940. Arch hinge and half span. Maillart expressed strongly the support hinge and buttress, and through a play with formboards he expressed the arch slab, which is thickened as it approaches the hinge.

Strassenüberführung bei Lachen, 1940. Kämpfergelenk und halbe Spannweite. Maillart betonte hier das Kämpfergelenk und den Stützpfeiler besonders stark. Durch eine spielerische Verwendung der Schalungsbretter machte er auch die Bogenplatte sichtbar, die in den Auflagerbereichen stärker ausgebildet ist.

112

further lightens the profile view of the entire bridge and most strongly creates the same type of sharp horizontal line evident at Vessy.

The overall impression at Lachen is one of lightness and of a three-dimensional play owing to the skew. Seeing the two arches spring so differently from an abutment is an unusual experience which is made more intriguing by the insistent image of the one hinge launched out into the span. Apart from that hinge, the play is with the overall form, possible because of the skew; but the smaller scale precludes that same play with individual elements that is so impressive at Vessy.

With Lachen, Maillart ended his studies of the three-hinged forms begun more than forty years earlier for the Stauffacher bridge. The extraordinary elegance of these last bridges testifies to Maillart's vision and persistence. In the face of serious official displeasure, he tenaciously designed in his own way, and he continually developed as he meditated on his structures already in service and signaling to him their triumphs and their minor defects. Maillart's three-hinged arch designs illustrate, as do only a half-dozen other bridge sequences since the Industrial Revolution, how the continual attempt to perfect one specific form can lead to works that shall "remain, in midst of other woe than ours, a friend to man," exemplars of truth and beauty.

nierender. Abgesehen von diesem Gelenk wird mit der Form der gesamten Brücke gespielt, was durch deren schiefe Lagerung ermöglicht wird; die kleineren Abmessungen verunmöglichen jedoch ein Spiel mit den Formen der einzelnen Elemente, wie es bei der Vessybrücke so eindrücklich geschah.

Mit der Brücke bei Lachen beendete Maillart seine Studien über dreigelenkige Formen, die über vierzig Jahre zuvor bei der Stauffacherbrücke begonnen hatten. Die ausserordentliche Eleganz dieser letzten Brücken ist Zeugnis für Maillarts Vision und Beharrlichkeit. Trotz dem ernstlichen amtlichen Missfallen blieb er seinem eigenen Entwurfsstil treu und entwickelte diesen kontinuierlich weiter, indem er über seine bereits ausgeführten Bauten nachdachte, die ihm ihre Stärken und ihre kleineren Mängel aufzeigten. Maillarts Entwürfe dreigelenkiger Bogenbrücken illustrieren, wie dies nur ein halbes Dutzend andere Abfolgen von Brücken seit der Industriellen Revolution tun, dass der pausenlose und anstrengende Versuch, eine spezielle Form zu perfektionieren, zu Werken führen kann, die von überragender Wahrheit und Schönheit sind oder, wie John Keats (1795–1821) sich ausdrückte, "remain, in midst of other woe than ours, a friend of man".

IX

THE LEGACY OF MAILLART: STRUCTURAL ART AND ARCHITECTURE

MAILLARTS VERMÄCHTNIS: INGENIEURBAUKUNST UND ARCHITEKTUR

Structural Art

Maillart's structures, while not part of twentieth-century architecture, are clearly works of art in their own right and also images for new possibilities in architecture. Thus, his works raise three questions: What is structural art? How does it differ from architectural art? And, finally, How can structural art influence the future of architecture?

Structural art, coming from the imagination of the engineer, has three basic ideals: efficiency, economy, and elegance. For Maillart, efficiency meant the use of as little material (concrete and steel) as possible consistent with a large margin of safety. Maillart sought always to reduce the materials to get a lighter structure, one both thinner-looking and less heavy. This ideal contrasted strongly with the ideal of massive solidity that designers found so appealing in stone and hence tried to transport into concrete. The way Maillart found to achieve efficiency was through an integration of form, connecting all members into one monolithic structure. This integrity created both lightness and safety. In his deck-stiffened bridges he drastically thinned the arches without increasing anything else, but by properly reinforcing the deck, he made the structures stronger and free from the cracking that had appeared in bridges with heavier arches. But his ideas on form were not disconnected from those on *forming* — on how the form was to be constructed.

Economy, for Maillart, implied competitive construction costs as well as relative freedom from future maintenance. Maillart kept a rein on costs by visualizing the building process as an integral part of the intellectual activity that conceives of forms. This is a second type of integration in which, for example, he designed the wooden scaffold and formwork to carry only the thin arch; the arch, when hardened, would carry the stiffening deck structure while the scaffold served to brace the arch but not support it. This integration of form and process enlivens the design imagination even though its results usually disappear once the structure is in service. But although the scaffold and formwork disappear, Maillart liked the idea that sometimes the process would leave traces to delight the instructed observer. The very light arch reflects a lightness of scaffold, and the imprints of forming boards appear still on his concrete surfaces — especially visible in the cross walls at Vessy and in the column capitals of the 1910 Zurich warehouse.

The observer needs to recognize that nearly all of Maillart's best-known works were built precisely because they were competitive, and

Ingenieurbaukunst

Maillarts Bauwerke sind zwar nicht Teil der Architektur des 20. Jahrhunderts, sind aber trotzdem selbständige Kunstwerke und Beispiele für neue Möglichkeiten in der Architektur. Seine Werke führen daher zu drei Fragen: Was ist Ingenieurbaukunst? Wie unterscheidet sie sich von architektonischer Kunst? Und schliesslich: Wie kann die Ingenieurbaukunst die Zukunft der Architektur beeinflussen?

Ingenieurbaukunst entsteht durch die Vorstellungskraft des Ingenieurs und hat drei grundlegende Ideale: Effizienz, Ökonomie und Eleganz. Für Maillart bedeutete Effizienz, dass der Materialaufwand (Beton und Stahl) im Rahmen einer grossen Sicherheitsmarge so gering wie möglich sein soll. Maillart versuchte immer, den Materialverbrauch zu reduzieren, um leichte Tragstrukturen zu erhalten, die schlank aussehen und weniger schwer sind. Diese Idee stand stark in Konflikt mit dem Ideal von massiven und soliden Bauten, das viele Konstrukteure beim Naturstein so reizvoll fanden und daher versuchten, auf Beton zu übertragen. Maillart erreichte Effizienz durch eine Integration der Form, indem er alle Teile der Tragstruktur zu einer monolithischen Einheit zusammenfügte. Diese Einheit erfüllte beide Ansprüche: Leichtigkeit und Sicherheit. Bei seinen versteiften Stabbogenbrücken reduzierte er die Bogendicke drastisch, ohne deswegen irgendein anderes Tragelement zu vergrössern. Indem er aber den Fahrbahnträger einwandfrei bewehrte, machte er die Struktur stärker und konnte so die Rissebildung verhindern, die bei Brücken mit schwereren Bogen aufgetreten war. Diese Ideen über die Form waren jedoch nicht losgelöst von denen über die Art der Formgebung – wie die Form gebaut werden sollte.

Ökonomie bedeutete für Maillart, dass sowohl die Baukosten konkurrenzfähig als auch die zukünftigen Unterhaltsaufwendungen gering zu halten sind. Maillart drosselte die Kosten, indem er den Bauvorgang als integralen Bestandteil der intellektuellen Aktivität beim Konzipieren der Formen betrachtete. Dies ist eine zweite Art von Integration, bei der er zum Beispiel das hölzerne Lehrgerüst und die Schalung lediglich für den dünnen Bogen auslegte; sobald der Bogen ausgehärtet war, konnte dieser den versteifenden Fahrbahnträger alleine tragen, während das Lehrgerüst nur noch zur Verstärkung des Bogens diente, nicht aber zu dessen Abstützung. Diese Integration der Form und der Bauweise belebt die Entwurfsidee, auch wenn ihre Ergebnisse gewöhnlich am fertigen Bauwerk nicht mehr zu sehen sind. Obwohl das Lehrgerüst und die Schalung verschwanden,

thus that economy was a primary stimulus to his imagination. The Salginatobel bridge is perhaps the most dramatic example because it was the least expensive of nineteen separate designs and because its design is so visually impressive with the mountain setting above and deep ravine below.

But economy also means a serviceable structure, as free as possible from maintenance costs. Here Maillart's bridges, although examplary, are not impeccable.

When Hennebique and others began marketing concrete structures in the 1890s, they proclaimed them to be relatively maintenance-free, especially when compared with steel structures, which require continual cleaning and painting. However, as the twentieth century matured, concrete structures exhibited some maintenance problems, and recently, with the winter salting of roadways, some thin structures have suffered severe corrosion damage that could not have been anticipated fifty years ago. Thus, half of Maillart's pre-1914 bridges had been rehabilitated after fifty years or more in service and several of his post-1920 bridges have also been partially rebuilt. Overall, however, his bridges have stood well in a very harsh environment. Nevertheless, modern societies have learned painfully that all public structures must be inspected continuously and repaired from time to time. Engineers are already taking special care of Maillart's structures, not just because they are still capable of serving their original purpose, but also because they so clearly exhibit the third ideal of structural art, elegance.

Elegance means the maximum personal expression of the designer's vision consistent with efficiency and economy. In structural art, elegance is not achieved by giving up the disciplines of minimum materials and competitive costs in favor of some separate search for beauty. It is not the use of modeling clay to find pleasing forms. Maillart never did such things. Elegance comes from within the disciplines; Maillart played with his forms to refine them and to enliven them without adding to cost or materials. If he haunched a beam it was to allow its straight sections to be smaller; if he added reinforcement to a parapet, it was to permit the deck-stiffened arch to be much thinner; if he designed hyperbolic-curved capitals, it was to allow floor slabs to carry heavy loads without any beams.

Each of his shaping experiments began with the search for efficiency, each developed in his mind with the experience of earlier built works as a guide, yet each expressed the unique and personal vision of Maillart. This is structural art grounded in the understanding of engineering science (structural theory and the behavior of structures), which is universal and based upon the laws of nature and the proper-

mochte Maillart die Idee dennoch, dass seine Bauweise manchmal Spuren hinterliess, die dem fachkundigen Betrachter Freude bereiten. Der sehr leichte Bogen widerspiegelt die Leichtigkeit des Lehrgerüsts, und die Abdrücke der Schalungsbretter sind auch heute noch auf der Betonoberfläche zu erkennen – speziell sehenswert ist dies bei den Querwänden der Vessybrücke und den Stützenköpfen des 1910 erbauten Lagerhauses in Zürich.

Der Betrachter sollte aber auch bedenken, dass beinahe alle von Maillarts bekanntesten Bauten gerade wegen ihrer Konkurrenzfähigkeit ausgeführt worden sind und dass daher die Ökonomie für seine Phantasie einen speziellen Anreiz darstellte. Das ausgeprägteste Beispiel dafür ist wohl die Salginatobelbrücke, weil sie von neunzehn Entwürfen die kostengünstigste war und weil sie, mit der sie umrahmenden Bergwelt und der tiefen Schlucht darunter, optisch einen tiefen Eindruck hinterlässt.

Ökonomie bedeutet für ein Bauwerk aber auch, dass es möglichst ohne Unterhaltskosten betrieben werden kann. In dieser Hinsicht sind Maillarts Brücken zwar beispielhaft, aber dennoch nicht ganz einwandfrei.

Als Hennebique und andere um 1890 damit begannen, Betonbauwerke zu vermarkten, priesen sie sie als relativ unterhaltsfrei an, speziell im Vergleich zu den Stahlbauten, die kontinuierlich gereinigt und gestrichen werden müssen. Im Verlaufe des 20. Jahrhunderts hingegen zeigten sich die Unterhaltsprobleme der Betontragwerke, und heute, mit dem Gebrauch von Streusalz zur Schneeräumung, haben einige Bauwerke ernsthafte Korrosionsschäden erlitten, die vor fünfzig Jahren noch nicht vorauszusehen waren. Die Hälfte von Maillarts Brücken vor 1914 musste daher, nachdem sie fünfzig oder noch mehr Jahre in Betrieb gewesen waren, renoviert werden, und einige seiner Brücken, die nach 1920 entstanden sind, wurden teilweise erneuert. Insgesamt haben sich aber seine Tragwerke trotz den rauhen klimatischen Verhältnissen gut gehalten. Nichtsdestoweniger haben wir in der heutigen Zeit die Erfahrung gemacht, dass öffentliche Bauwerke periodisch inspiziert und von Zeit zu Zeit sogar repariert werden müssen. Es gibt Ingenieure, die sich ganz speziell für Maillarts Bauwerke interessieren, nicht nur weil diese immer noch in der Lage sind, ihre ursprüngliche Aufgabe zu erfüllen, sondern auch weil sie das dritte Ideal der Ingenieurbaukunst so klar verkörpern: Eleganz.

Eleganz ist das Maximum an persönlicher Ausdruckskraft des Konstrukteurs, das mit der Effizienz und der Ökonomie vereinbar ist. In der Baukunst ist Eleganz nicht zu erreichen, wenn die Prinzipien des minimalen Materialverbrauchs und der wettbewerbsfähigen Kosten zugunsten einer gesonderten Suche nach Schönheit vernachläs-

ties of artificially produced materials (steel and concrete). In Zurich, Maillart had the best scientific education possible (1890–94) and subsequently made some of the most complex and refined calculations for structures. By the time he had designed and built the Tavanasa bridge no one exceeded his understanding of concrete structures.

But Tavanasa and other works showed as well his appreciation of Swiss building practices. The Zuoz and Tavanasa bridges, the filter building, and many other works were all competitions won against other very different but more conventional designs. Economy is not universal but rather dependent upon time and place; there are no immutable laws determining economic activity. Maillart learned the behavior of the Swiss building economy over eight years of apprenticeship (1894–1902) before founding his own company. Thereaf-

ter, more and more he put his own ideas into the shapes he designed.

If efficiency reflects universal and natural forces and economy relates to local patterns of social behavior at specific times, then elegance stands for a unique and personal creativity. The best works of structural art, or any art for that matter, come from the imagination of a single person. In many cases art requires a business setting for its production and thus associates play significant roles in getting the final object completed; but works at their best still come from a single personality. Maillart had talented assistants, he had to rely on excellent builders after 1919 when he gave up his construction business, and he could never have done all he did without help from a few sympathetic public officials and several powerful friends. In the end,

sigt werden. Es bringt nichts, Ton zu modellieren, um angenehme Formen zu finden. Maillart machte nie so etwas. Eleganz entsteht aus der Disziplin: Maillart spielte mit seinen Formen, um sie zu verfeinern und zu beleben, ohne dadurch zusätzliche Kosten oder Materialaufwendungen zu verursachen. Wenn er einen Voutenträger projektierte, geschah dies auch mit dem Ziel, den Teil des Trägers mit konstanter Höhe niedriger ausführen zu können; wenn er in einen Brüstungsträger zusätzliche Bewehrung einlegte, hatte dies auch das Ziel, den versteiften Bogen dünner zu halten; wenn er die Stützenköpfe hyperbolisch ausbildete, dann, um mit der Decke schwere Lasten ohne Unterzüge abtragen zu können.

Jedes seiner Experimente mit der Formgebung begann mit der Suche nach Effizienz, jedes wurde mit der Erfahrung all seiner früheren Werke vor seinem geistigen Auge entwickelt, und so verkörperte jedes die einzigartige und persönliche Vorstellungskraft von Maillart. Dies ist Baukunst, die im Verständnis der Ingenieurwissenschaft (Konstruktionslehre und Verhalten der Tragstrukturen) begründet ist, welche universal ist und welche auf den Naturgesetzen und den Eigenschaften der künstlich hergestellten Materialien (Stahl und Beton) basiert. In Zürich kam Maillart in den Genuss der bestmöglichen wissenschaftlichen Ausbildung (1890–1894); in der Folge konnte er einige sehr komplexe und anspruchsvolle Tragwerksberechnungen durchführen. Zu der Zeit, als er die Tavanasabrücke projektierte und baute, übertraf niemand seine Kenntnisse über Betontragwerke.

Die Tavanasabrücke und andere Bauten zeigten aber auch sein

Verständnis der Schweizer Baupraktiken. Die Brücken in Zuoz und Tavanasa sowie das Filtergebäude bei Rorschach und viele andere Werke waren Wettbewerbe, die er gegen sehr unterschiedliche, aber konventionelle Projekte gewonnen hatte. Ökonomie ist nicht universell, sondern abhängig von Zeit und Ort; es existieren keine unveränderlichen Gesetze, welche die wirtschaftlichen Aktivitäten bestimmen. Maillart lernte die Mechanismen der Schweizer Bauwirtschaft während der acht Lehrjahre (1894–1902) vor der Gründung seines eigenen Unternehmens kennen. Danach bestimmten mehr und mehr seine eigenen Ideen die Formen, die er entwarf.

Wenn Effizienz die universellen und natürlichen Kräfte widerspiegelt und Ökonomie sich auf lokale Muster des sozialen Verhaltens zu gewissen Zeiten bezieht, so steht Eleganz für die eigene und persönliche Kreativität. Die besten Werke der Baukunst oder der Kunst ganz allgemein entspringen der Vorstellungskraft einer einzelnen Person. In vielen Fällen benötigt die Kunst ganze Geschäftszweige zu ihrer Herstellung, so dass die Beteiligten für das Gelingen des endgültigen Objekts eine entscheidende Rolle spielen; wirklich grossartige Werke kommen aber trotzdem von einer einzelnen Persönlichkeit. Maillart hatte begabte Assistenten und war auf ausgezeichnete Bauunternehmer angewiesen, nachdem er 1919 seine eigene Unternehmung aufgegeben hatte. Er hätte wohl nie all das erschaffen können, was er gemacht hat, ohne die Hilfe verschiedener wohlgesonnener Beamten und einiger einflussreicher Freunde. Letztlich bleiben es jedoch Maillarts Bauwerke, und sie erhalten auch der Zukunft seine spezielle Vorstellung von Betonbau als Kunst.

however, the works are Maillart's and keep alive for the future his special vision of concrete as art.

Structural Art and Architecture

Why do we not call Maillart's designs a part of architecture? During the first half of the twentieth century, some writings appeared under the titles *Bridge Architecture* and *The Architecture of Bridges*.[1] These writings, which were widely read, stressed the idea that all building was architecture and especially that bridges were a modern and unusual part of it. This view led to two types of conclusions: first, that ancient principles of architecture could be applied to modern structures, and, second, that to be elegant, bridges needed an architect to take care of the "aesthetics." Throughout the twentieth century writers have made heroic attempts to clothe the new art of structural engineering in the outworn garments of classical architecture. The fit is poor because the shapes possible to each are radically different, thanks to new building materials and methods of fabrication. But, more deeply, the engineers-as-artists have developed since the late eighteenth century a sense that their sphere is the building of public works, an understanding not found in earlier architectural tradition. More recently writers and architects have begun to accept this view and to define architecture in a way that excludes structural art.

We get some sense of this general view of architecture by looking

Ingenieurbaukunst und Architektur

Warum betrachten wir Maillarts Entwürfe nicht als Teil der Architektur? In der ersten Hälfte des 20. Jahrhunderts erschienen einige Veröffentlichungen unter dem Titel "Bridge Architecture" und "The Architecture of Bridges"[1]. In diesen Publikationen, die in weiten Kreisen gelesen wurden, wurde die Ansicht vertreten, alle Bauten seien zur Architektur zu zählen und Brücken im speziellen seien ein moderner und nicht alltäglicher Teil davon. Diese Sicht führte zu zwei Schlussfolgerungen: erstens, die altertümlichen Prinzipien der Architektur sind auch auf moderne Strukturen anzuwenden, und zweitens, Brückenbauwerke erfordern, damit sie elegant ausfallen, einen Architekten, der auf die «Ästhetik» achtgibt. Während des ganzen 20. Jahrhunderts unternahmen verschiedenste Autoren den kühnen Versuch, die neue Ingenieurbaukunst in das gleiche ausgetragene Gewand der klassischen Architektur zu kleiden. Dieses passt allerdings schlecht, da die Formgebung in diesen beiden Disziplinen aufgrund der neuen Baumaterialien und -methoden verschieden ausfällt. Bei genauerer Untersuchung realisiert man, dass der Ingenieur als Künstler seit Ende des 18. Jahrhunderts immer mehr erkannte, dass öffentliche Bauvorhaben zu seinem Arbeitsgebiet gehören; eine Auffassung, die nicht der früheren Architekturtradition entspricht. In neuerer Zeit haben Autoren und Architekten damit begonnen, diese Ansicht zu akzeptieren und Architektur in einer Weise zu definieren, welche die Ingenieurbaukunst ausschliesst.

Man spürt diese generelle Ansicht über Architektur, wenn man die Illustrationen im Abschnitt über «Architektur» der 1963 erschienenen «Encyclopaedia Britannica» betrachtet[2]. 33 von 38 Illustrationen zeigen monumentale Bauwerke wie Kirchen, Tempel und Paläste. Die übrigen fünf stellen dar: ein grosses Bauernhaus aus dem 17. Jahrhundert, zwei berühmte Gebäude aus dem 20. Jahrhundert, einen alten Grundrissplan und ein Rippengewölbe des Ingenieurs Luigi Nervi. Abgesehen von diesem letzten Bauwerk repräsentieren alle eine Architekturtradition, die sich auf imponierende Fassaden, komplexe Innenräume und, allem voran, auf massive und vornehmlich steinerne Formen konzentriert hatte. Mit Ausnahme von Nervis Dachkonstruktion beschränkt sich die Ausdrucksform von Beton auf das Massive, Solide und Schwere. Es ist eine bis zum Jahre 1963 ununterbrochene Tradition, Bilder auszuwählen, die zum grössten Teil kostspielige Eleganz darstellen.

In diese reiche und ehrwürdige Tradition sind in den letzten zweihundert Jahren Eisen, Stahl und bewehrter Beton eingedrungen; anfangs des 20. Jahrhunderts begannen die Architekten und Autoren diese Materialien zu entdecken. Die alten Prinzipien der Architektur, die so tief in der westlichen Kultur verwurzelt sind, konnten den neuen Formen keinen Platz einräumen im «Kanon des modernen Entwurfs», besonders da diese neuen Formen aus völlig anderen Materialien entstanden, im speziellen aus einem, das über so verblüffende Qualitäten verfügt wie der Stahlbeton.

Trotz wiederholten Versuchen, neue Materialien und neue Formen in diese alte Tradition einzufügen, die die massiven und monu-

at the plates in the section on "Architecture" in the 1963 *Encyclopaedia Britannica*.[2] Of the thirty-eight plates, thirty-three are monumental works such as churches, temples, and palaces, while the remaining five are a large seventeenth-century barn-house, two famous twentieth-century houses, one ancient plan drawing, and one ribbed vault by the engineer Nervi. Apart from this last work, all represent a tradition of architecture focused on imposing façades, complex interior spaces, and, above all, massive mainly stonework forms. Apart from Nervi's structure, all expression in concrete is massive, solid, and heavy. It is a continuous tradition up to 1963 with images coming largely from costly elegance.

Into this rich and venerable tradition, iron, steel, and reinforced concrete have intruded over the past two hundred years; by the early twentieth century architects and writers had begun to recognize those new materials. But the ancient principles of architecture, so deeply embedded in Western culture, could make no room in their canon of modern design for the new forms arising solely out of utterly different materials, especially one with such baffling qualities as reinforced concrete.

Despite repeated attempts to absorb new materials and new forms into the ancient tradition that produced the massive and monumental stoneworks, many writers on modern architecture in the late twentieth century have tended to recognize a distinction between structural art and architecture.[3] Some writers, such as Kenneth Frampton, do show how Maillart and others have influenced architecture in striking ways.[4] However, the possibilities for new structural ideas are still just beginning to be explored. Maillart left a legacy that is still largely unread, in part because it has remained untranslated by engineers. In part, however, the ideas that lie hidden in Maillart's structures need an interpretation broader than the technical explanation of forces.

At the beginning of this century, when Maillart was developing his ideas through design and construction, a few cultural figures in Europe were trying to understand the new technological age announced by steel and concrete. One of these, the German architectural writer Hermann Muthesius, in 1911, described the idea of building:

> Far higher than the material is the spiritual; far higher than function, material and technique stands form. These three material aspects might be impeccably handled but — if form were not — we would still be living in a merely brutish world.[5]

mentalen Natursteinbauten hervorgebracht hatte, tendieren mittlerweile viele Architekturkritiker dazu, die Unterscheidung zwischen Ingenieurbaukunst und Architektur anzuerkennen[3]. Einige Autoren, wie zum Beispiel Kenneth Frampton, zeigen auf, wie Maillart und andere die Architektur in verblüffender Weise beeinflusst haben[4]. Das Erkunden von Möglichkeiten für neue bauliche Ideen hat eigentlich gerade erst begonnen. Maillart hinterliess uns ein Werk, das immer noch grossenteils ungelesen ist, da es die Ingenieure versäumten, es zu übersetzen. Teilweise bedürfen aber die Ideen, die in Maillarts Tragwerken verborgen liegen, umfassenderer Interpretationen als einer bloss technischen Erklärung des Kräfteverlaufs.

Zu Beginn dieses Jahrhunderts, als Maillart seine Ideen über Entwurf und Konstruktion entwickelte, versuchten nur einige wenige Leute in ganz Europa, das neue Technologiezeitalter zu verstehen, das durch den Stahl und den Beton angekündigt wurde. Einer von ihnen, der deutsche Architekturkritiker Hermann Muthesius, beschrieb 1911 die Idee des Bauens:

> «Weit wichtiger als das Materielle ist das Geistige; weit wichtiger als Funktion, Material und Technik ist die Form. Diese drei materiellen Aspekte können einwandfrei gehandhabt werden, aber wenn die Form nicht wäre – wir würden immer noch in einer absolut gefühllosen Welt leben[5].»

Die Leser interpretierten diese Worte dahingehend, dass Architektur über das Ingenieurmässige hinausgehen muss, um eine menschliche Welt aufzubauen. Die berühmteste Neudarstellung dieses Textes stammt von Le Corbusier; in seinem Buch «Vers une architecture» von 1923 schreibt er unter dem Titel «Ingenieurästhetik und Architektur»:

> «Der Ingenieur, inspiriert durch die Gesetze der Ökonomie und geleitet durch die mathematischen Berechnungen, versetzt uns in Einklang mit universellen Gesetzen. Er erreicht Harmonie.
> Der Architekt realisiert durch seine Gestaltung der Formen eine Ordnung, die eine pure Kreation seines Geistes ist[6].»

Dies ist die Sicht von Ingenieurwesen als blosser Disziplin – Effizienz (bestimmt durch Berechnungen) und Ökonomie –, alles Spielerische bleibt der Architektur vorbehalten. Wie viele Architekten und Autoren seit 1923 jedoch bemerkten, haben auch einige Ingenieure «eine Ordnung, die pure Kreation des Geistes ist» erkannt, sie haben dies aber mit der ingenieurmässigen Disziplin getan und nicht mit derjenigen der Architektur, in der, wie Le Corbusier andeutete, die Formen solcherart sind, «dass sie im Licht klar zum Vorschein

Readers interpreted these words to mean that architects must transcend engineering to create a humane world. The most famous restatement of that reading is by Le Corbusier in his 1923 *Vers Une Architecture* (published in English as *Towards A New Architecture*) under the heading "The Engineer's Aesthetic and Architecture" in which he states:

> The Engineer, inspired by the law of Economy and governed by mathematical calculation, puts us in accord with universal law. He achieves harmony.
> The Architect, by his arrangement of forms, realizes an order which is a pure creation of his spirit.[6]

This is the view of engineering as mere discipline — efficiency (governed by calculations) and economy — with all the play reserved for architecture. However, as many architects and writers have observed since 1923, a few engineers have also realized "an order which is a pure creation of [the] spirit," but they have done it within the discipline of engineering and not that of architecture, in which, as Le Corbusier implied, "these shapes are such that they are clearly revealed in light. The relationships between them have not necessarily any reference to what is practical or descriptive. . . . They are the language of Architecture." [7] While that view served to stimulate generations of architects, it is seriously misleading as a guide for interpreting the role of structure in architecture. Studies of Maillart and other leading structural artists suggest that there are two visions of building appropriate to the modern world of new materials: one, fitting the intention of Le Corbusier, stresses the arrangement of forms that are not generated by practical requirements but rather by some purely visual sense of beauty; the other, derived from Maillart and others, stresses the integration of visual form and practical function. Both views are essential to the goal of avoiding "a merely brutish world" and both have equally the power to lead to "pure creations of the spirit."

The great potential for structural art is that it invades quite naturally the realm of private industry and public works where architectural form not grounded in practical function has difficulty. It is understandable why the view expressed by Le Corbusier became so popular in the twentieth century. It arose in good measure as a reaction to the Industrial Revolution, to engineering as the profession of material aspects, and to the bland or ugly building designs that have proliferated since the rise of middle-class prosperity. That view expresses the fear of culture returning to a "merely brutish world." In its own terms it is understandable and commendable, but it needs to be

kommen. Die Beziehungen zwischen ihnen haben nicht notwendigerweise einen Bezug zu dem, was praktisch oder anschaulich ist. . . . Sie sind die Sprache der Architektur[7].» Während diese Sicht dazu diente, Generationen von Architekten zu stimulieren, so ist sie sicherlich irreführend bei der Deutung der Rolle, welche die Konstruktion in der Architektur spielt. Studien über Maillart und andere führende Baukünstler zeigen auf, dass es zwei Ideale vom Bauen gibt, das der modernen Welt der neuen Materialien angemessen ist: Das eine folgt der Intention Le Corbusiers und betont die Gestaltung der Formen, die nicht durch praktische Bedürfnisse bestimmt werden, sondern vielmehr durch das rein optische Gefühl für Schönheit. Das andere Ideal geht auf Maillart und andere zurück und betont die Integration von optischer Form und praktischer Funktion. Beide Meinungen sind wesentlich für das Ziel, «eine absolut gefühllose Welt» zu verhindern, und beide haben gleichermassen die Kraft, zu einer «puren Kreation des Geistes» zu führen.

Das grosse Potential des Ingenieurbaus liegt darin, dass er sich beinahe natürlich in das Gebiet des Industriebaus und der öffentlichen Bauten einfügt, wo die Formen der Architektur, da sie nicht auf praktische Funktionen ausgerichtet sind, Schwierigkeiten haben. Es ist verständlich, dass Le Corbusiers Ansicht im 20. Jahrhundert so populär wurde. Sie entstand zu einem guten Teil als Reaktion auf die industrielle Revolution, auf den Ingenieurberuf, der sich mit den materiellen Aspekten befasste, und auf die nüchternen oder hässlichen Bauten, die sich mit dem sozialen und finanziellen Aufstieg der Mittelklasse stark vermehrt hatten. Diese Sicht ist auch Ausdruck einer Furcht vor der Rückkehr der Kultur zu einer «absolut gefühllosen Welt». In ihrer ursprünglichen Bedeutung ist sie verständlich und lobenswert, sollte aber durch eine Betrachtungsweise ausgeglichen werden, die diejenige der neuen Architektur ergänzt; die Betrachtungsweise des Ingenieurs, die in den Ingenieurbauten der vergangenen zwei Jahrhunderte am besten zum Ausdruck kommt. Maillart war im Betonbau der Meister dieses Ausdrucks, und seine Ideen gewährleisten den notwendigen Ausgleich zu den Idealen eines Architekten wie Le Corbusier.

Beide Ideale sind notwendig, aber keines der beiden kann für sich alleine stehen oder das andere ersetzen. Die Spannung zwischen Kunst in einem materiellen Sinn und Kunst, die sich davon abwendet, ist notwendig. Zu wenig Ingenieure artikulieren ihre Vorstellung von Bauen als Kunst, und zu wenig Architekten erkennen die Unvollständigkeit des Ideals, das lediglich das Zusammenfügen von Formen betrifft.

balanced by a vision complementary to that of the new architecture, the vision of the engineer, best expressed over the past two hundred years in structural art. Maillart was the master of this expression in concrete, and his ideas provide an essential balance to the vision of an architect such as Le Corbusier.

Both visions are essential, but neither can stand alone, nor can one absorb the other. The tension between art from the material aspects and art in spite of those aspects is an essential tension. Too few engineers articulate their vision of structure as art, and too few architects recognize the incompleteness of the vision that merely seeks an arrangement of forms.

Structure in Architecture

There has been a tendency in architectural history and criticism to emphasize abstract and literary ideas, visually striking renderings and photographs of finished works, and the long tradition of monumentality. These aspects need to be balanced by parallel and complementary aspects from structural art: concrete and physical ideas of building embodied in diagrams of forces; close studies of construction methods and case studies that show how costs arise from design choices; and, especially, a recognition of the new two-hundred-year-old tradition of structures derived directly from the new materials of our age.

The intellectual stimulus of force diagrams, of construction images, and of new materials has already produced through Maillart and others the new forms that Muthesius called for. The vision represented by these works expresses ideas central to our age and no other: conservation of natural resources, parsimonious use of public funds, and images that symbolize the designers' search for a balance between discipline and play.

The current disciplines are conservation and parsimony, and the play seeks fantasy within those disciplines, which are, of course, the three material aspects of building set forth by Muthesius. He was correct in sensing that discipline alone is demonic — the Hitler and Stalin legacies express that fact. But others have been wrong to equate mere discipline with engineering. Both architecture and engineering have discipline and both have play; the problem always is to define the discipline and then — as in any play, stage or game — to follow the rules or to suffer strict penalties if they are violated. Vitruvius expressed this idea two millennia ago in his preface to Book X:

Das Bauwerk in der Architektur

In der Architekturgeschichte und -kritik gab es eine Tendenz, abstrakte und literarische Ideen, optisch überzeugende Wiedergaben und Fotografien von vollendeten Werken sowie die alte Tradition des Monumentalismus speziell hervorzuheben. Diese Aspekte müssen durch die parallelen und entgegengesetzten Gesichtspunkte der Ingenieurbaukunst ergänzt werden. Dies sind: konkrete und physikalische Ideen, die in Kräftediagrammen zum Ausdruck kommen; umfassende Studien von Baumethoden und Fallstudien, die aufzeigen, wie die Kosten von der Entwurfsidee abhängen; und im speziellen die Anerkennung der neuen zweihundertjährigen Tradition, deren Strukturen direkt aus der Anwendung der neuen Baumaterialien unserer Zeit folgen.

Der intellektuelle Anstoss, der von Kräftediagrammen, von Ausführungsideen und von neuen Materialien ausgeht, hat durch Maillart und andere bereits solch neue Formen hervorgebracht, wie sie Muthesius verlangte. Das Ideal, das durch diese Bauten repräsentiert wird, widerspiegelt die Hauptanliegen unserer Zeit: Erhaltung der natürlichen Ressourcen, sparsamer Umgang mit öffentlichen Mitteln und Bauwerke, welche die Suche des Konstrukteurs nach einem Gleichgewicht zwischen Disziplin und Spiel symbolisieren.

Die Disziplin, die hier gemeint ist, schliesst Erhaltung und Sparsamkeit mit ein, und das Spiel betrifft die Phantasie innerhalb dieser Disziplin. Dies sind aber wiederum die drei materiellen Aspekte des Bauens, die von Muthesius angesprochen wurden. Er spürte, dass Disziplin allein verheerend ist – unsere Erfahrungen aus der Hitler- und Stalin-Zeit sind ein gutes Beispiel dafür. Andere hingegen lagen falsch, wenn sie reine Disziplin mit der Ingenieurleistung gleichsetzten. Beide, Architekten und Ingenieure, benötigen Disziplin, und beide brauchen das Spiel; das Problem besteht immer darin, die Disziplin zu definieren und sodann, wie in jedem Spiel – auf der Bühne oder auf dem Sportplatz –, die Regeln zu befolgen oder, falls diese verletzt werden, strikte Strafen zu erdulden. Vitruv beschrieb diese Ideen vor zweitausend Jahren im Vorwort zum zehnten Buch über Baukunst:

> «Jeder Baukünstler, der ein öffentliches Gebäude übernimmt, ist gehalten, vorher zu bestimmen, wie hoch sich die Kosten davon belaufen werden. . . . Stimmen nach vollbrachtem Baue die Kosten mit der gemachten Schätzung genau überein, so wird der Baumeister mit grossen Ehrenbezeugungen belohnt. Übersteigen sie den Anschlag um ein Viertel, so wird dieses aus der Kämmerei

When a designer accepts the charge of a public work, he has to promise what the cost of it will be. . . . When it is finished, if the outlay agrees with his statement, he is complimented by decrees and marks of honour. If no more than a fourth has to be added to his estimate, it is furnished by the treasury and no penalty is inflicted. But when more than one fourth has to be spent in addition on the work, the money required to finish it is taken from the designer's property.[8]

A full and worthy vision in architecture must include the recognition of failure when designs are not reasonably economical or not functional; it is not enough merely to express supposed poetry or claim transcendent spirituality. Our history is clouded by demonic actions carried out in the name of the spiritual; and flowery language is not at all the same thing as poetry. So-called play without discipline is just as demonic as discipline without play.

Numerous late-twentieth-century designers are continuing the search for play within the discipline of structural art. Works from four of them characterize the types of new forms that are possible; each carries on the legacy of Maillart and shows in various ways how structural art can develop on its own and in collaboration with architects.

Candela and the Straight-Line Shell

Felix Candela (b. 1910), who trained as an architect in Madrid, designed and built scores of original, thin, concrete-shell roofs around Mexico City between 1951 and 1971. He had been deeply influenced by Maillart's structures and especially by his writings about design. Candela found Maillart's opinions inspiring because previously he had not realized that structural design could be so personal or how strongly a personal vision could shape actual structures. Like Maillart, Candela practiced as a master builder, building his own designs. But also like Maillart, he wrote incisively and personally about design.

Candela found that he could build shells economically by using straight boards in the forming of hyperbolic paraboloids, which, geometrically, are generated by straight lines just as are Maillart's column capitals in Zurich. Accepting this discipline of economy, Candela was liberated to create a wide variety of shapes that express thinness and curvature in dramatic and new ways. Candela's forms do not imitate ancient shapes but rather come out of a vision of the twentieth century which, being spiritual (many of Candela's most inspired shells are

zugeschossen, ohne dass er bestraft wird. Alleine beträgt der Überschuss mehr als ein Viertel, so muss der Unternehmer solchen aus seinem Vermögen ersetzen[8].»

Eine ganzheitliche und würdige Sicht von Architektur muss das Erkennen von Fehlern umfassen, falls das Bauwerk wirtschaftlich unvernünftig oder nicht zweckmässig ist; es genügt nicht, scheinbare Dichtung auszudrücken oder sich auf eine transzendente Spiritualität zu berufen. Unsere Geschichte ist getrübt durch verheerende Taten, die im Namen der Spiritualität ausgeführt wurden; und blumige Worte sind nicht dasselbe wie wahre Dichtung. Ein sogenanntes Spiel ohne Disziplin ist geradeso dämonisch wie eine Disziplin ohne Spiel.

Eine grosse Zahl von Konstrukteuren des späten 20. Jahrhunderts führen die Suche nach einem Spiel innerhalb der Disziplin des Ingenieurbaus weiter. Die Werke von vier von ihnen charakterisieren die Art der neuen Formen, die möglich sind; jeder von ihnen trägt das Erbe Maillarts weiter, und jeder zeigt auf eine andere Weise, wie Baukunst entwickelt werden kann, allein und in Zusammenarbeit mit Architekten.

Candela und die geradlinige Schale

Felix Candela (geboren 1910), der in Madrid Architektur studierte, entwarf und baute zwischen 1951 und 1971 rund um Mexico City eine Vielzahl von eigenständigen, dünnwandigen Betonschalen. Maillarts Werke und insbesondere auch dessen bautheoretische Schriften beeinflussten Candela in hohem Masse. Er fand Maillarts Ansichten inspirierend, da er vorher nicht erkannt hatte, dass der bauliche Entwurf etwas sehr Persönliches sein kann oder dass eine persönliche Vision den eigentlichen Bau stark prägen kann. Wie schon Maillart, so arbeitete auch Candela als Bauunternehmer und führte seine eigenen Entwürfe auch selber aus. Und ebenfalls wie Maillart verfasste auch er sehr scharfsinnige und persönliche Schriften zur Bautheorie.

Candela stellte fest, dass er Schalentragwerke sehr ökonomisch bauen konnte, indem er für die Schalung seiner hyperbolischen Paraboloide gerade Bretter verwendete, die somit, geometrisch gesehen, auf geraden Linien aufgebaut sind, geradeso wie Maillarts Stützenköpfe in Zürich. Indem er die Disziplin der Ökonomie akzeptierte, war es Candela möglich, die verschiedenartigsten Formen zu erschaf-

chapels or churches), grows out of the most impeccably handled material aspects of building: structural performance, construction economy, and the expression of concrete surface and thinness. Moreover, Candela's structures symbolize much more than a set of individual functions. They stand for Mexican society as an institution and for the promise of Hispanic culture in North America.[9]

The 1958 Xochimilco Restaurant roof in Mexico City characterizes Candela's thin, integrated forms whose repeated, identical waves express the discipline of structure and the play of unprecedented shape.

From Candela's structures, architecture of the next century can begin to learn some new vocabulary — forms that can be built easily and a discipline that allows great freedom for imagination. The works and words of Candela will lead architects back to those of Maillart and also forward to those of Heinz Isler.

Isler and the Structural Shell

No late-twentieth-century forms are more startlingly different than those of Heinz Isler. Isler (b. 1926) trained as a structural engineer and began designing thin-shell concrete roofs in the 1950s.[10] Maillart exerted two indirect influences on Isler: one through Isler's teacher in Zurich, Pierre Lardy (1903–1958), who lectured on Maillart to his students and who stressed both the discipline of structure (Lardy had a doctor's degree in mathematics as well as one in structural engineering) and the play of art (Lardy was also a gifted pianist). The Tavanasa bridge especially impressed the young Isler. The second indirect influence came through Candela, whose thin, doubly-curved shells stimulated Isler to search for new ways of achieving form. Isler has spent the last thirty-five years searching continuously for new forms — not arbitrary shapes for novelty, but rather structures that will perform well in the harsh Swiss environment, be competitive in cost, and be visually pleasing.

One of Isler's principal ideas is to evolve forms from physical analogies rather than mathematical studies. Rather than taking geometric figures like spheres, cones, and cylinders, Isler gets forms directly by the use of models. One example is the hanging membrane reversed. Here he suspends a cloth coated with a plastic material. The cloth thus loaded takes a shape which depends upon the supports and which puts the membrane into tension. Once the plastic hardens, the

124

fen, die auf dramatische und neue Art und Weise ihre Schlankheit und ihre Krümmungen zur Schau stellen. Candelas Schalen imitieren nicht die altertümlichen Formen, sondern entspringen einer spirituellen Sicht des 20. Jahrhunderts (viele von Candelas besten Schalen sind Kapellen oder Kirchen), die wiederum aus einer meisterhaften Kenntnis der materiellen Aspekte des Bauens entsteht: Bauwerksverhalten, wirtschaftliches Bauen und der Ausdruck der Betonoberfläche und der Schlankheit. Candelas Strukturen symbolisieren aber weit mehr, als es diese, verschiedenen individuellen Funktionen zu umschreiben vermögen. Sie sind Symbol für die mexikanische Gesellschaft und stehen für die Hoffnung der spanischen Kultur in Nordamerika[9].

Das 1958 erbaute Dach des Restaurants Xochimilco in Mexico City charakterisiert Candelas dünne, einheitliche Formen. Die identisch wiederholten Wellen veranschaulichen die Disziplin des Bauens und das Spiel mit dieser noch nie dagewesenen Form.

Die Architektur des nächsten Jahrhunderts kann anhand von Candelas Bauten damit beginnen, ihr Vokabular zu erweitern — Formen, die einfach gebaut werden können, und eine Disziplin, die der Imagination viel Freiheit einräumt. Die Werke und Schriften von Candela werden die Architekten zu denjenigen von Maillart zurückbringen und auch vorwärtsführen zu Werken und Worten von Heinz Isler. Es gibt im späten 20. Jahrhundert wohl kaum bauliche Formen, die so verblüffend anders sind wie die von Heinz Isler.

Isler und die strukturelle Schale

Heinz Isler (geboren 1926), ausgebildet als Bauingenieur, begann um 1950 dünnwandige Betonschalen zu entwerfen[10]. Maillart beeinflusste Isler in zweierlei Hinsicht: Einerseits durch Islers Dozent in Zürich, Pierre Lardy (1903–1958), der Vorlesungen über Maillart hielt und der auf die Disziplin des Bauens grossen Wert legte (Lardy hatte sowohl in Mathematik wie auch in Bauingenieurwesen promoviert). Er betonte aber auch immer die Wichtigkeit des Spiels in der Kunst (Lardy war auch ein begabter Pianist). Zu dieser Zeit war es vor allem die Tavanasabrücke, die den jungen Isler stark beeindruckte. Der zweite indirekte Einfluss wurde durch Candela ausgeübt, dessen dünne, doppeltgekrümmte Schalen Isler dazu anregten, neue Wege in der Formgebung zu erproben. Isler hat während der letzten 35 Jahre unaufhörlich nach neuen Formen gesucht – nicht nach willkür-

The Xochimilco Restaurant in Mexico City, 1958. Thin-shell design by Felix Candela. In this roof, typical of Candela's thin, integrated forms, the identical waves express the discipline of structure using hyperbolic paraboloids in unprecedented shapes. Maillart strongly influenced Candela, whose expression of thinness follows directly from Maillart's designs for deck-stiffened arches and for the Cement Hall.

Restaurant Xochimilco in Mexico City, 1958. Dünnes Schalentragwerk von Felix Candela. Die für Candelas schlanke, ausgewogene Formen typische Dachkonstruktion verdeutlicht mit ihren gleichbleibenden Wellen die Disziplin des Bauens, die durch die Verwendung hyperbolischer Paraboloide ein beispielloses Bauwerk entstehen lässt. Maillart beeinflusste Candela in hohem Masse. Seine dünnwandigen Konstruktionen stehen in einem direkten Zusammenhang mit Maillarts Konzept des versteiften Stabbogens oder des Schalentragwerkes für die Zementhalle.

membrane is reversed and the resulting dome-like shape is in compression under gravity loads (this method is analogous to the string-and-arch idea illustrated on page 87). In this way Isler has created highly unusual forms both for regular boundaries and for irregular ones. Although at first glance similar to Antonio Gaudí's hanging model for the chapel of the Colonia Güell, Isler's method is different in principle because it leads to a shell surface rather than to the grid of intersecting arches in Gaudí's model.

The central idea about the construction of roof shells is that of collaboration between the designer and the builder. Isler designs carefully shaped laminated wooden arches which are reused many times and which give the accurate form his structures require. These form-

lichen Formen um der Neuheit willen, sondern nach Strukturen, die dem rauhen Schweizer Klima trotzen, von den Kosten her konkurrenzfähig sind und optisch überzeugen.

Eine von Islers grundlegenden Ideen ist, dass sich Formen aufgrund von physikalischen Analogien und nicht anhand von mathematischen Studien entwickeln sollen. Er baut seine Formen nicht auf der Grundlage von geometrischen Körpern wie Kugeln, Kegeln oder Zylindern auf, sondern gelangt direkt über Modelle zu seinen Formen. Ein Beispiel dafür ist die Umkehrung einer hängenden Membrane. Dazu hängt Isler ein mit Kunstharz beschichtetes Tuch auf. Das so belastete Tuch nimmt in Abhängigkeit zu seiner Aufhängung eine bestimmte Gestalt an, so dass es rein auf Zug beansprucht wird. Sobald der Kunstharz erhärtet ist, kann die Membrane gekehrt werden; die daraus resultierende kuppelähnliche Form steht infolge der Erdanziehung unter reiner Druckbeanspruchung (diese Methode ist analog zu dem auf Seite Illus 87 illustrierten Zusammenhang zwischen Seilpolygon und Bogenform). Auf diese Weise hat Isler etliche höchst ungewöhnliche Formen geschaffen, die regelmässig oder auch unregelmässig begrenzt sind. Obwohl sie auf den ersten Blick dem hängenden Modell für die Kapelle der Colonia Güell von Antonio Gaudí sehr ähnlich sehen, so ist Islers Methode dennoch grundlegend anders, denn sie führt zu der Oberfläche einer Schale und nicht zu einem Gitter von sich kreuzenden Bogen wie bei Gaudís Modell.

Die zentrale Idee bei der Konstruktion von Dachschalen ist die der Zusammenarbeit von Entwerfer und Erbauer. Isler entwirft sorgfältig geformte Brettschichtholzbogen, die mehrere Male verwendet werden können und die seinen Strukturen genau die Form geben, die sie erfordern. Diese Schalungsbogen werden auf leichte Metall-Lehrgerüste gesetzt und dann mit schnell verlegten Holzlatten bedeckt. Auf diese Latten werden schliesslich die Holzspanplatten versetzt, die dem Beton als eigentliche Schalung dienen, die anschliessend aber nicht entfernt und so direkt als Isolation des Dachs gebraucht werden.

Diese permanente Isolation vereinfacht nicht nur den Ablauf der Bauarbeiten, sondern erübrigt auch eine zusätzliche Dachabdeckung. Diese beträchtliche Einsparung wird möglich, da die Schale fast nur auf Druck beansprucht wird und daher selbst im rauhen Schweizer Klima unter den Gravitationskräften frei von Rissen bleibt. Sobald die Isolation ausreicht, um ein grosses Temperaturgefälle durch die Schalendicke zu verhindern, treten im Beton keine Risse auf und somit auch keine undichten Stellen. Nach nunmehr einem Vierteljahrhundert zeigen selbst Islers früheste Schalen kein Anzeichen des Zerfalls. So wie seine wissenschaftlichen Ideen die visuelle Analyse betonen und seine Baumethoden eine enge Zusammenarbeit mit dem Bauun-

The Sicli Building in Geneva, 1968. Thin-shell design by Heinz Isler. This seven-point-supported thin shell, having no geometric shape, characterizes Isler's forms, which carry their loads by compression and do not crack, and therefore require no roofing. Candela's Xochimilco shell helped stimulate Isler to search for new shapes in which he could express visually a curved thin form.

Sicli-Gebäude in Genf, 1968. Dünnes Schalentragwerk von Heinz Isler. Die in sieben Punkten aufgelagerte dünne Schale weist keine klare geometrische Form auf. Sie charakterisiert Islers Formgebung, die darauf beruht, dass die Struktur ihre Lasten nur durch Druckspannungen abtragen soll. Der Beton bleibt daher frei von Rissen und benötigt keine weitere Dachbedeckung. Auch Candelas Xochimilco-Schale inspirierte Islers weitere Suche nach neuen dünnwandigen und gekrümmten Tragwerksformen.

ing arches are set on light metal scaffolding and are covered with quickly placed wooden slats. On top of the slats come wood-fiber boards to serve as a forming for the concrete and, left in place afterward, as insulation for the roof.

This permanent insulation not only simplifies construction but also avoids the need for roofing. This last remarkable saving arises because the shells are in almost pure compression and even in the harsh Swiss environment do not crack under gravity loads. Therefore, so long as there is sufficient insulation to prevent strong thermal gradients through the shell thickness, there will be no cracking and hence no leaking. After a quarter-century even Isler's earliest shells show no signs of deterioration. If his scientific ideas emphasize visual analysis and his construction methods demand collaboration with builders, then his aesthetics center on the creation of a personal style, clearly apparent in the works of other structural artists such as Maillart and Candela. Thus, to understand Isler's aesthetic ideas is to see his style as the search for the expression of form. At least three aspects of this expression are apparent: edge thinness, curved surfaces, and vivid

ternehmer erfordern, so kreist seine Ästhetik um die Entwicklung eines persönlichen Stils, wie er sich bei anderen Baukünstlern wie Maillart oder Candela klar abzeichnete. Um Islers ästhetische Ideen verstehen zu können, muss sein Stil als Suche nach einem neuen Ausdruck der Form gesehen werden. Zumindest drei Aspekte dieses Ausdrucks sind offensichtlich: dünne Ränder, gekrümmte Oberflächen und lebendiger Kontrast. Das Sicli-Gebäude in Genf illustriert alle drei sehr klar: eine dünne Betonschale mit ungewohnten Rundungen auf der Aussenseite, die in einem überraschenden Kontrast zu ihrer Umgebung steht.

Einmal mehr zeigt sich hier dem Architekten eine neue Disziplin und das Potential für eine Vielzahl von Formen, deren gutes bauliches Verhalten beinahe garantiert ist. Die Möglichkeit einer engen Zusammenarbeit und einer Einheit der baulichen und architektonischen Ideen werden jedoch bis heute kaum genutzt.

contrast. The Sicli Building in Geneva illustrates all three: a thin-shell roof with strange curves on the exterior, and a striking contrast with its surroundings.

Here again is a new discipline for the architect and the potential for a variety of shapes whose good structural performance is almost guaranteed. The potential for close collaboration and for an integration of structural and architectural ideas is as yet barely realized.

Khan and the Straight-Line Arch

At the same time that Isler was developing his ideas for natural roof forms, Fazlur Khan (1930–1982), in collaboration with his Chicago architectural partners Myron Goldsmith and Bruce Graham, was working out the same sort of ideas for natural wall forms. Khan saw

Khan und der geradlinige Bogen

In der gleichen Zeit, in der Isler seine Ideen der natürlichen Dachformen entwickelte, erarbeitete Fazlur Khan (1930–1982) in Zusammenarbeit mit seinen Architekturpartnern in Chicago, Myron Goldsmith und Bruce Graham, Ideen ähnlicher Art für natürliche Wandformen. Khan betrachtete seine Arbeit als Reaktion auf die Bedürfnisse der Gesellschaft; im Unterschied zu einem Bildhauer aber kann der Ingenieur «keine seiner Ideen zu einer wirklichen Form umsetzen, solange die politische, soziale und wirtschaftliche Situation seiner Umgebung es ihm nicht erlaubt, diese Herausforderung anzunehmen»[11]. Khan erkannte eine grosse Affinität zwischen den Erfordernissen des Gebäudeentwurfs und jenen des Brückenentwurfs, die er 1972 in einer Publikation darlegte; darin beschrieb er, anhand von zwei Mitte der sechziger Jahre in Rochester (New York) und Houston errichteten Stahlbetongebäuden, die Möglichkeiten des Formenspiels in städtischen Strukturen, die grundsätzlich immer wirtschaftlich gebaut werden sollten.

In einer engen Zusammenarbeit mit Graham erarbeitete Khan für das 1968 ausgeführte Gebäude der Midland Bank in Rochester eine neue Bauform, bei der die Kräfte der oberen Wandstützen direkt zu den weiter auseinander stehenden Pfeilern des Erdgeschosses ge-

Marine Midland Bank Building in Rochester, New York, 1968. Structural design by Fazlur Khan, architect Bruce Graham. In this façade, Khan and Graham devised a form which shows visually how the loads flow from identical columns on the upper floors toward the heavier columns below which finally transfer all load to the isolated supports at the plaza level. In this structure, Khan has engineered a truss without diagonals in the same way as did Maillart at Chiasso.

Gebäude der Marine-Midland-Bank in Rochester, New York, 1968. Tragwerksentwurf von Fazlur Khan, Architektur von Bruce Graham. Mit ihrer Fassade haben Khan und Graham eine Struktur entworfen, die den Kräftefluss auch optisch aufzeigt. Die Lasten verlaufen von den schlanken Stützen der oberen Geschosse über die nachfolgenden, gedrungenen Stützen bis zum Erdgeschoss, wo sie schliesslich durch die massiven Pfeiler abgefangen werden. Khan legte die Tragstruktur als Fachwerk ohne diagonale Glieder aus, in derselben Art, wie dies Maillart beim Lagerhaus in Chiasso getan hatte.

127

his work as responding to the needs of society but, unlike a sculptor, the engineer "cannot put any of his ideas into real form until the political, social and economic environment around him gives him the challenge."[11] Khan recognized a close affinity between the constraints on building design and those on bridge design which he described in a 1972 paper, in which he singled out two concrete buildings designed in the middle 1960s, one in Rochester, New York, and one in Houston, which show clearly the kind of play possible in urban structures that must still be constructed economically.

Working closely with Graham, Khan devised a new structural form for the 1968 Marine Midland Bank in Rochester, in which wall-column forces are transferred directly to widely spaced plaza columns. The result is a façade in which some of the vertical columns are widened (within the façade) near the base to give an arch-like look and hence an arch action, transferring load to the large plaza columns in smooth and visually expressive pathways. The wall columns near the base also get thicker to give an undulating effect above the isolated plaza columns. As with most buildings done by Khan and Graham, the Rochester structure was designed competitively and shows how designers can find new and economical solutions to old problems. Designers have only begun to study these forms made from standard wall elements. Their wider use will reinforce the idea that a new vocabulary is waiting to be developed and used extensively once architects and engineers recognize the potentials offered by close collaboration.

Menn and the Shaping of Bridges

The most persuasive discussion of bridge design since 1940, and one that should stimulate new forms in architecture, is that of Prof. Christian Menn (b. 1927). In 1983, at a civil engineering meeting honoring Candela, Professor Menn defined bridge aesthetics in a way that clearly separates structural art from traditional architectural aesthetics.[12] Gone are terms like *proportion, symmetry, rhythm,* and *order.* Instead Menn introduces the terms *transparency* and *slenderness, simplicity* and *regularity,* and *artistic shaping.*

Menn, like Isler, studied under Professor Lardy from whom he learned about Maillart, whose structures, Menn later wrote, "still deserve our unlimited admiration." His early bridge designs of the late 1950s follow Maillart's ideas, but in the early 1960s Menn began to explore new forms, especially in the light of a new technique, prestressed concrete, that had not been available to Maillart.

leitet werden. Daraus resultiert eine Fassade, in der einige der vertikalen Stützen in den unteren Geschossen gedrungener ausgebildet sind; sie verleihen so der Fassade ein bogenähnliches Aussehen und erzeugen eine gewisse Gewölbewirkung, indem sie den Lasten sanft und optisch eindrücklich den Weg zu den untersten Stützen ermöglichen. Wie die meisten der von Khan und Graham ausgeführten Bauten entstand auch das Bankgebäude in Rochester aufgrund eines Entwurfswettbewerbs und zeigt, auf welche Art und Weise Baukünstler neue und wirtschaftliche Lösungen für alte Probleme finden können. Die Konstrukteure haben erst vor kurzem damit begonnen, sich mit dem Studium der Formen zu befassen, die sich aus dem Einsatz von standardisierten Wandelementen ergeben. Ihre weitere Anwendung wird die Idee bekräftigen, dass ein neues Vokabular nur darauf wartet, genutzt zu werden, sobald Architekten und Ingenieure das Potential einer engeren Zusammenarbeit entdecken.

Menn und die Formgebung von Brücken

Der überzeugendste Beitrag zur Diskussion des Brückenentwurfs seit 1940, der letztlich auch zu neuen Formen in der Architektur anregen sollte, stammt von Professor Christian Menn (geboren 1927). Anlässlich eines Ingenieurtreffens zu Ehren Candelas im Jahre 1983 definierte Prof. Menn die Ästhetik von Brücken in einer Weise, welche die Ingenieurbaukunst klar von der traditionellen architektonischen Ästhetik trennt[12]. Begriffe wie Proportionen, Symmetrie, Rhythmus und Ordnung sind überholt. An ihrer Stelle führte Menn Begriffe ein wie Transparenz, Schlankheit, Einfachheit, Regelmässigkeit und künstlerische Gestaltung.

Menn studierte wie Isler bei Professor Lardy, bei dem er viel über Maillart lernte. Über dessen Werke schrieb er später: « . . . und sie verdienen noch immer unsere uneingeschränkte Bewunderung.» Menns erste Brückenentwürfe Ende der fünfziger Jahre folgten noch vollständig Maillarts Ideen, bis er dann anfangs der sechziger Jahre neue Formen zu entwickeln begann, die stark unter dem Einfluss der neuen Technik des vorgespannten Betons standen, welche Maillart noch nicht zur Verfügung gestanden hatte.

Die Salvaneibrücke von 1965 illustriert beides sehr klar: Menns Ideen und die Eigenheiten vorgespannter Betontragwerke. Die Brücke führt, ähnlich wie die Schwandbachbrücke, in einer Kurve über das enge Tal. Der Bogen ist hier allerdings verschwunden, und

128

The Salvanei bridge of 1965 illustrates both Menn's ideas and the nature of prestressed concrete. Here is a roadway curved over a small valley similar to the Schwandbach. But now the arch is gone and only the curved deck remains; the arch is replaced by steel cables hidden inside a hollow-box beam supporting the traffic directly. These cables, draped like those of a very flat suspension bridge, are under high tension with each end blocked against the concrete. The high steel tension force pulls the concrete beam together in compression and prevents the cracks that a beam normally would develop under gravity load. The prestressing compression on the concrete replaces the reinforcing steel at Liesberg.

In this way the beam can be much lighter — hollow instead of solid — and it can span greater distances. By eliminating the arch, Menn has considerably lightened the bridge structure, but in so doing he has made the columns far more significant visually. Curved or polygonal arches have a natural appeal but straight columns can easily

nur die Kurve der Fahrbahn verbleibt; der Bogen ist durch die in den Wandungen des Hohlkastenträgers (der die Verkehrslasten nun direkt abzutragen hat) verborgenen Stahlkabel ersetzt. Diese Kabel sind ähnlich geführt wie bei einer sehr flachen Hängebrücke; sie stehen unter hohen Zugkräften und sind an ihren Enden gegen den Beton verankert. Die grossen Stahlzugkräfte bewirken, dass der Betonbalken auf Druck beansprucht ist, und verhindern die Risse, die sich in einem Balken unter Schwerelasten normalerweise bilden. Die vorspannende Druckbeanspruchung auf den Beton ersetzt zu einem grossen Teil den Bewehrungsstahl, der bei der Brücke in Liesberg benötigt wurde.

Auf diese Weise kann der Brückenträger viel leichter gehalten werden – hohl anstatt mit einem Vollquerschnitt –, und es können grössere Distanzen überspannt werden. Durch das Eliminieren des Bogens hat Menn die gesamte Brückenstruktur um ein beträchtliches leichter gemacht, was aber dazu führt, dass die Pfeiler optisch viel bedeutungsvoller werden. Gekrümmte oder polygonal verlaufende

Salvanei Bridge, 1965. Bridge design by Christian Menn. Curving over a small valley, this bridge is a prestressed-concrete hollow box in which the arch of the Schwandbach is replaced by steel cables under high tension hidden within the box, which put the concrete into compression. Because the columns now become primary visual elements, Menn makes them thin and narrow to create a transparent structure. Menn has taken Maillart's ideas and gradually transformed them into new forms made possible by prestressing.

Salvaneibrücke, 1965. Brücke von Christian Menn. Die Brücke führt in einer Kurve über das enge Tal. Es handelt sich hier um einen vorgespannten Betonträger mit einem Hohlkastenprofil. Der Bogen ist durch die im Träger verlaufenden mit grossen Zugkräften gespannten Stahlkabel ersetzt, die ihrerseits den Beton auf Druck beanspruchen. Die Stützen werden nun zu wesentlichen optischen Elementen, was der Grund dafür ist, dass Menn sie schlank und schmal hielt und so eine transparente Struktur schuf. Menn übernahm Maillarts Ideen und entwickelte daraus allmählich die neuen Formen, die durch die Vorspanntechnik möglich wurden.

be oppressively heavy or dull. Menn avoids these dangers by making the columns thin in the direction of traffic (in the bridge profile view) and relatively narrow in the transverse direction. The thin edge expresses the slenderness of form, and narrowness allows transparency by preventing successive columns from visually closing off side views. Obviously the entire structure reflects simplicity, having no decoration and few elements, and its regularity resides in the similarity of spans and columns. Like Schwandbach, the bridge does not have the clear artistic shaping that Maillart enjoyed with the X columns at Vessy or the entire profile at Chiasso.

"We are inclined, today," Menn wrote, "to assume that the best aesthetic effect of a bridge can only be attained through a visual merging of the artistic with the most suitable static shape." He gives examples: the parabolic tapering of high columns to follow the moment diagram — the Eiffel Tower solution; the shaping of arches to follow the funicular line — the polygonal arches of Maillart; the haunching of girders with a variation in depth to give constant shear — the same idea Maillart had for his column capitals. These are examples of a merging of artistic feeling with static function.

All good engineers can study this visual merging and learn to do it successfully in any bridge structure of the scale of overpasses and larger. Continuous thought and experience will improve the engineers' "form-feeling," as Menn calls it. But there is another side to bridge design which Menn introduces by observing that "one cannot completely deny that even decoration by an engineer endowed with artistic talent may, by all means, have an appealing aesthetic effect." He shows the side view of the Vessy bridge with its X columns to illustrate that, as he puts it, "even dalliance and static nonsense, like a properly dosed pinch of salt, are capable of reviving the aesthetic appeal of the structure of a secondary supporting element [such as at Vessy]." But then he emphasizes strongly that, "being extremely delicate, such variations must be carried out by real artists only; the normal engineer is advised to desist from it. He should strictly limit himself to adopting the force-flow and the static function."

Menn is identifying a problem common to all the arts, that exuberance in the hands of a master can be excrescence in the hands of those with limited gifts. Yet, those whose innate talents are less can nevertheless create worthy objects if they learn strict rules and follow high ideals, even if their designs never rank with those of Maillart or Menn. It is a crucial lesson of art, perhaps the most important social lesson of all, that improvement in structural appearance need not be restricted solely to the direct efforts of a few masters. Hemingway achieved a literary style purged of flowery language and provided an

Bogen wirken natürlicher als gerade Pfeiler, die oft erdrückend schwerfällig oder langweilig aussehen. Menn umgeht diese Gefahren, indem er die Pfeiler in der Richtung des Verkehrs (in der Brückenansicht) sehr dünn und auch in der Querrichtung relativ schmal ausführte. Der dünne Rand veranschaulicht die Schlankheit der Form, und die schmale Ausbildung ergibt auch für eine seitliche Ansicht eine transparente Struktur. Das gesamte Bauwerk widerspiegelt Einfachheit, da es nur aus wenigen und nicht verzierten Elementen besteht; seine Regelmässigkeit ergibt sich durch die ähnlichen Spannweiten und Stützen. Wie die Schwandbachbrücke ist auch diese Brücke nicht in derselben Art künstlerisch durchgestaltet, wie es Maillart bei den X-förmigen Stützen in Vessy oder der gesamten Struktur in Chiasso so mochte.

«Wir sind heute dazu geneigt anzunehmen», schreibt Menn, «dass die besten ästhetischen Effekte einer Brücke nur durch eine optische Verschmelzung des Künstlerischen mit den statisch günstigsten Formen erreicht werden kann.» Er gibt dafür auch Beispiele: hohe Stützen, die sich parabolisch verjüngen und so dem Momentenverlauf folgen – die Eiffelturm-Lösung; die Form des Bogens, die der Stützlinie entspricht –, Maillarts polygonaler Bogen; die Ausbildung von Voutenträgern, deren Höhe so variiert, dass sich entlang des Trägers ausgeglichene Schubbeanspruchungen ergeben – die gleiche Idee, die Maillart für seine Stützenköpfe hatte. Das sind Beispiele einer Verschmelzung des künstlerischen Gefühls mit der statischen Funktion.

Jeder gute Ingenieur kann diese optische Verschmelzung studieren und lernen, bei Brückentragwerken jeglicher Art, angefangen bei kleineren Übergängen bis hin zu grossen Querungen, erfolgreich damit umzugehen. Kontinuierliches Lernen und Erfahrung werden das «Formgefühl», wie Menn es nennt, des Ingenieurs verfeinern. Menn führt jedoch noch eine andere Seite des Brückenentwurfs ein, wenn er bemerkt: « . . . man kann jedenfalls nicht vollständig bestreiten, dass auch Dekorationen eines künstlerisch begabten Ingenieurs einen ästhetisch reizvollen Effekt haben.» Er zeigt die seitliche Ansicht der Vessybrücke mit ihren X-förmigen Stützen, um dies zu illustrieren, und fügt bei: « . . . sogar Überflüssiges und statischer Unsinn können, wie eine wohldosierte Prise Salz, den ästhetischen Reiz der Struktur eines sekundären Tragelementes beleben (wie die Stützen in Vessy).» Er betont dann aber: « . . . weil solche Variationen ausgesprochen schwierig sind, sollten sie nur von wirklichen Künstlern ausgeführt werden; dem gewöhnlichen Ingenieur sei geraten, davon Abstand zu nehmen. Er sollte sich darauf beschränken, sich des Kräfteflusses und der statischen Funktion anzunehmen.»

acceptable artistic model of concise, clear, unadjectival writing that most of us can emulate even if our efforts never rise to shine as great art.

Menn concludes his writing on aesthetics in bridge design by noting that all aesthetic aspects — "transparency, slenderness, regularity, and artistic shaping — have certain economic consequences." Taking any bridge with given spans, Menn estimates that these consequences may cause the bridge construction costs to rise by a maximum of 1 to 2 percent. Since it is rarely possible to predict the final price for a bridge that builders have bid for competitively, this small cost increment in the engineer's estimate may never be reflected in actual figures. Nevertheless, Menn's major point is that aesthetic choices have to be made carefully to avoid significant cost increases. As long as the overall concept (performance and construction procedure) is sound, minor changes in form will not appreciably change cost.

When designers realize the relative freedom they have to make forms, their designs can begin to take on a new visual power. This idea is one of the principal conclusions to come from a study of Maillart's works. His concepts improved as he built structures, and his designs took on more and more visual power as he modified his forms from bridge to bridge, beginning with the Zuoz hollow box of 1901 and ending with the Salginatobel, the Felsegg, the Vessy, and finally, in his last year, the Lachen bridge.

In this book we have followed the unfolding of ideas leading to some of the greatest structural designs of the modern era. After Maillart there can be no doubt that structure is an art form parallel to and independent of architecture and sculpture.

Menn erkennt hier ein in der Kunst häufiges Problem, nämlich dass, was in den Händen eines Meisters Fülle ist, in den Händen eines weniger Begabten zum Auswuchs werden kann. Trotzdem sind auch durchschnittlich begabte Menschen dazu fähig, wertvolle Objekte zu erschaffen, wenn sie strikte Regeln erlernen und hohen Idealen folgen, obwohl ihre Werke nie im selben Atemzug mit denjenigen von Maillart oder Menn genannt sein werden. Die Kunst erteilt uns eine wichtige Lektion, vielleicht die wichtigste Lebensweisheit überhaupt, nämlich dass Verschönerungen des strukturellen Erscheinungsbildes nicht auf den direkten Effort einiger weniger Meister beschränkt bleiben müssen. Hemingway erreichte einen literarischen Stil, der frei von blumiger Sprache ist, und lieferte so ein annehmbares künstlerisches Modell für einen präzisen und reinen Schreibstil, dem die meisten von uns nacheifern können, auch wenn unsere Anstrengungen nie als grosse Kunst angesehen sein werden.

Menn schliesst seinen Artikel über die Ästhetik im Brückenbau mit der Bemerkung, dass «alle ästhetischen Aspekte – Transparenz, Schlankheit, Regelmässigkeit und künstlerische Gestaltung – gewisse wirtschaftliche Konsequenzen haben». Nimmt man irgendeine Brücke, so schätzt Menn, dass diese Konsequenzen die Baukosten um maximal ein bis zwei Prozent verteuern würden. Da es aber sowieso kaum möglich ist, den endgültigen Preis einer Brücke, den die Bauunternehmer wettbewerbsmässig einzugeben haben, voraus-zusagen, wird sich dieser kleine Zuwachs in der Kostenschätzung wohl kaum je in den tatsächlichen Zahlen niederschlagen. Trotzdem betont Menn, dass, um beträchtliche Kostensteigerungen zu vermeiden, ästhetische Entscheidungen sorgfältig gefällt werden sollen. Solange das Gesamtkonzept (Tragwerksverhalten und Bauablauf) einwandfrei ist, werden kleinere Veränderungen der Form die Kosten nicht merklich verändern.

Wenn ein Konstrukteur sich seiner relativen Freiheit bei der Formgebung bewusst ist, werden seine Entwürfe beginnen, eine neue optische Kraft anzunehmen. Diese Idee ist einer der hauptsächlichsten Schlüsse, die beim Studium von Maillarts Bauten gezogen werden können. Seine Konzepte verfeinerten sich bei jedem neuen Bau; seine Entwürfe zeigten mehr und mehr optische Kraft, so wie er seine Formen von Brücke zu Brücke modifizierte, beginnend bei der Hohlkastenbrücke in Zuoz von 1901 und abschliessend mit der Salginatobel-, der Felsegg- sowie der Vessybrücke und schliesslich, in seinem letzten Lebensjahr, der Brücke bei Lachen.

In diesem Buch haben wir der Entfaltung der Ideen nachgespürt, die zu einigen der bedeutendsten Bauwerken der modernen Zeit geführt haben. Nach Maillart kann nun kein Zweifel mehr darüber bestehen, dass der Ingenieurbau die Kunstform darstellt, die parallel zu und trotzdem unabhängig von der Architektur und der Bildhauerei besteht.

Schwandbach Bridge, 1933, nearly lost in the trees and bushes of its wilderness setting in the canton of Bern. Although often hard to find, challenging even to photograph today, and of relatively small scale, Maillart's major works continue to light a trail toward new forms of the future.

Schwandbachbrücke, 1933, beinahe verloren in den Bäumen und Büschen der Wildnis ihrer Umgebung im Kanton Bern. Obwohl Maillarts wichtigste Bauten oft nur schwer zu finden und sie zudem relativ klein sind, so üben sie auf die Fotografie von heute einen speziellen Reiz aus und sind nach wie vor wegweisend für die gestalterischen Möglichkeiten der Zukunft.

132

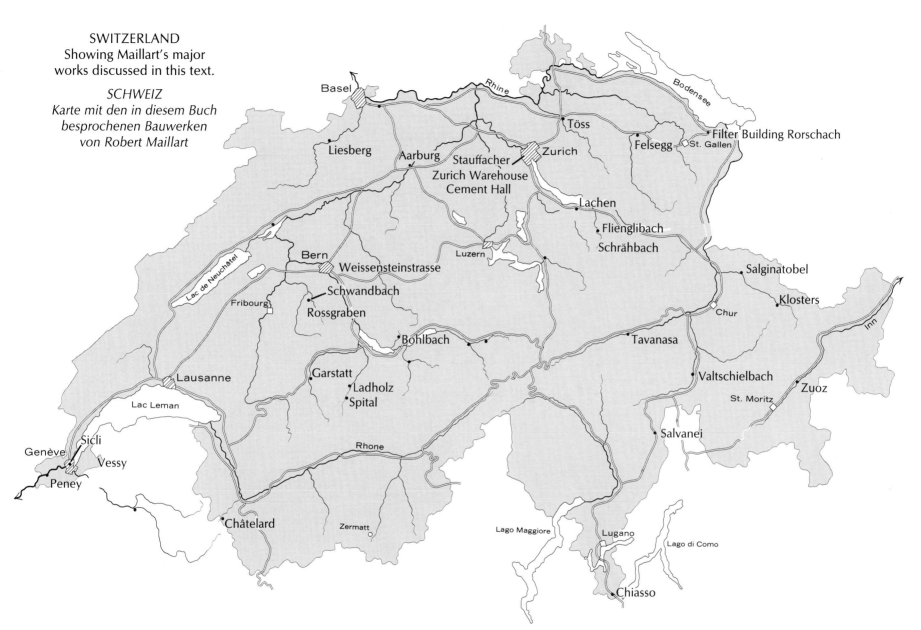

SWITZERLAND
Showing Maillart's major
works discussed in this text.

SCHWEIZ
Karte mit den in diesem Buch
besprochenen Bauwerken
von Robert Maillart

Basel
Rhine
Bodensee
Töss
Liesberg
Aarburg
Felsegg
Filter Building Rorschach
St. Gallen
Stauffacher
Zurich Warehouse
Cement Hall
Zurich
Lachen
Flienglibach
Schrähbach
Bern
Luzern
Salginatobel
Weissensteinstrasse
Lac de Neuchâtel
Schwandbach
Klosters
Chur
Rossgraben
Fribourg
Bohlbach
Tavanasa
Lausanne
Garstatt
Valtschielbach
Lac Leman
Ladholz
Spital
Zuoz
St. Moritz
Salvanei
Sicli
Genève
Vessy
Rhone
Peney
Châtelard
Zermatt
Lago Maggiore
Lugano
Lago di Como
Inn
Chiasso

Note that the Salvanei Bridge is by Christian Menn and the Sicli Building is by Heinz Isler. Maillart's Cement Hall, Tavanasa Bridge, and Flienglibach Bridge no longer exist.

Die Salvaneibrücke stammt von Christian Menn und das Sicli-Gebäude von Heinz Isler. Folgende Maillart-Bauten existieren nicht mehr: die Zementhalle, die Tavanasabrücke und die Flienglibachbrücke.

NOTES

Chapter I

1. D. P. Billington, *Robert Maillart's Bridges: The Art of Engineering,* Princeton, 1979, pp. 9–10.
2. D. P. Billington, *The Engineer as Artist: A Life of Robert Maillart,* New York and Cambridge, Mass., 1991, in press.
3. D. A. Molitor, "Three-Hinged Masonry Arches; Long Spans Especially Considered," *Transactions, ASCE* 40, paper no. 834, 1898, pp. 31–85.
4. V. Wenner, "Presentation to the Zurich Branch of the SIA [Society of Swiss Engineers and Architects] on Feb. 8, 1899," *SBZ (Schweizerische Bauzeitung)* 33, no. 9 (4 Mar. 1899), p. 82.
5. E. Elskes, "Zuoz Bridge," *Bulletin technique de la suisse romande* 29, no. 3 (10 Feb. 1903), pp. 33–35.

Chapter II

1. R. Maillart, "Report to A. Schucan," 26 Sept. 1903, Princeton Maillart Archive.
2. S. Solca, "Die Rheinbrücken bei Tavanasa und Waltensburg," *SBZ* 63, no. 24 (13 June 1914), pp. 343–44.
3. R. Maillart, "Brücke über den Rhein bei Tavanasa," Drawing 360, 14 Jan. 1905, Princeton Maillart Archive. Not only do live loads such as trucks cause high bending moments at the quarter spans, but the dead load is higher there as well.
4. R. Maillart, "Eine schweizerische Ausführungsform der unterzuglosen Decke-Pilz Decke" (A Swiss-developed form of beamless slab—the mushroom slab), *Schweizerische Ingenieurbauten in Theorie und Praxis, International Kongress für Brückenbau und Hochbau,* Zurich, 1926.
5. "Filter-Neubau im Riet," Drawing R27/18, St. Gallen, 20 Mar. 1912.
6. O. Zehnder, "Die Aare-Brücke bei Aarburg," *SBZ* 62, no. 4 (26 July 1913), pp. 45–49.
7. *Handbuch für Eisenbetonbau,* ed. F. von Emperger, Berlin, 1907–1920, 1st and 2nd editions in 12 volumes.

Chapter III

1. R. Favre, "Die Erneuerung von zwei Maillart-Brücken," *SBZ* 87, no. 17 (24 Apr. 1969), pp. 313–19. Favre discusses the rehabilitation of both the Zuoz and the Aarburg bridges here.
2. W. Ritter, "Statische Berechnung der Versteifungsfachwerke der Hängebrücken," *SBZ* 1, nos. 1–6 (6, 13, 20, 27 Jan., 3, 10 Feb. 1883), pp. 6–7, 14, 19–21, 23–25, 31–33, 36–38.
3. M. Rõs, "Neuere schweizerische Eisenbeton-Brückentypen," *SBZ* 90, no. 14 (1 Oct. 1927), pp. 172–77. This article describes the Valtschielbach bridge in detail, briefly gives results from the testing of the Flienglibach and Schrähbach bridges, and concludes with a presentation of the aqueduct at Châtelard.
4. For a detailed description of this rationale, see Robert Mark, James K. Chiu, and John F. Abel, "Stress Analysis of Historic Structures: Maillart's Warehouse at Chiasso," *Technology and Culture* 15, no. 1 (Jan. 1974), pp. 49–63.
5. C. Ticchi, *Shifting Gears,* Chapel Hill, North Carolina, 1987, p. 225.
6. M. Rõs, "Eisenbeton-Brückentypen", pp. 175–77.
7. M. Rõs, ibid., p. 172.
8. Unfortunately, an edge thickening has been added to the thin vertical cross walls which makes them appear awkward from close up and too thick from a distance.

ANMERKUNGEN

Kapitel I

1. D. P. Billington, "Robert Maillart's Bridges: The Art of Engineering", Princeton, 1979, S. 9–10.
2. D. P. Billington, "The Engineer as Artist: A Life of Robert Maillart", New York und Cambridge, Mass., 1990, in Vorbereitung.
3. D. A. Molitor, "Three Hinged Masonry Arches; Long Spans Especially Considered", Transactions, ASCE 40, Artikel Nr. 834 (1898), S. 31–85.
4. V. Wenner, «Präsentation für die Sektion Zürich des SIA [Schweizerischer Ingenieur- und Architekten-Verein] am 8. Febr. 1899», Schweizerische Bauzeitung [SBZ] 33, Nr. 9 (4. März 1899), S. 82.
5. E. Elskes, «Le pont de Zuoz», Bulletin technique de la Suisse Romande 29, Nr. 3 (10. Febr. 1903), S. 33–35.

Kapitel II

1. R. Maillart, "Report to A. Schucan", Maillart-Archiv, Princeton (26. Sept. 1903).
2. S. Scola, «Die Rheinbrücken bei Tavanasa und Waltensburg», SBZ 63, Nr. 24 (13. Juni 1914), S. 343–344.
3. R. Maillart, «Brücke über den Rhein in Tavanasa», Plan 360 (14. Jan. 1905), Maillart-Archiv, Princeton. Die Verkehrslasten (zum Beispiel infolge des Schwerverkehrs) verursachen hohe Biegebeanspruchungen in den Viertelspunkten des Bogens, und auch die ständigen Lasten (Eigengewicht) sind grösser.
4. R. Maillart, «Eine schweizerische Ausführungsform der unterzuglosen Decke – die Pilzdecke», Schweizerische Ingenieurbauten in Theorie und Praxis, Internationaler Kongress für Brücken- und Hochbau, Zürich, 1926.
5. «Filter-Neubau im Riet», Plan R 27/18 (20. März 1912), St. Gallen.
6. O. Zehnder, «Die Aarebrücke bei Aarburg», SBZ 62, Nr. 4 (26. Juli 1913), S. 45–49.
7. «Handbuch für Eisenbetonbau», herausgegeben von F. von Emperger, 1907–1920, 1. und 2. Auflage in 12 Bänden.

Kapitel III

1. R. Favre, «Die Erneuerung von zwei Maillart-Brücken», SBZ 87, Nr. 17 (24. April 1969), S. 313–319. Favre bespricht hier die Erneuerungsarbeiten der Brücke in Zuoz und derjenigen in Aarburg.
2. W. Ritter, «Statische Berechnungen der Versteifungsfachwerke der Hängebrücken», SBZ 1, Nr. 1–6 (6., 13., 20. und 27. Jan. sowie 3. und 10. Febr. 1883), S. 6–7, 14, 19–21, 23–25, 31–33 und 36–38.
3. M. Rõs, «Neuere schweizerische Eisenbeton-Brückentypen», SBZ 90, Nr. 14 (1. Okt. 1927), S. 172–177. Dieser Artikel beschreibt detailliert die Brücke im Val Tschiel, gibt einen kurzen Überblick über die Versuchsresultate der Flienglibach- und der Schrähbachbrücke und schliesst mit der Darstellung des Aquäduktes bei Châtelard.
4. Für eine detaillierte Beschreibung dieser Gedankengänge siehe: Robert Mark, James K. Chiu und John F. Abel, "Stress Analysis of Historic Structures: Maillart's Warehouse at Chiasso", Technology and Culture 15, Nr. 1 (Jan. 1974), S. 49–63.
5. C. Ticchi, "Shifting Gears", Chapel Hill, North Carolina, 1987, S. 225.
6. M. Rõs, «Neuere schweizerische Eisenbeton-Brückentypen», SBZ 90, Nr. 14 (1. Okt. 1927), S. 175–177.

These additions give the cross walls the same form as those at Salgina but there the much greater scale allows such a thickening, whereas at Valtschielbach it is too heavy and inappropriate because there is no longitudinal deck beam to join with the thickened edge as there is at Salgina.

Chapter IV
1. P. Lorenz, Letter to J. Solca, 24 Sept. 1928, Princeton Maillart Archive.
2. Maillart always designed spans to be as symmetrical as possible about the center line of the span because it made analysis simpler, but not because of an *a priori* idea that it made the structure more beautiful. The Salginatobel is not, as a whole, symmetrical, having a much longer approach on the Shiers side. This asymmetry accentuates the horizontal deck and line and does describe at a distance the unsymmetrical nature of the rock-walled valley.

Chapter V
1. P. J. Bener, "Die Linienverlegung der Rhätishen Bahn in Klosters," *SBZ* 96, no. 25 (20 Dec. 1930), pp. 337–41.
2. M. Rös, "Belastungsversuche an Versteiften Stabbogen-Brücken Maillart'scher Bauart," *Bericht 99,* Vereins Schweizerischer Zement-, Kalk-, und Gips-Fabrikanten, Zurich, 1937, pp. 29–42. This article includes discussion of Valtschielbach, Flienglibach, Schrähbach, Traubach, Spital, Töss, and two unbuilt designs, all by Maillart.
3. P. Klee, "Creative Credo," in *Themes of Modern Art,* ed. H. B. Chipp, Berkeley, 1970, pp. 182–86.
4. In the Ladholz footbridge of 1931, a 1.2-meter-deep parapet stiffens the thin, polygonal arch spanning 26 meters. This visually heavy bridge contrasts with the Töss bridge built three years later. Later in 1931 came the 21-meter-span Hombach and the 12.5-meter-span Luterstalden bridges, both with beams beneath the deck and with solid wall abutments. The year 1932 saw the completion of the 40-meter-span Traubach bridge with the parapet serving as the deck stiffener and once again with solid vertical walls to close off the abutments. Finally, also in 1932, the miniature Bohlbach bridge completed this set with another horizontally curved roadway. This time, however, Maillart designed a sharp curvature of only 15 meters in radius compared with the 125-meter radius at Landquart. For this 14.4-meter span Maillart used the over 1-meter-high parapet as the stiffener, which follows the same curve as the roadway. Maillart resolved the problem of the arch by having it also follow the roadway curve on its concave or inner side, but by having it straight in plan on the outside where it is tangent to the curved roadway at midspan. The cross walls are now straight and in the same tangent plane as the arch and deck on the inside, but they are trapezoidal on the outside so that they have the width of the curving deck at their tops and the width of the horizontally spreading arch at their bases.
5. R. Maillart, "Einige neuere Eisenbetonbrücken," *SBZ* 107, no. 15 (11 Apr. 1936), pp. 157–63. This article includes discussion of the Spital, Töss, and Liesberg bridges.
6. E. Stettler, "Die Rossgrabenbrücke über das Schwarzwasser (Kt. Bern)," *Schweizerische Technische Zeitschrift,* no. 11, 16 Mar. 1933, pp. 153–57.
7. M. Bill, *Robert Maillart,* Zurich, 1949, p. 84.
8. R. Maillart, "Gekrümmte Eisenbeton-Bogenbrücken," *SBZ* 102, no. 18 (28 Oct. 1933), pp. 218–19.

Chapter VI
1. R. Maillart, "The Construction and Aesthetic of Bridges," *The Concrete Way* (London), May–June 1935, pp. 303–9.

7. M. Rös, dito, S. 172.
8. Unglücklicherweise wurden die Ränder der dünnen vertikalen Querwände mit Verstärkungen versehen, was sie sowohl aus der Nähe als auch von weitem eher unpassend wirken lässt. Diese Verstärkungen findet man auch bei der Salginatobelbrücke, wo aber die viel grösseren Abmessungen der Brücke dies erlauben, wohingegen sie bei der Tschielbachbrücke zu schwer ausfallen. Sie wirken unangemessen, da der Brückenträger ohne untenliegenden Längsträger ausgebildet ist, der die Übergänge zu den breiteren Rändern geschafft hätte.

Kapitel IV
1. P. Lorenz, "Letter to J. Solca" (24. Sept. 1928), Maillart-Archiv, Princeton.
2. Maillart versuchte die Spannweiten immer möglichst symmetrisch zur Mittellinie zu gestalten, weil dies die Berechnungen vereinfacht, nicht aber a priori weil dies die Tragstruktur verschönern sollte. Die Salginatobelbrücke ist insgesamt nicht symmetrisch aufgebaut, da auf der Schierser Seite die Zufahrt als lange Vorbrücke ausgebildet ist. Diese Asymmetrie betont die horizontale Linie des Fahrbahnträgers und akzentuiert, von weitem gesehen, die ebenfalls asymmetrisch stehenden Felswände der tiefen Schlucht.

Kapitel V
1. P. J. Bener, «Die Linienverlegung der Rhätischen Bahn in Klosters», SBZ 96, Nr. 25 (20. Dez. 1930), S. 337–341.
2. M. Rös, «Belastungsversuche an versteiften Stabbogenbrücken Maillartscher Bauart», Bericht Nr. 99, Verein Schweizerischer Zement-, Kalk- und Gips-Fabrikanten, 1937, S. 29–42. In diesem Artikel werden folgende Maillart-Brücken besprochen: die Brücke im Val Tschiel, die Flienglibach-, die Schrähbach-, die Traubach-, die Spitalbrücke und der Fussgängersteg über die Töss sowie zwei weitere, jedoch nicht ausgeführte Brückenprojekte.
3. P. Klee, "Creative Credo", in: Themes of Modern Art, herausgegeben von H. B. Chipp, Berkeley, 1970, S. 182–186.
4. Bei der Ladholzbrücke von 1931 wird der 26 Meter gespannte Bogen durch den 1,2 Meter hohen Brüstungsträger versteift. Diese optisch schwer wirkende Brücke bildet einen starken Kontrast zu dem drei Jahre später errichteten Fussgängersteg über die Töss. Im Verlaufe des Jahres 1931 wurden auch noch die Hombach- und die Luterstaldenbrücke ausgeführt, mit Spannweiten von 21 und 12,5 Metern. Bei beiden liegt der Brückenlängsträger unterhalb der Fahrbahnplatte, und bei beiden sind die Widerlagerwände massiv ausgebildet. Im Jahre 1932 wurde die 40 Meter gespannte Traubachbrücke fertiggestellt, wo wiederum die Brüstung als Versteifungsträger dient und massive vertikale Wände die Widerlager von der Brücke abtrennen. Diese Serie wurde mit der ebenfalls 1932 ausgeführten Bohlbachbrücke abgeschlossen, einer kleinen, in einer horizontalen Kurve liegenden Brücke. Maillart wählte hier eine mit 15 Metern Radius sehr enge Kurve, verglichen mit dem Radius von 125 Metern bei der Landquartbrücke. Als Versteifungsträger der 14,4 Meter gespannten Brücke dient die 1 Meter hohe Brüstung, die der Kurve der Fahrbahn folgt. Auf der Innenseite der Kurve (konkave Seite) ist der Bogen ebenfalls entlang der Kurve ausgeführt, wohingegen Maillart auf der Aussenseite (konvexe Seite) den Bogen gerade durchlaufen liess, so dass er die horizontale Kurve der Fahrbahn in der Mitte der Spannweite als Tangente berührt. Die Querwände verlaufen auf der Innenseite vertikal und sind auf der Aussenseite trapezförmig, stehen aber alle rechtwinklig zum gerade durchlaufenden Bogenrand. Sie sind daher an ihren oberen Enden gleich breit wie der Fahrbahnträger und weiten sich zu ihren Fusspunkten hin auf die jeweilige Breite der Bogenplatte auf.

2. P. Klee, "Creative Credo," in *Themes of Modern Art,* ed. H. B. Chipp, Berkeley, 1970, pp. 182–86.

3. R. Maillart, "Ueber Eisenbeton-Brücken mit Rippenbögen unter Mitwirkung des Aufbaues," *SBZ 112,* no. 24 (10 Dec. 1938), p. 289.

4. S. Giedion, *Space, Time and Architecture,* Cambridge, Mass., 5th ed., 1967, pp. 461–65. Here Giedion gives a suggestive discussion of the cross walls.

Chapter VII

1. *The Notebooks of Leonardo da Vinci,* arranged, rendered in English, and introduced by Edward MacCurdy, New York, 1919, p. 1039.

2. In the Schwandbach bridge there is no hinge at A. We imagine that the loads P try to rotate the half arch about A with a bending moment:

$$-M = P\frac{L}{8} + P\frac{L}{4} + P\frac{3L}{8} + \frac{P}{2}\frac{L}{2} = PL$$
$$-M = +M = Hd$$
$$PL = Hd$$
$$H = P\frac{L}{d}$$

We have approximated the Schwandbach case by taking the two center loads, placing them together as one load P at midspan, and assuming all the loads to be equal.

3. R. Maillart, "Ueberführung der Weissensteinstrasse, Statische Berechnung," Bern Archive 532, 31 Mar. 1932.

4. R. Maillart, "Einige neuere Eisenbetonbrücken, *SBZ* 107, no. 15 (11 Apr. 1936), pp. 157–63.

5. R. Maillart, "Ueberführung der Weissensteinstrasse," Bern Archive 532, 28 Jan. 1938. Averaging those side spans (13.5 meters and 19.5 meters for an average of 16.5 meters), we get a proportion of 0.45 with respect to the main span (16.5/36.9 = 0.45) compared with 48 percent (10.5/22 = 0.48) for Liesberg.

Chapter VIII

1. "Landesaustellung," *SBZ* 112, no. 10 (3 Sept. 1938), pp. 126–28; *Zweite Ergänzung Bericht 99,* Zurich, 1 Aug. 1949, pp. 21–60.

2. M. Bill, *Robert Maillart,* Zurich, 1949, pp. 18, 170–73.

3. J. Joedicke, *Shell Architecture,* New York, 1963; S. Giedion, *Space, Time and Architecture,* Cambridge, Mass., 5th ed., 1967, pp. 469–75.

4. R. Maillart, "Brücke über die Simme in Garstatt," Bern Archive 565, no. 9, 31 July 1939.

5. W. Leuzinger, "Die Aufhebung des Niveanüberganges in Altendorf," *Strasse und Verkehr,* no. 1, 1941, pp. 8–10.

Chapter IX

1. E. B. Mock, *The Architecture of Bridges,* New York, 1949; W. J. Watson, *Bridge Architecture,* New York, 1927.

2. *Encyclopaedia Britannica,* vol. 2, 1963, pp. 311–25, see esp. nine plates.

3. W. J. R. Curtis, *Modern Architecture Since 1900,* Oxford, 2d ed., 1987. For example, in this widely used text, Curtis clearly defines the subject as distinct from engineering. We can see his definition not in a few pithy phrases — he wisely avoids them — but rather in the general way buildings are discussed and in the photographs chosen to illustrate exemplary buildings. The book has 460 illustrations of which only two show works of structural art: Maillart's Tavanasa bridge in concrete and Nervi's Palazzo del Lavoro in steel. Both designers are clearly identified

5. R. Maillart, «Einige neuere Eisenbetonbrücken», SBZ 107, Nr. 15 (11. April 1936), S. 157–163. In diesem Artikel werden die Spitalbrücke, der Fussgängersteg über die Töss und die Birsbrücke bei Liesberg besprochen.

6. E. Stettler, «Die Rossgrabenbrücke über das Schwarzwasser (Kt. Bern)», Schweizerische Technische Zeitschrift, Nr. 11 (16. März 1933), S. 153–157.

7. Max Bill, «Robert Maillart», Zürich, 3. Auflage, 1969, S. 84.

8. R. Maillart, «Gekrümmte Eisenbeton-Bogenbrücken», SBZ 102, Nr. 18 (28. Okt. 1933), S. 218–219.

Kapitel VI

1. R. Maillart, "The Construction and Aesthetic of Bridges", The Concrete Way, London, Mai/Juni 1935, S. 303–309.

2. P. Klee, "Creative Credo", in: Themes of Modern Art, herausgegeben von H. B. Chipp, Berkeley, 1970, S. 182–186.

3. R. Maillart, «Über Eisenbeton-Brücken mit Rippenbögen unter Mitwirkung des Aufbaues», SBZ 112, Nr. 24 (10. Dez. 1938), S. 289.

4. S. Giedion, "Space, Time and Architecture", Cambridge, Mass., 5. Auflage, 1967, S. 461–465. Giedion bespricht hier sehr gehaltvoll die spezielle Form der Querwände der Vessybrücke.

Kapitel VII

1. "The Notebooks of Leonardo da Vinci", bearbeitet und ins Englische übertragen von Edward MacCurdy, New York, 1919, S. 1039.

2. Bei der Schwandbachbrücke ist im Punkt A kein Gelenk angeordnet. Die Lasten P versuchen den halben Bogen um den Auflagerpunkt A zu drehen und verursachen dadurch ein Biegemoment:
$$|-M| = P \cdot L/8 + P \cdot 3L/4 + P \cdot 3 \cdot L/8 + P/2 \cdot L/2 = P \cdot L$$
$$|-M| = |+M| = H \cdot d$$
$$P \cdot L = H \cdot d$$
$$H = P \cdot L/d$$
Bei dieser Näherungsberechnung für die Schwandbachbrücke haben wir die beiden mittleren Lasten zu einer Einzellast zusammengefasst und angenommen, dass alle Lasten gleich gross sind.

3. R. Maillart, «Überführung der Weissensteinstrasse, Bern, Statische Berechnungen», Berner Archiv 532 (31. März 1932).

4. R. Maillart, «Einige neuere Eisenbetonbrücken», SBZ 107, Nr. 15 (11. April 1936), S. 157–163.

5. R. Maillart, «Überführung der Weissensteinstrasse», Berner Archiv 532 (28. Jan. 1938). Mit dem Mittel aus diesen Spannweiten (13,5 und 19,5 Meter ergibt gemittelt 16,5 Meter) erhält man ein Verhältnis zur Hauptspannweite von 0,45 (16,5/36,9 = 0,45). Bei der Birsbrücke beträgt dieses Verhältnis (10,5/22 = 0,48) 48 Prozent.

Kapitel VIII

1. «Landesaustellung», SBZ 112, Nr. 10 (3. Sept. 1938), S. 126–128; «Zweite Ergänzung zum Bericht 99», Zürich (1. Aug. 1949), S. 21–60.

2. M. Bill, «Robert Maillart», Zürich, 3. Auflage, 1969, S. 18, 170–173.

3. J. Joedicke, "Shell Architecture", New York, 1963; S. Giedion, "Space, Time and Architecture", Cambridge, Mass., 5. Auflage, 1967, S. 469–475.

4. R. Maillart, «Brücke über die Simme in Garstatt», Berner Archiv 565, Nr. 9 (31. Juli 1939).

5. W. Leuzinger, «Die Aufhebung des Niveauüberganges in Altendorf», Strasse und Verkehr, Nr. 1, 1941, S. 8–10.

as engineers and their works characterized as "engineering feats" (for Maillart and Freyssinet) or demonstrations of "how engineering discipline and rigorous sculptural expression might achieve a high synthesis of an almost natural character" (Nervi). See p. 44 for the Tavanasa and p. 345 for the Palazzo del Lavoro.

4. K. Frampton and Y. Futagawa, *Modern Architecture: 1920–1945,* New York, 1983. Frampton focuses on seventy-six works in which he includes the Salginatobel Bridge, the covered racetrack by Torroja, the Florence Stadium by Nervi, two buildings by Owen Williams, a church by Niemeyer (debt above all to Maillart for the Cement Hall), the Van Nelle Factory (with flat slabs that derive from Maillart indirectly), and the Johnson Wax Building (using some forms like Maillart's Swiss-type mushroom columns).

5. Quoted in Curtis, p. 388.

6. Le Corbusier, *Towards A New Architecture,* London, 1931, p. 11.

7. Ibid., p. 203.

8. Vitruvius, *The Ten Books on Architecture,* translated by M. H. Morgan, 1914; Dover edition, New York, 1960, p. 281.

9. D. P. Billington, "Felix Candela and Structural Art," *Bulletin of the International Association for Shell and Spatial Structures,* Jan. 1986, pp. 5–10.

10. D. P. Billington, "Heinz Isler as Structural Artist," in *Heinz Isler as Structural Artist,* Catalogue of an Exhibition, Princeton University Art Museum, Apr. 1980, pp. 9–24.

11. F. Khan, "A Philosophic Comparison Between Maillart's Bridges and Some Recent Concrete Buildings," *Background Papers,* Second National Conference on Civil Engineering: History, Heritage, and the Humanities, Princeton University, 1972, p. 2.

12. C. Menn, "Aesthetics of Bridge Design," *Bulletin of the International Association for Shell and Spatial Structures,* Aug. 1985, pp. 53–62.

Kapitel IX

1. E. B. Mock, "The Architecture of Bridges", New York, 1949; W. J. Watson, "Bridge Architecture", New York, 1927.

2. "Encyclopaedia Britannica" 2, 1963, S. 311–325. Speziell zu beachten sind die neun Abbildungen.

3. W. J. R. Curtis, "Modern Architecture since 1900", 2. Auflage, Oxford, 1987. In diesem sehr bekannten Text macht Curtis eine klare Unterscheidung zwischen Architektur und Ingenieurbaukunst. Man erkennt diese Unterscheidung nicht in ein paar prägnanten Sätzen – er vermeidet solche weise –, man spürt sie vielmehr an der Art, wie die Bauten besprochen werden, und anhand der Auswahl der illustrierenden Fotografien. Das Buch hat 460 Abbildungen, wobei lediglich zwei davon Ingenieurbauwerke darstellen: Maillarts Tavanasabrücke, ein Betonbauwerk, und Nervis Palazzo del Lavoro, ein Stahlbau. Er stellt beide Baukünstler klar als Ingenieure vor, und ihre Werke werden als «Ingenieur-Meisterleistungen» (Maillart und Freyssinet) bezeichnet oder als Demonstration dafür, «wie Ingenieur-Disziplin und strenger bildnerischer Ausdruck eine hohe Synthese von beinahe natürlichem Charakter erreichen können» (Nervi). Siehe S. 44 (Tavanasabrücke) und S. 345 (Palazzo del Lavoro).

4. K. Frampton und Y. Futagawa, "Modern Architecture: 1920–1945", New York, 1983. Frampton konzentriert sich auf 76 Bauwerke, unter denen auch folgende zu finden sind: die Salginatobelbrücke, die bedeckte Rennbahn von Torroja, das Stadion in Florenz von Nervi, zwei Gebäude von Owen Williams, eine Kirche von Niemeyer (stark beeinflusst von Maillarts Zementhalle), die Van Nelle Factory (mit Flachdecken, die indirekt von Maillart kommen) und das Johnson Wax Building (in dem Formen wie der schweizerische Typ der Pilzstützen von Maillart Verwendung fanden).

5. Wird in Curtis (Anm. 3) zitiert, S. 388.

6. Le Corbusier, "Towards A New Architecture", London, 1931, S. 11.

7. Dito, S. 203.

8. Vitruvius, "The Ten Books on Architecture", übersetzt von M. H. Morgan, 1914; Dover Edition, New York, 1960, S. 281.

9. D. P. Billington, "Felix Candela and Structural Art", Bulletin of the International Association for Shell and Spatial Structures, Jan. 1986, S. 5–10.

10. D. P. Billington, "Heinz Isler as Structural Artist", Katalog zur Ausstellung "Heinz Isler as Structural Artist", Princeton University Art Museum, April 1980, S. 9–24.

11. F. Khan, "A Philosophic Comparison between Maillarts Bridges and Some Recent Concrete Buildings", Background Papers, Zweite Nationale Bauingenieur-Konferenz: History, Heritage and the Humanities, Princeton University, 1972, S. 2.

12. C. Menn, "Aesthetics of Bridge Design", Bulletin of the International Association for Shell and Spatial Structures, Aug. 1985, S. 53–62.

GLOSSARY OF ENGINEERING TERMS

Abutments: The end supports for a bridge where the last spanning element rests on foundations and beyond which the roadway rests on ground.

Beams: Horizontal members usually of constant depth that carry vertical loads by bending.

Bending moments: Internal forces on a structural element that cause the element to bend and thus creates internal compression on one side of the element and internal tension on the other side.

Cantilever: A structural element with fixed support at one end and free of any support at the other end. *Fixed support* means that the element cannot rotate or translate at that point.

Columns: Vertical members that carry vertical loads by axial (vertical) forces in compression.

Column capital: A structural element that connects a column to a horizontal element (usually a slab).

Concrete: Artificial stone made by mixing crushed stone or gravel, sand, cement, and water together and allowing the cement to react chemically with the water to bind the mix into a solid.

Cross frames: Vertical elements made up of beams and columns and oriented in the direction perpendicular (or nearly so) to the bridge axis.

Cross walls: Walls that are vertical (or nearly so) and oriented in the direction perpendicular (or nearly so) to the bridge axis.

Crown (of an arch): The high point of an arch, usually at the midspan. In stone arches the keystone is usually at the crown.

Deck: On a bridge, the deck is the horizontal structure consisting of roadway slab (or deck slab), deck beams, and spandrel walls (when they are above the roadway).

Deck beams: Horizontal elements supporting the roadway slab and usually oriented in the direction of the bridge axis.

Deck-stiffened arch: An arch connected by vertical elements to a deck beam (or spandrel beam) which so stiffens the arch that the arch carries almost no bending moments and can therefore be thin.

GLOSSAR EINIGER FACHAUSDRÜCKE

Balken: Horizontales, stabförmiges Tragelement, normalerweise mit konstanter Konstruktionshöhe, welches die vertikalen Lasten über Biegung abträgt.

Beton: Künstlicher Stein, welcher durch das Mischen von künstlich gebrochenem oder natürlichem Kies, Sand, Zement und Wasser hergestellt wird. Durch die chemische Reaktion von Zement und Wasser bildet sich der Zementstein, der dann die ganze Mischung zu einem Feststoff verbindet.

Biegemomente: Innere Kräfte (Schnittkräfte) eines Tragelementes, welche die Durchbiegungen hervorrufen. Daraus entstehen innere Druckspannungen auf der einen Seite und innere Zugspannungen auf der anderen Seite des Elements.

Bogenkämpfer, Kämpfer: Punkte, wo der Bogen im Gelände aufsteht bzw. auf die Fundation trifft. Bei einem Dreigelenkbogen liegen hier zwei der drei Gelenke.

Bogenscheitel, Scheitel: Höchster Punkt eines Bogentragwerks, der normalerweise in der Mitte der Spannweite liegt. Bei gemauerten Bogen wird gewöhnlich im Scheitel der Schlussstein eingesetzt. Bei einem Dreigelenkbogen liegt hier eines der drei Gelenke.

Bogenviertel: Die Punkte eines Bogens, die in der Mitte zwischen den Bogenkämpfern (Auflagerpunkten) und dem Bogenscheitel (Mitte der Spannweite) liegen.

Brückenträger (Überbau): Horizontale Tragstruktur einer Brücke. Diese umfasst die Fahrbahnplatte, die Längsträger (Balken, Stege) und die Brüstungsträger, falls solche als Begrenzung der Fahrbahn vorgesehen sind.

Gelenk: Punkt in der Tragstruktur, wo der Träger gezielt geschwächt ist und sich dadurch frei (oder annähernd frei) verdrehen kann. Dabei gibt es folgende Möglichkeiten: reale Stahlgelenke in den Beton einzubetten, die Abmessungen des Betonquerschnitts zu reduzieren oder durch eine spezielle Bewehrungsführung den Biegewiderstand des Betonquerschnitts zu vermindern.

Hohlkasten: Spezielle Ausbildung von Trägern (Balken, Pfeiler, Bogen). Deren Querschnitte sind durch lasttragende Wände und

Haunched beam: A beam, not having a constant depth, which usually has a straight horizontal top edge and a bottom edge that becomes lower as it approaches a support point. This lower part (the additional depth added to an otherwise constant depth of beam) is called the *haunch*.

Hinges: In concrete structures, points where the element is purposely reduced in size to such an extent that it is free or nearly free to rotate at that point. Sometimes actual steel hinges are embedded in the concrete; or the hinge may be made by creating a plane of weakness in the concrete.

Hollow box: A structural element (beam, column, or arch) made up of walls that carry the loads. The walls usually are thin and leave a substantial open space within. In a hollow-box arch, the top wall can be the roadway, the bottom wall can be an arched slab, while the side walls connect the top and bottom elements together.

Joist: A beam used to carry loads from a floor or roadway slab to a larger beam; often called a *girder*.

Longitudinal walls: Walls that are vertical (or nearly so) and oriented in the direction of the bridge axis.

Prestressed concrete: A method of construction whereby compression forces are applied to concrete elements (usually by steel bars or wires under high tension, anchored at either end of the element) with the goal of counteracting the tension that would otherwise occur due to loads.

Quarter span: The points on an arch that are halfway between midspan and support points measured horizontally.

Reinforced concrete: Steel bars embedded in concrete and designed to take the tension that occurs due to loads.

Slab: A concrete element whose thickness is small in relation to its length and width.

Span: The length of a horizontal element measured horizontally between its two end supports.

Spandrels (walls): Side walls on a bridge. Sometimes they are above the roadway and serve as guard rails and sometimes they are below and serve to fill the spaces between roadway slab and arch.

Springing line: The imaginary line drawn between the two end support points of an arch.

Platten aufgebaut. Diese Wände und Platten sind gewöhnlich relativ dünn und umschliessen einen mittigen Hohlraum. In einem Hohlkastenbogen kann die obere Kastenplatte mit der Fahrbahn und die untere Kastenplatte mit der Gewölbeplatte zusammenfallen. Die Seitenwände verbinden diese beiden Platten zum Hohlkasten.

Kämpferlinie: Imaginäre Verbindungslinie zwischen den beiden Auflagerpunkten eines Bogens.

Kragarm: Tragelement, das auf einer Seite eingespannt ist, auf der anderen aber ein freies Ende aufweist, also ohne Unterstützung auskommt. An der Einspannstelle kann sich der Träger weder verdrehen noch verschieben und ist somit starr gehalten.

Längswände: Vertikale oder leicht schief stehende Wände, die in Brückenlängsrichtung verlaufen.

Platte: Horizontales Tragelement, bei dem die Konstruktionshöhe verglichen mit den anderen Abmessungen (Länge, Breite) gering ist. Die Belastung steht senkrecht zur Plattenebene und wird über Biegung abgetragen.

Querrahmen: Aus Balken und Stützen bestehende vertikale Tragstrukturen, die in einem rechten (oder annähernd rechten) Winkel zur Brückenachse stehen.

Querwände, -scheiben: Wände, die vertikal (oder annähernd vertikal) stehen und in einem rechten (oder annähernd rechten) Winkel zur Brückenachse verlaufen.

Scheibe: Vertikales Tragelement, bei dem die Dicke verglichen mit den anderen Abmessungen (Länge, Höhe) gering ist. Die Belastung erfolgt in der Scheibenebene.

Seitenwände: Die Seitenwände einer Brücke können oberhalb der Fahrbahnplatte als Brüstungen oder unterhalb der Fahrbahn als Ausfachung zwischen der Platte und dem Bogen angeordnet sein.

Spannweite: Länge einer horizontalen Tragstruktur. Sie wird horizontal zwischen den beiden Auflagerpunkten gemessen.

Stabbogen, versteifter: Bogentragwerk, bei dem der Bogen durch vertikale Elemente mit dem viel kräftiger ausgebildeten Brückenträger verbunden ist, der ihn auf diese Weise versteift. Der Bogen hat somit selber kaum Biegemomente aufzunehmen und kann deshalb sehr schlank ausgebildet werden.

Stahlbeton, bewehrter, armierter Beton: In ein Tragelement werden zur Aufnahme der inneren Zugspannungen, die infolge der Belastung auftreten, Stahlstäbe in den Beton eingebettet.

Stege, Längsträger: Horizontale Tragelemente, auf denen die Fahrbahnplatte liegt und die in der Richtung der Brückenachse verlaufen.

Stützen, Pfeiler: Vertikale Tragelemente, die vertikale Lasten abtragen und somit innere, axiale Druckspannungen aufweisen.

Stützenkopf: Bauliche Ausbildung des oberen Endes einer Stütze, dort wo diese mit einem horizontalen Element (gewöhnlich mit einer Platte) verbunden ist.

Unterzug: Balken, welcher die Lasten einer Decken- oder Fahrbahnplatte zu einer Wand oder einem grösseren Träger (Längsträger) leitet.

Vorgespannter Beton: Spezielle Methode des Stahlbetonbaus, bei der Druckkräfte in ein Tragelement eingeleitet werden. Normalerweise geschieht dies durch Stahlkabel (Drähte, Litzen) oder -stangen, die unter hoher Zugbeanspruchung stehen und die an beiden Enden des Elements verankert sind. Das Ziel dieser Vorgehensweise besteht darin, den Zugbeanspruchungen entgegenzuwirken, welche ansonsten infolge der Belastungen im Beton auftreten würden (vgl. Biegemomente).

Voutenträger: Balken, die keine konstante Trägerhöhe aufweisen. Diese werden normalerweise mit einer geraden Oberkante ausgebildet, während die Unterkante zum Auflagerpunkt (Brückenpfeiler) hin absinkt, so dass die Trägerhöhe dort am grössten ist. Diesen unteren Teil des Balkens (die zusätzliche Konstruktionshöhe des sonst konstanten Trägers) nennt man Voute.

Widerlager: Endabstützungen einer Brücke. Auflagerpunkte der äussersten Spannweiten (Felder) und Übergang der Fahrbahn vom Brückenträger zum Gelände.

INDEX

NAMEN- UND SACHREGISTER

Maillarts Brücken erscheinen unter dem Stichwort Brücken von R. Maillart. Andere Brücken werden bei den jeweiligen Brückenbauern aufgeführt. Maillarts Hochbauten findet man unter dem Stichwort Gebäude von R. Maillart. Verweise auf Illustrationen sind *kursiv* gesetzt.

Illustration Credits   *Bildnachweis*

David P. Billington: 108; Madame Blumer-Maillart: 22, 27, 40, 55, 101; Felix Candela: 125; FBM studio Ltd.: frontispiece, 6, 7, 14, 16, 19, 20, 30, 32, 33, 36, 39, 43, 45, 48, 57, 59, 62, 67, 69, 73, 74, 76, 79, 80, 82, 93, 94, 96, 109, 112, 132; Clark Fernon: 15; Photograph courtesy of the French Embassy, Press and Information Division, New York *(Abbildung mit freundlicher Genehmigung der französischen Botschaft, Abteilung Presse und Information):* 77; Heinz Isler: 126; Kantonales Tiefbauamt Graübunden: 11; Losinger & Co. AG: 65; Christian Menn: 129; Prader & Cie: 105; Mark Reed: 5, 12, 23, 29, 34, 37, 53, 63, 87, 88, 97, 98, 99, 106; Ernst Stettler: 60, 91; J. Wayman Williams, Jr.: 127; R. L. Williams: 133